少儿围棋课堂

# 围棋入门

主编 赵 博

参编 张 鹏 范翰林 田 露

李 敬 张 明 曹军杰

机械工业出版社

CHINA MACHINE PRESS

本书以启发儿童对围棋的学习兴趣为主，介绍什么是围棋以及简单的行棋规则，重点介绍围棋基本吃子方法及应用，使儿童对围棋及行棋规则形成初步的认识，既益智又怡情，有助于培养儿童坚韧不拔的毅力，提高其计算能力和逻辑推理能力。

本书可作为 4~10 岁的儿童学习围棋的参考书。

**图书在版编目（CIP）数据**

少儿围棋课堂. 围棋入门 / 赵博主编. — 北京：机械工业出版社，2019.5

ISBN 978-7-111-62373-1

Ⅰ. ①少… Ⅱ. ①赵… Ⅲ. ①围棋-少儿读物 Ⅳ. ①G891.3-49

中国版本图书馆CIP数据核字（2019）第058187号

机械工业出版社（北京市百万庄大街22号 邮政编码100037）
策划编辑：王振国 赵磊磊 责任编辑：王振国 赵磊磊 王 良
责任校对：王 欣 陈 越 责任印制：孙 炜
北京联兴盛业印刷股份有限公司印刷

2020年4月第1版第1次印刷
169mm × 239mm · 11.5印张 · 166千字
0001-4000册
标准书号：ISBN 978-7-111-62373-1
定价：49.80元

电话服务
客服电话：010-88361066
010-88379833
010-68326294

网络服务
机 工 官 网：www. cmpbook. com
机 工 官 博：weibo. com/cmp1952
金 书 网：www. golden-book. com
机工教育服务网：www. cmpedu. com

# 序

恩格斯有一句名言：所谓偶然的东西，是一种有必然性隐藏在里面的形式。这是我最喜欢的一句名言，我认为围棋中蕴含着很多的道理！棋手们的胜负，看似偶然，其实是必然性的表现，它背后隐藏着诸多必然因素。世上没有脱离必然性的纯粹偶然性。我是不相信“运气”一说的，我只想加紧修炼，从大量看似偶然的胜负中总结出必然的、规律性的东西。

受我的学生赵博的邀请为这本围棋入门图书作序。看到这本书，我回想起小时候学棋的经历，同时感慨现在年轻人的做事态度，他们刻苦地钻研围棋启蒙教育的精神让我感到欣慰。这本围棋启蒙书凝聚了很多老师多年的教学与实践经验。

首先它很“全”，全书分为22课，约600道习题。

其次，针对儿童围棋的启蒙它讲得很“透”，书里面的知识点和习题非常容易理解，而且也非常实用，让初学者一看就懂。

最后，它好“玩”，知识点的讲解利用了插画和故事，使其生动有趣，更容易理解和学习。

现将本书推荐给大家，同时希望弈智围棋在儿童围棋启蒙教育这条道路上能越走越好！

吴玉林

2019.10

# 前 言

围棋起源于中国，是琴棋书画四大艺术之一，也是棋之鼻祖，在古代称之为“弈”。

围棋是一项集智力、意志、品质、体质为一体的棋类活动，是中国也是世界文明史上源远流长的文化载体。学围棋有益于培养孩子做事一丝不苟、勤于思考的好习惯，还可以有效地提高孩子的记忆力和自控力，对于逻辑思维的培养也有着不可小视的作用。

有人赞扬围棋说“围棋天地是青少年的乐园”“围棋活动是开发智力的金钥匙”。这足以说明下围棋的好处已深入人心，下围棋对少年儿童的智力、品德和情操会产生积极的影响。

本书的最大特点是“教法与学法完美结合”，这是适合少年儿童的教学方法，即“教学合一”。本书还充分考虑到学龄前儿童的特点，将有趣的插图与孩子们能接受的故事相结合，将围棋的规则和技巧与孩子们的实际生活相贴近，让孩子们感觉到围棋是“活的”，是“有生命的”。这样就使得围棋能够容易进入孩子们的心中，从而发挥出孩子们学习的主动性、探索性、创造性。

本书凝结了弈智围棋一线教师的实际教学经验。我们本着循序渐进、寓教于乐的原则，希望孩子们能够带着愉快的心情学棋，从围棋中得到快乐。由于作者水平所限，书中错误在所难免，恳请广大读者不吝批评指正。

作者

# 目 录

## 尧造围棋，教子丹朱

围棋是中国的国宝，有着四千多年的历史。传说中国古时候，有个小朋友叫丹朱，他非常顽皮，不喜欢动脑筋，还特别喜欢和小伙伴们玩“打仗”的游戏，经常把全身弄得脏兮兮的，到处是伤痕。他的爸爸尧看到了非常担心，尧想：我怎样才能让丹朱成为一个聪明、爱动脑筋的孩子呢？

一天，尧把丹朱和他的小伙伴们召集到一起，并对他们说：“你们喜欢玩的‘打仗’游戏非常危险，也很容易受伤，我教你们玩另一种‘打仗’的游戏吧！这个游戏既安全又有趣，而且人人都可以做将军，你们说好不好？”丹朱和他的小伙伴们齐声说：“好啊！太好了！”

丹朱和小伙伴们一听都很想玩，于是尧让他们拾来一些黑色和白色的小石子，又在地上画了十几条横竖交叉的线条，形成许多小方格，然后告诉他们游戏规则：这些方格子代表战场，每一个石子就是一个士兵，你们就是他们的将军，一方用黑石子，另一方用白石子，看谁最勇敢、最聪明，而且能指挥自己的士兵消灭对方的士兵，占领更多的地盘。

丹朱和小伙伴们都觉得这个游戏很有意思，就经常在一起玩。因为大家都想做个优秀的将军，都想赢，所以经常跟尧学习游戏知识和方法，经常对着方格聚精会神地思考，如何让自己的士兵占领更多的地盘。

渐渐地，丹朱和他的伙伴们变得越来越聪明，而且又特别稳重，长大以后都成了有用的人，而丹朱更是成了一名足智多谋的大将军。尧教丹朱和小伙伴们玩的游戏就是“围棋”。

# 第二课

# 棋具和基本规则

## 棋子

如图1所示，围棋棋子分为黑、白两种颜色，棋子的数量和棋盘交叉点的数量相同，每副棋都有 181 个黑棋棋子，180 个白棋棋子，共 361 个棋子。

图 1

# 棋盘

如图 2 所示，围棋棋盘有 19 条横线和 19 条竖线，棋子要下在线与线的交叉点上，方格中不能放入棋子。交叉点的数量是 19×19=361 个。棋盘上有 9 个被称为“星”的交叉点，围棋术语称作“星”，中央的那个星点又被称为“天元”。于是棋盘被星点简单地分为三个部分：角、边、中腹。

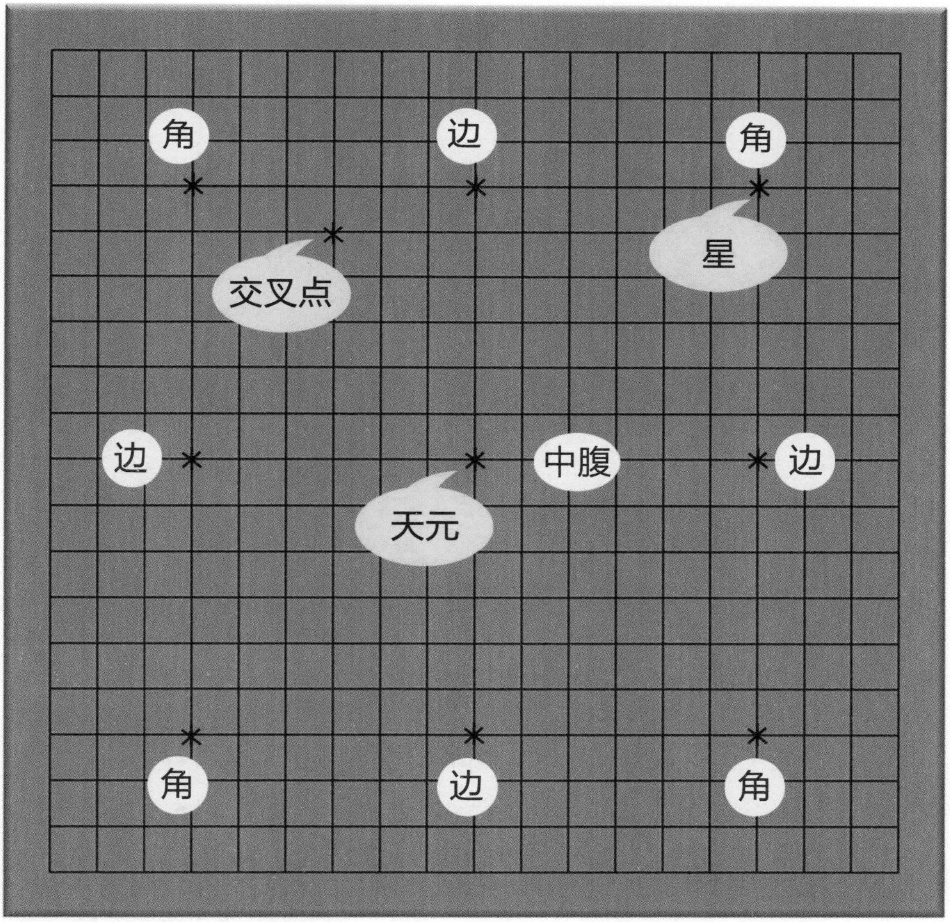

图 2

## 基本规则

下围棋的时候，一个小朋友拿黑棋，一个小朋友拿白棋，拿黑棋的小朋友先下一子，然后是拿白棋的小朋友下一子，每次只能下一个子，一人一步轮流下棋。

## 猜先

那么谁拿黑棋，谁拿白棋呢？下棋前要“猜先”。“猜先”就是一个小朋友拿几个白棋，握在手中不让对方看到；另一个小朋友拿一个黑棋或两个黑棋放在棋盘上，放一个表示猜单数，放两个表示猜双数。然后，两人一起数抓白棋的小朋友手里有几个白棋。把白棋两个两个地排好，如果你猜对了，就可以拿黑棋。如果猜错了，就是对方拿黑棋。

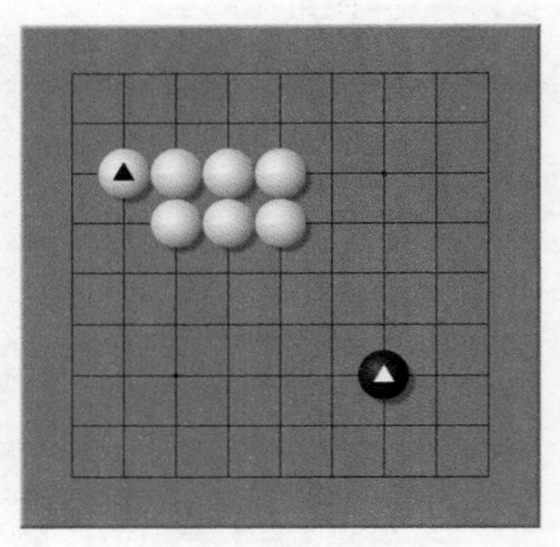

图 3

- 如图 3 所示，黑棋放一个，表示猜单数，结果白棋剩下一个，说明白棋的总数是单数，所以猜对的小朋友可以拿黑棋。

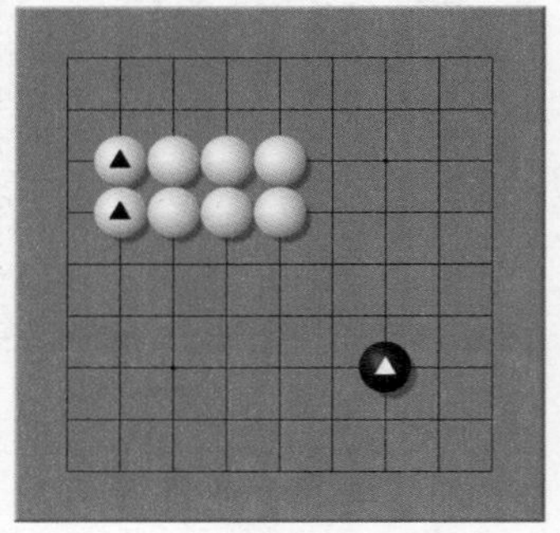

图 4

- 如图 4 所示，黑棋放一个，表示猜单数，结果白棋剩下两个，均成对出现，说明猜错了，这样就不能拿黑棋。记住哦，猜对了才能拿黑棋。

棋子要下在交叉点上，不能下在线上，也不能下在小方格里，如图 5 所示。另外，棋子放在棋盘上后就不能再移动了。

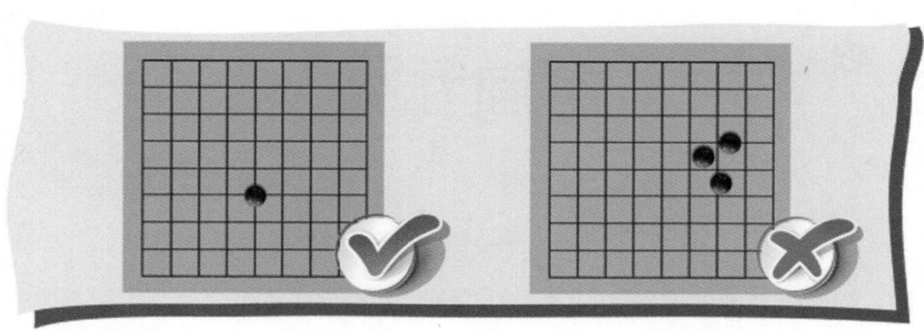

图 5

下完一盘棋，黑棋占到 185 个交叉点或者更多，黑棋就赢了，白棋占到 177 个交叉点或者更多，白棋就赢了。

# 第三课 对局礼仪

## 手势

下围棋时是用食指和中指夹着棋子放在棋盘上的。如图 1 所示，食指在下，中指在上，把棋子夹在中间。

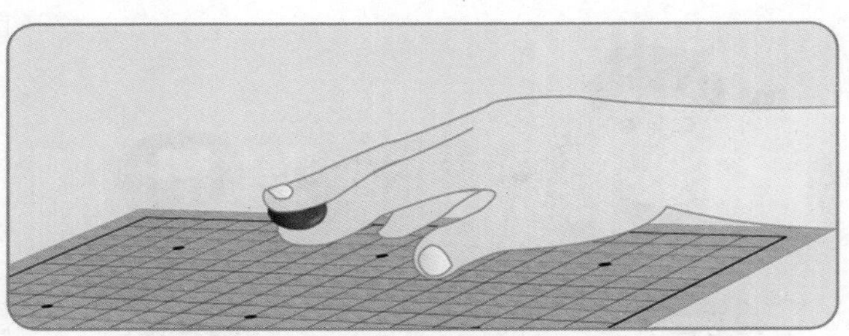

图 1

# 基本礼仪

下棋前要先和对手说“请多指教”。

拿黑棋的小朋友要把第一步棋下在右上角。

下棋的时候要坐端正，用眼睛看，用脑子想，用手下；不能说话，更不能玩棋子。

下完一盘棋后要向对方说“谢谢”。

如果有棋子掉在地上要马上捡起来。完棋后要收拾好棋子才能离开。

看别人下棋的时候不能说话，要做到观棋不语。

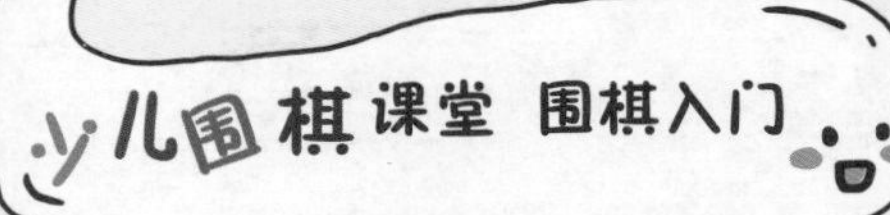

# 第四课 气（一）

我们知道每个人都要用鼻子呼吸空气，如果鼻子被堵住了，呼吸不到空气，我们就会死掉。围棋里的黑棋和白棋同样也要吸“气”才能存活，所以黑棋和白棋周围也要有“气”。

“气”是围棋里最基础的知识。棋子在棋盘里是依赖“气”来生存的。围棋的“气”就是和棋子相邻的空白交叉点。

图1中，黑棋在棋盘中间，它的上面紧挨着的交叉点就是一口气，左边紧挨着的交叉点也是一口气，还有下面、右边紧挨着的交叉点同样也都有一口气。记住：气跟棋子之间一定要有黑线连着哦，黑线可以看作是棋子的鼻子，用鼻子吸到交叉点的气，没有黑线连着的就不是黑子的气了。

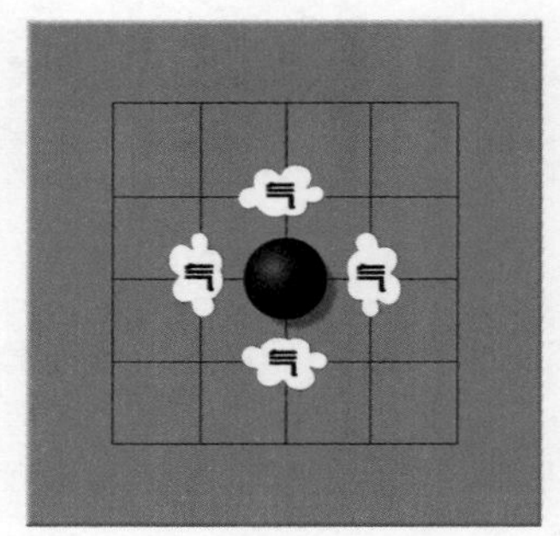

图1

图2中，A、B、C、D四个点没有黑线跟黑棋连着，所以A、B、C、D点就不是黑棋的气。

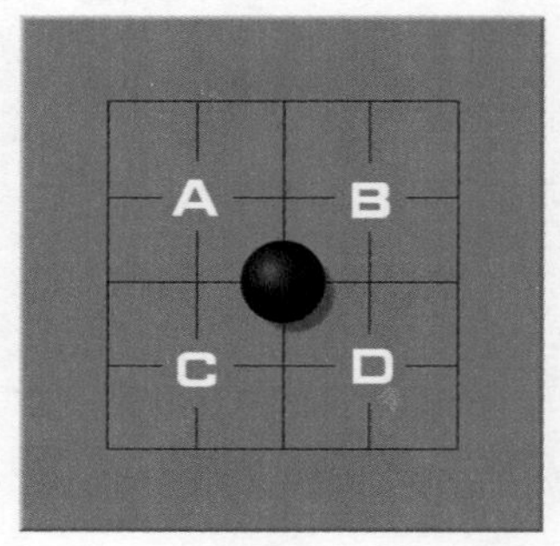

图2

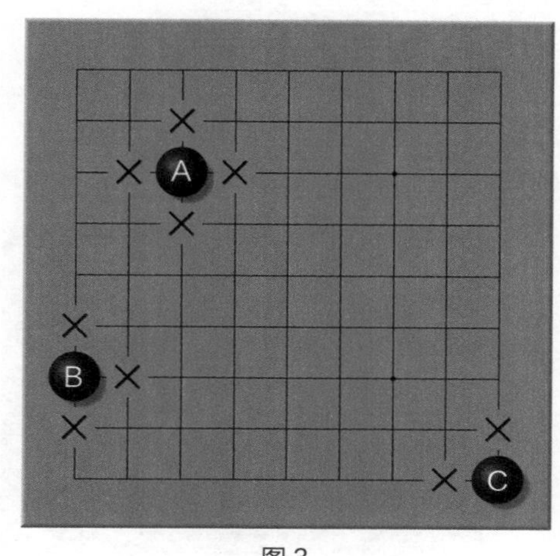

图 3

图 3 中，黑棋 A 在棋盘上，它有 4 个鼻子；黑棋 B 在棋盘的边上，它有 3 个鼻子；黑棋 C 在棋盘的角上，它有两个鼻子。

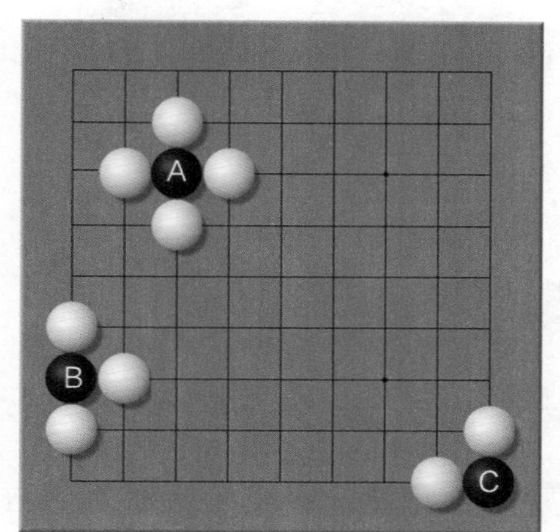

图 4

图 4 中，如果黑棋 A、B、C 的鼻子被白棋堵住，黑棋不能吸气，就会死掉。死掉的棋子是不能在棋盘上玩游戏的，要立刻把它从棋盘上拿起来并放回到棋盒里。

1. 把下图中黑棋的气用“✗”表示出来。

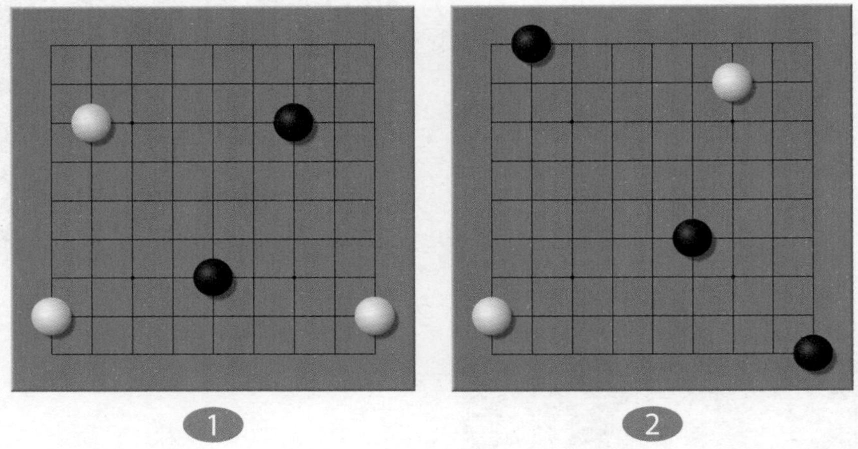


2. 下图 A、B、C、D、E 点中是气的打“✓”。

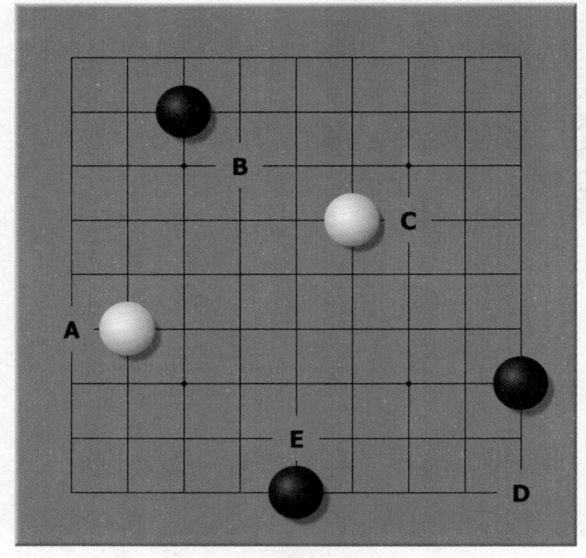

# 第五课 气（二）和块数

小朋友都喜欢和自己的好朋友一起玩。棋子们也有好朋友，相同颜色的棋子就是好朋友，它们会在棋盘上紧紧地挨在一起，手拉着手一起玩，所以它们的气都是合在一起的。紧挨着的棋子越多，气也越多，生命力就越强。

棋盘上紧紧相连的棋子被叫做“一块棋”。同一块棋的棋子就像一家人，它们的气是共有的，它们在棋盘上同生共死，无论棋子多少，连在一起就是一块棋。

图1中，A、B两个黑棋在紧挨的两个交叉点上，紧连在一起就是“一块棋”，它们一共有6口气。

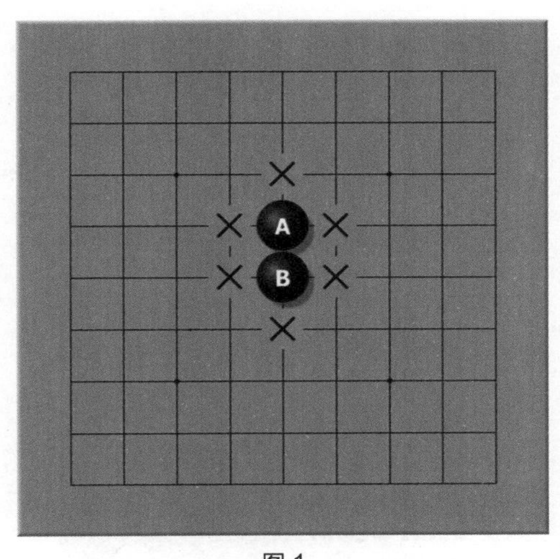


图1

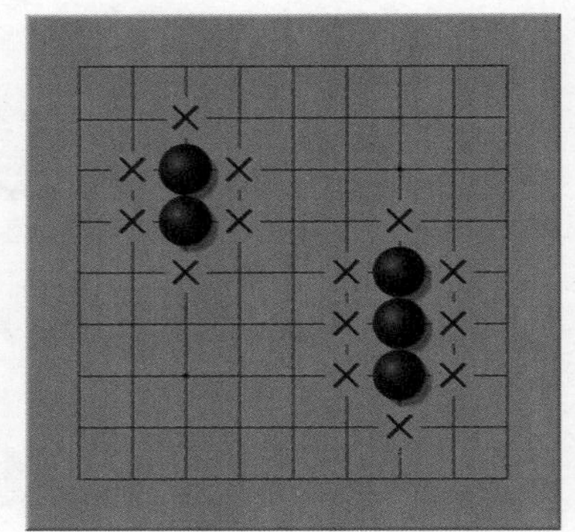
图2

图2中，左上方两个黑棋和右下方三个黑棋分别是一块棋。左上方两个黑棋连在一起，它们一共有6口气；右下方，三个黑棋连在一起，它们一共有8口气。

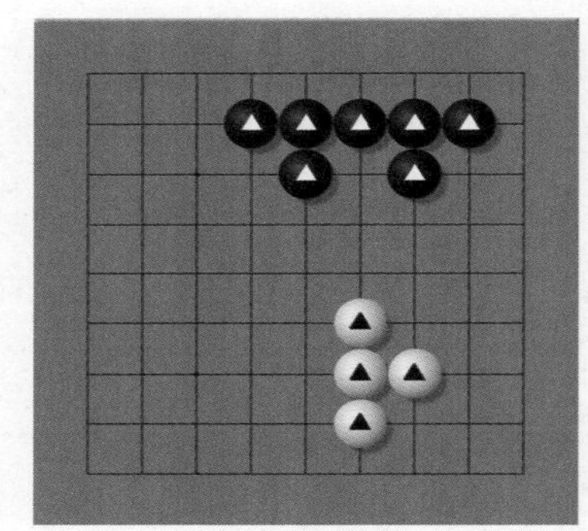
图3

图3中，标三角的黑棋和白棋分别是一块棋。黑棋有12口气，白棋有8口气。

图4中，标X的四个白棋是一块棋，它们的气共同拥有。如图5所示，现在这块白棋就已经被黑棋堵住了所有的气，就要把这四个白棋从棋盘上拿走。

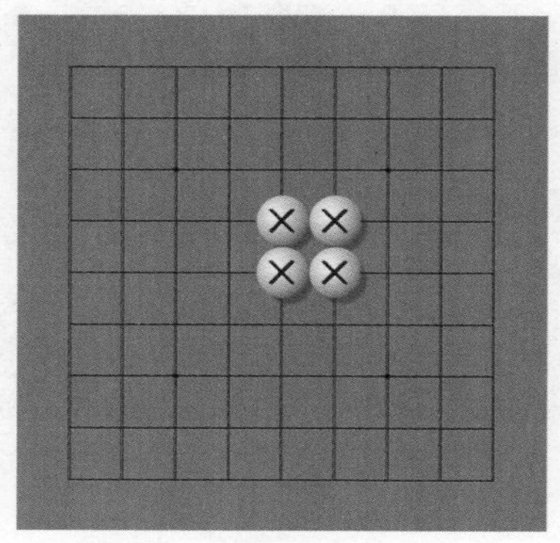
图4

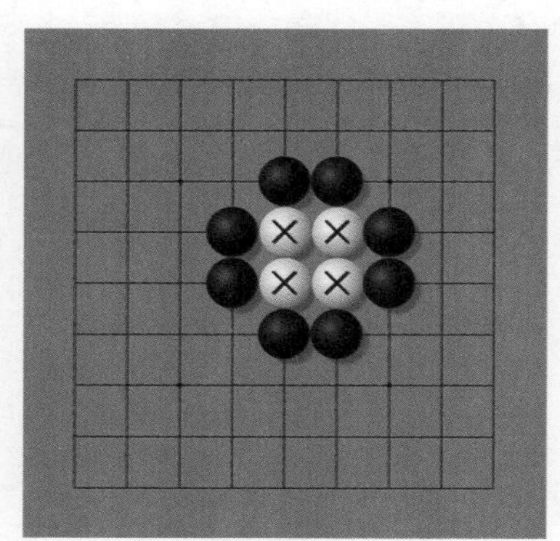
图5

想一想，试一试　把下面这些黑棋的气用"✗"表示出来。

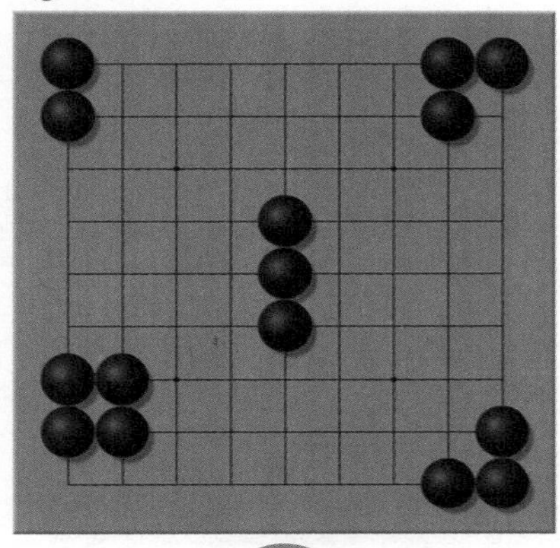
1

2

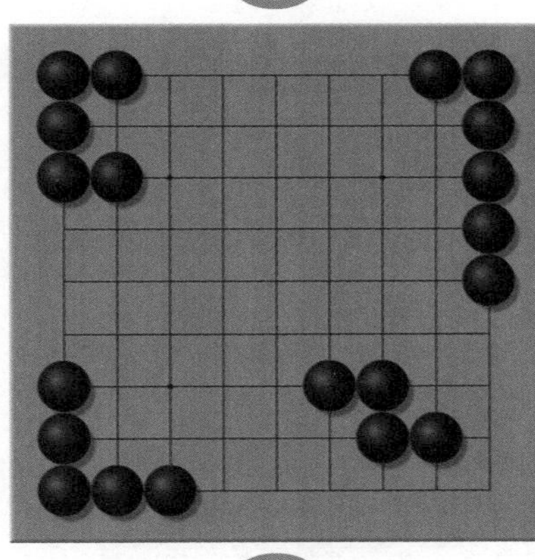
3

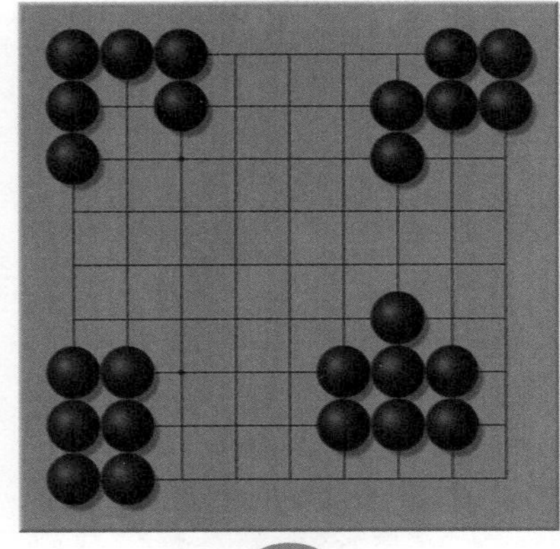
4

5

6

**想一想，试一试**

用黑棋把白棋的气包围住，并用“”表示出来。

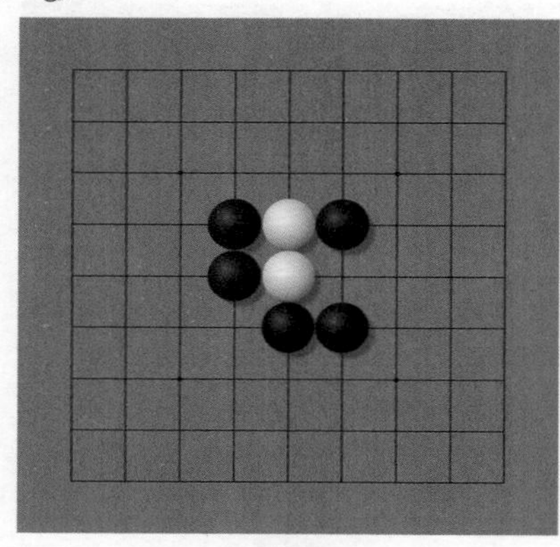

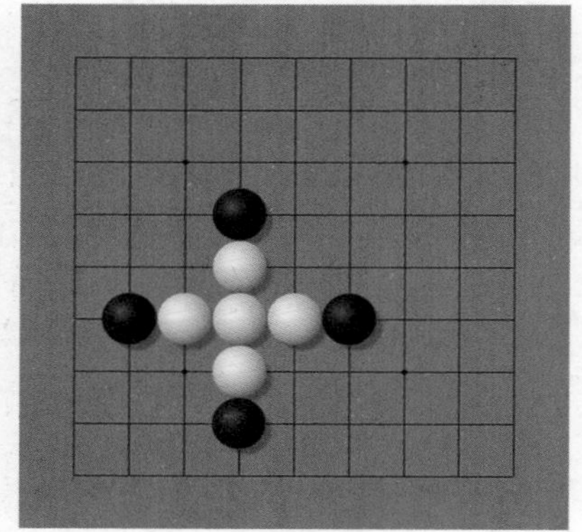

8

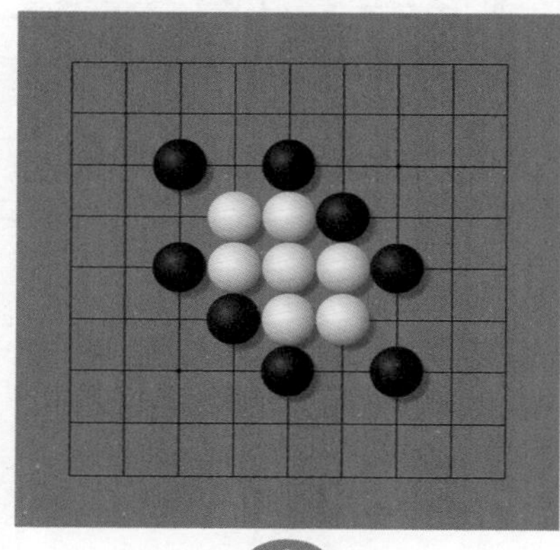

9

10

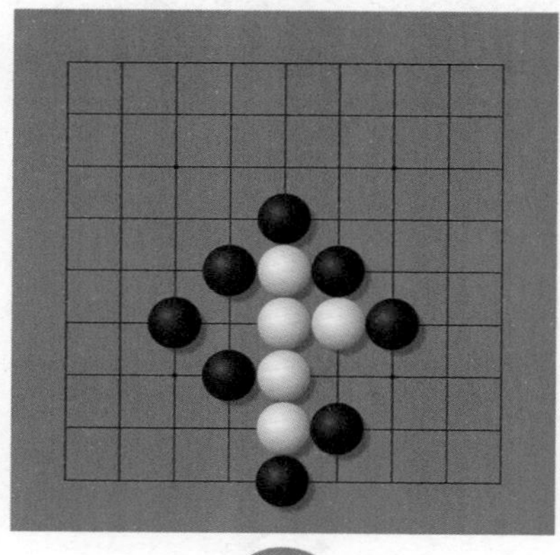

11

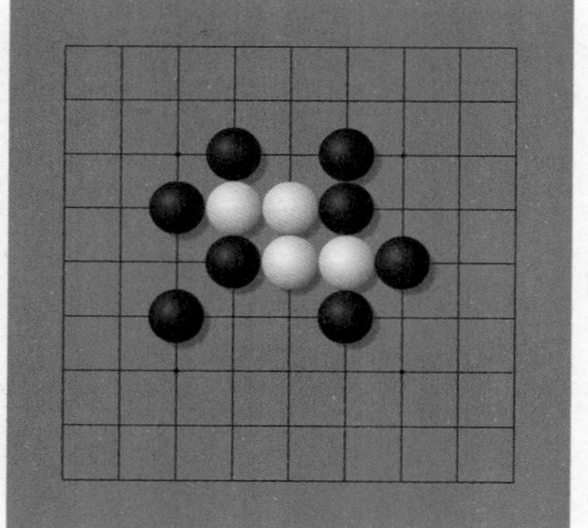

12

想一想，试一试

用黑棋把白棋▲的气全部围住，并用“✗”表示出来。

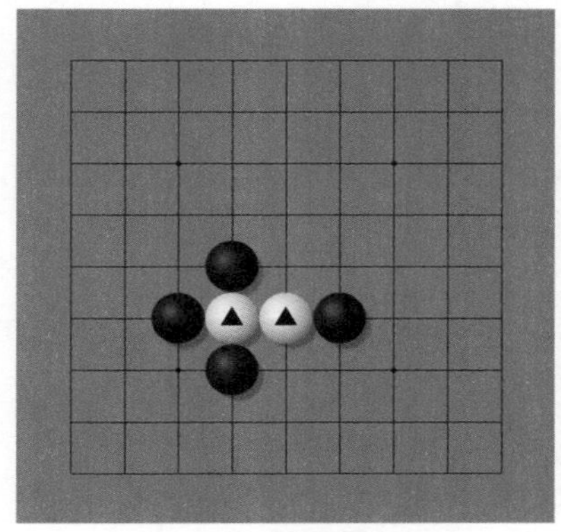

13

14

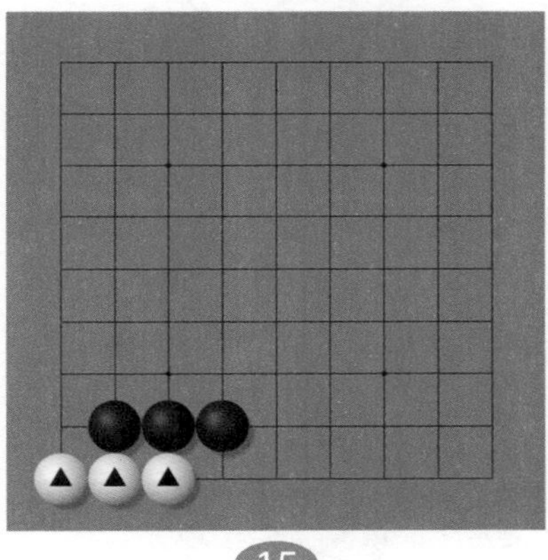

15

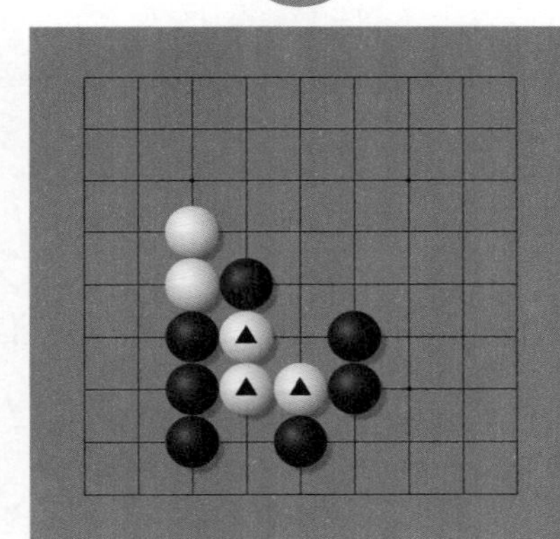

16

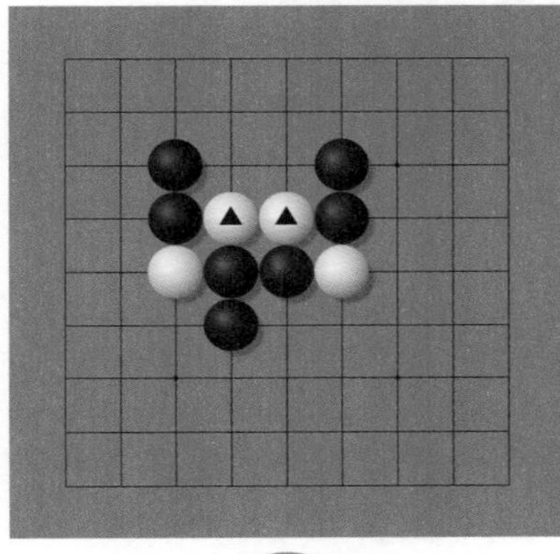

17

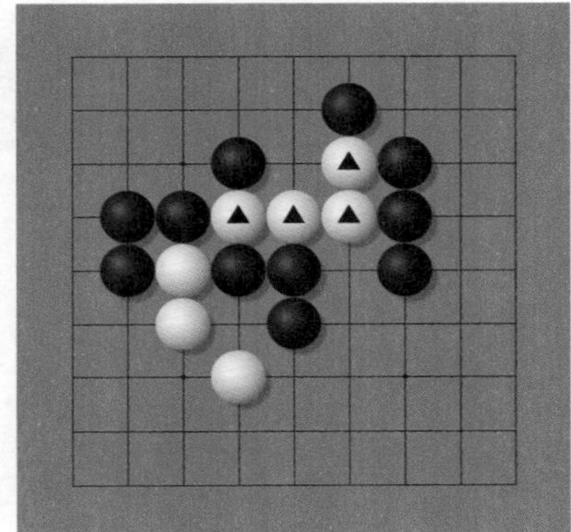

18

# 第六课

## 打吃、提子、长

小朋友下棋的时候都想吃掉对方的棋子，吃掉对方的棋子就是要把对方棋子的气堵住，让它的气越来越少，当堵住对方棋子最后一口气的时候，你就能吃掉它了。

图1中，白棋A在棋盘上还有两口气，如果黑棋在右侧又下了一个子（如黑棋▲），让白棋只剩下一口气，我们称它为“打吃”。打吃就是提醒对方“我要吃掉你啦”，但是小朋友要在心里悄悄地说，可不要用嘴说出来哦。

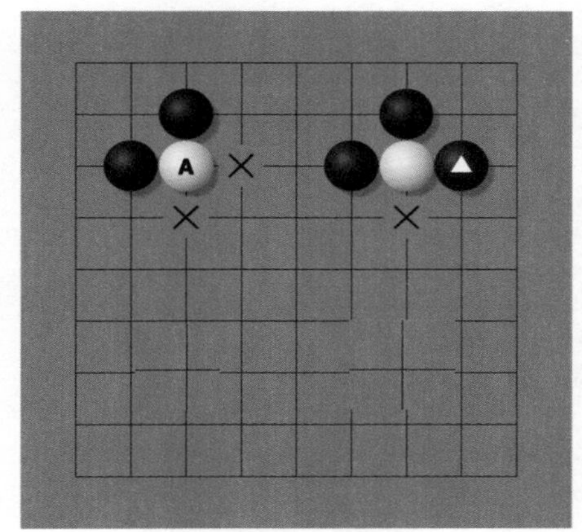

图1

图2中，黑棋▲都是在打吃白棋，这两个黑棋让两块白棋只剩下一口气。

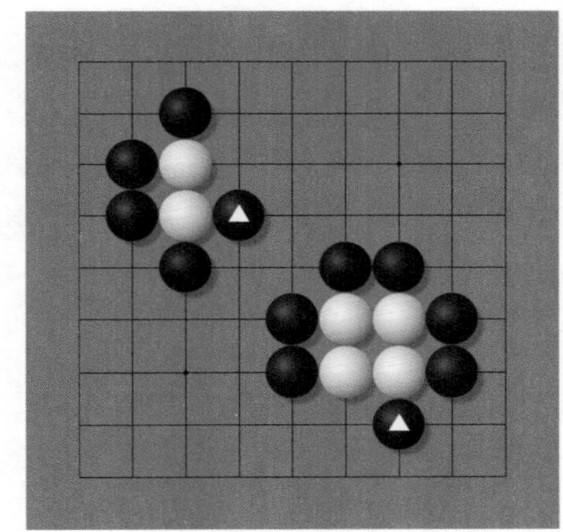
图2

图3中，白棋A被黑棋打吃，只剩下一口气了，如果这口气也被黑棋堵住了，那么白棋就被吃掉了。可是白棋肯定不想被黑棋吃掉，所以，白棋就要从有气的地方逃出来，如果下白棋B，这一步就叫作“长”。长就是指从对方的包围圈里冲出来。

图3

图4中，白棋虽然被黑棋打吃，但是白棋▲“长”之后，就可以逃出来了。

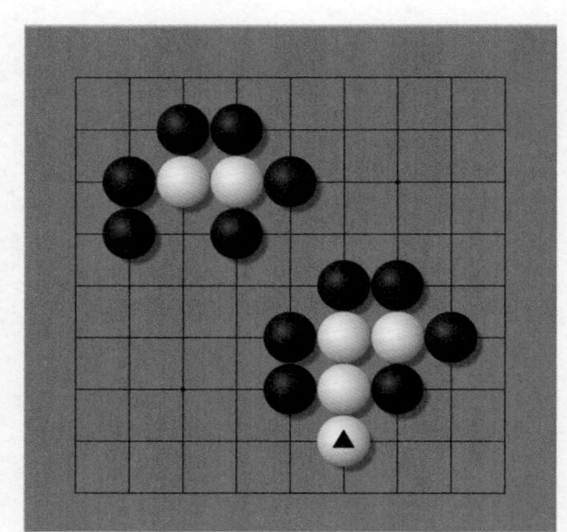

图4

图5中，白棋A被黑棋打吃后，若还是不懂得“长”出去逃跑，那么黑棋▲就把白棋的最后一口气堵住了。白棋没有气就死了，死掉的棋子是不能玩游戏的，一定要把它从棋盘上拿走，这叫作“提”。“提”就是把没有气的棋子从棋盘上拿掉。

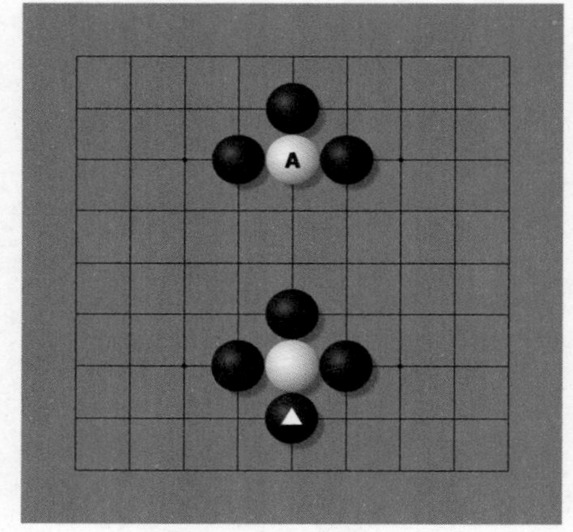


图5

图6中，白棋被黑棋打吃却还没有逃跑，结果就被黑棋▲“提”掉了。

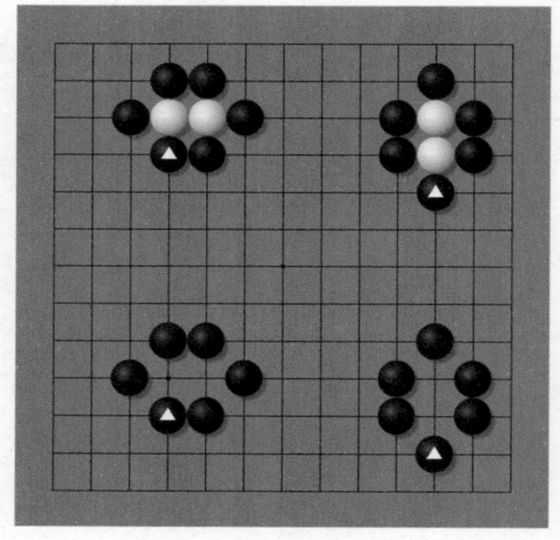

图6

1. 黑先，如何打吃下图中的白棋？用"✗"表示出来。

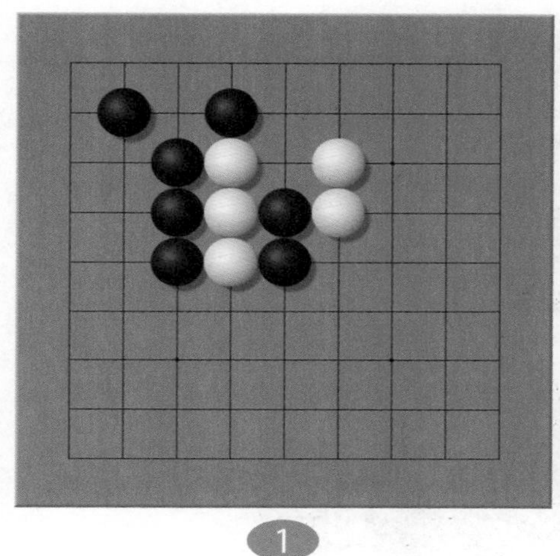

1

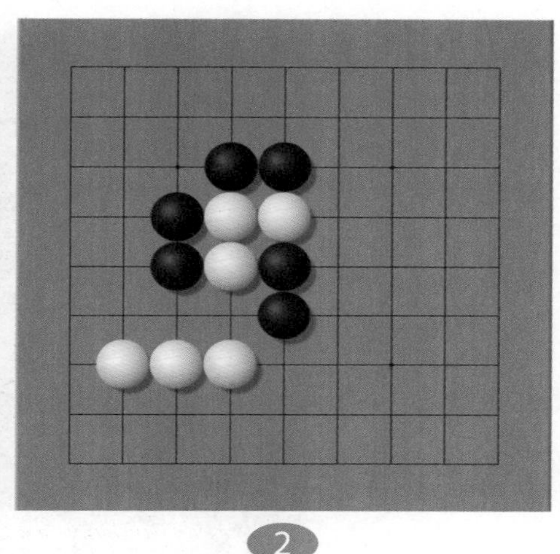

2

2. 下图中黑棋放在哪里才能吃掉白棋？用"✗"表示出来。

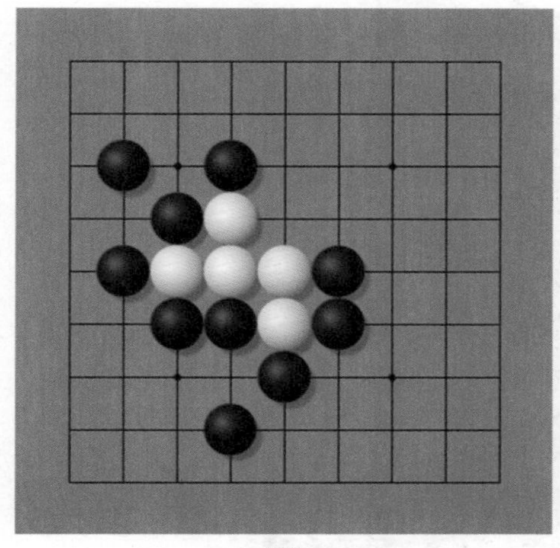

3

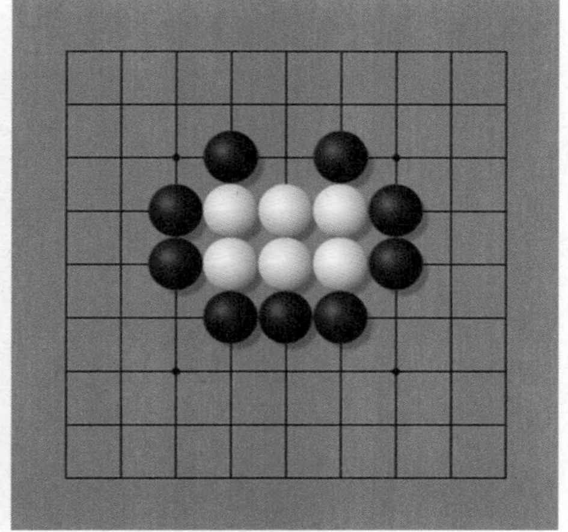

4

1. 黑先，打吃下图中的白棋，请用“✗”表示出来。

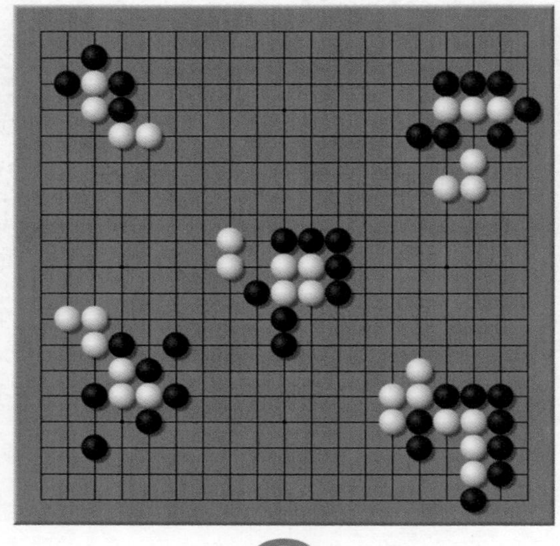

5

2. 下图中要提白棋，黑棋下在哪儿？用“✗”表示出来。

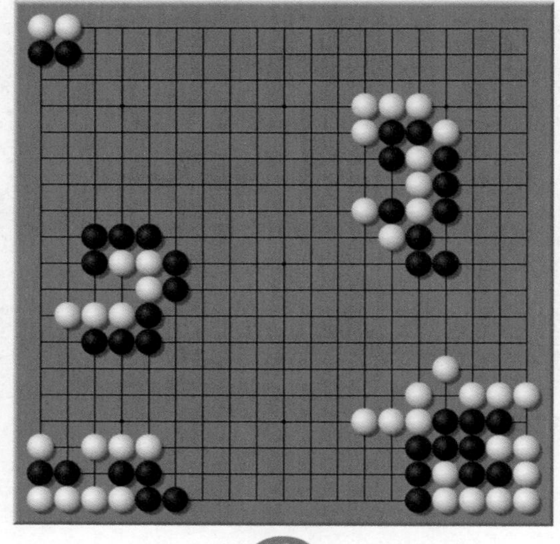

6

下图中用“长”的方法帮助白棋被打吃的棋子逃跑，请用“✗”表示出来。

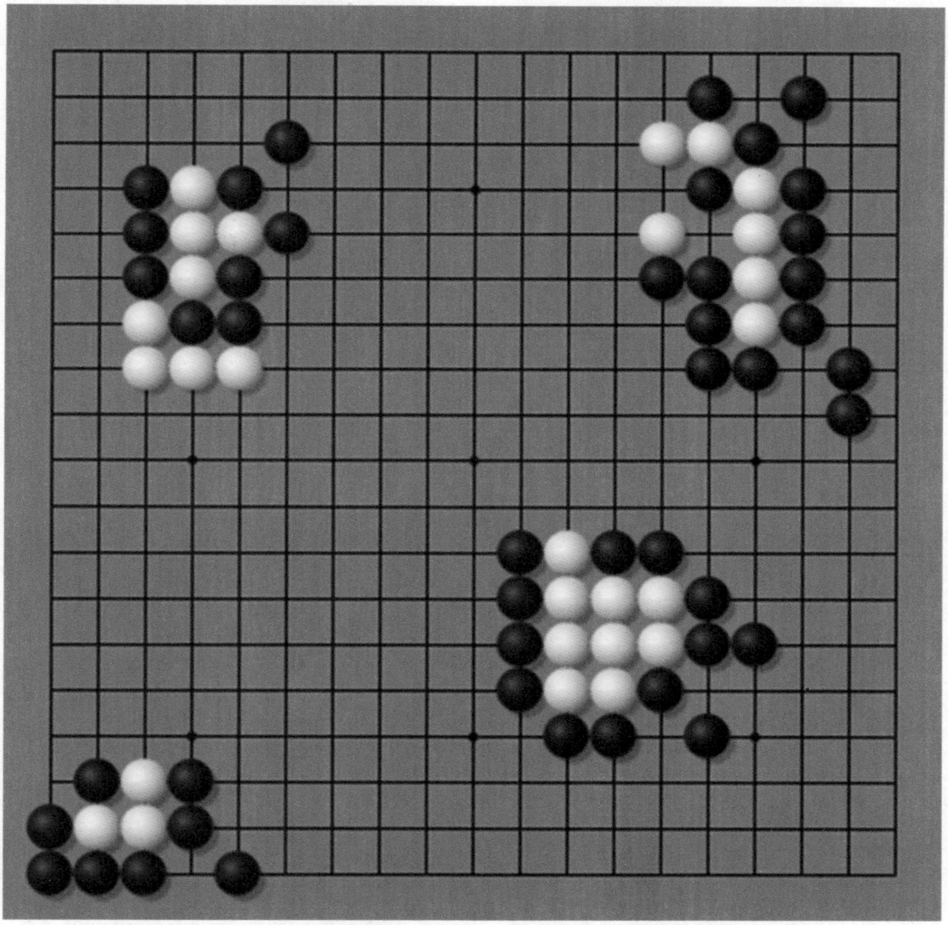

7

黑棋与白棋互相都被打吃的形状称为互相打吃。

这时先提对方棋子的一方获胜，因为不仅自己的棋子解除了危险，而且可以吃掉对方的棋子，自己棋子的气就可以增加。

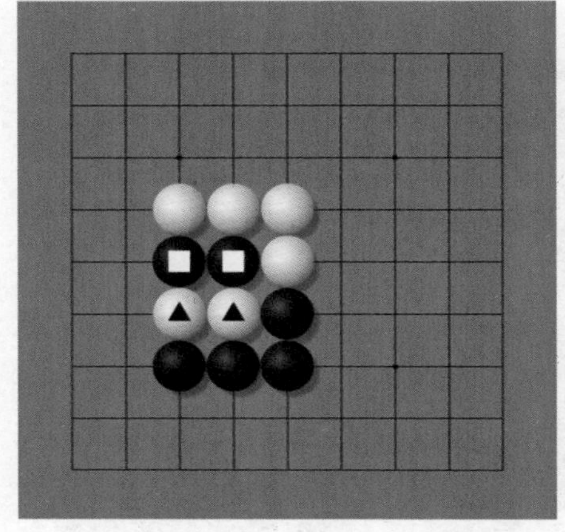

▲ 黑棋◘与白棋▲形成互相打吃的形状。

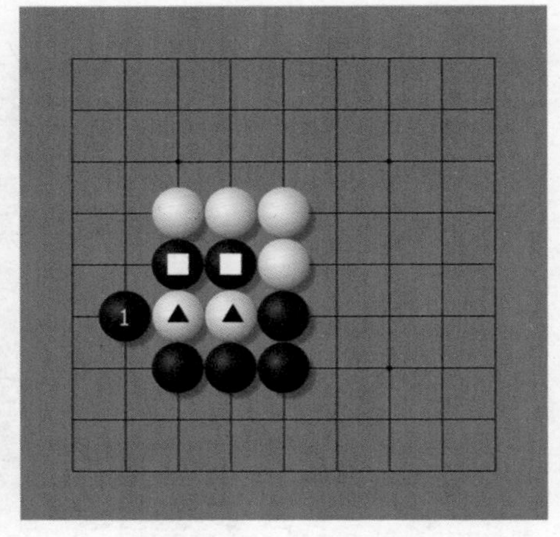

▲ 此时黑棋❶可先提掉白棋▲。

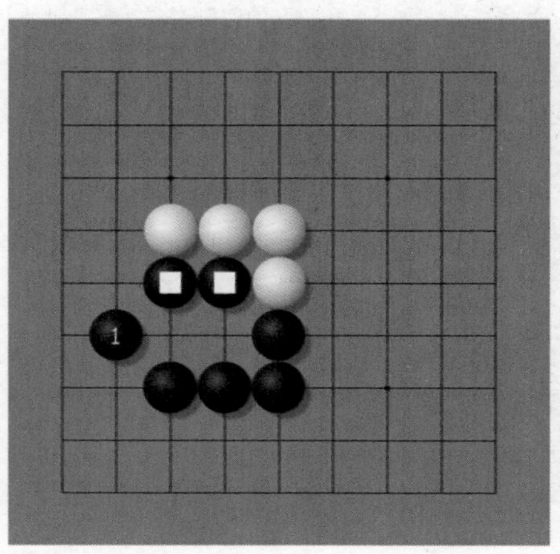

▲ 这样黑棋◘可脱离被吃掉的险境。

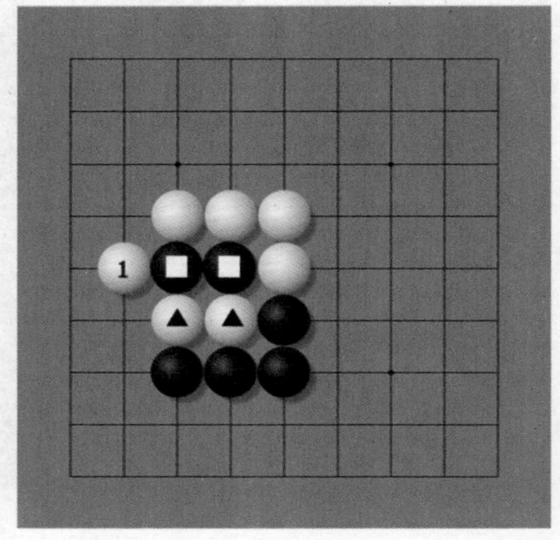

▲ 互相打吃时黑棋如不提白棋，则白棋①可提吃黑棋◘。

想一想，试一试

黑先，请找出互相打吃之处，并用"✗"表示出来。

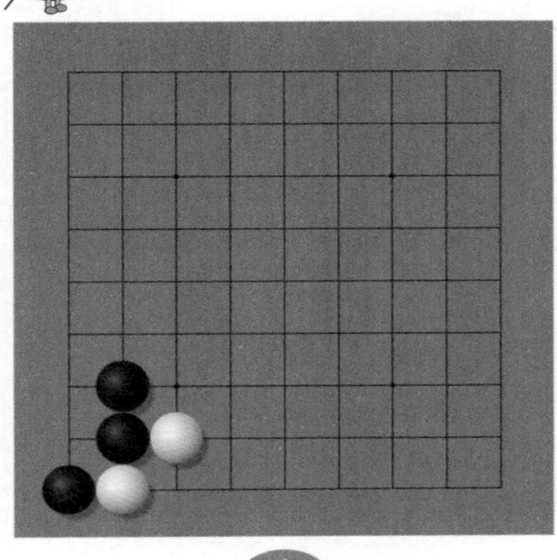

1

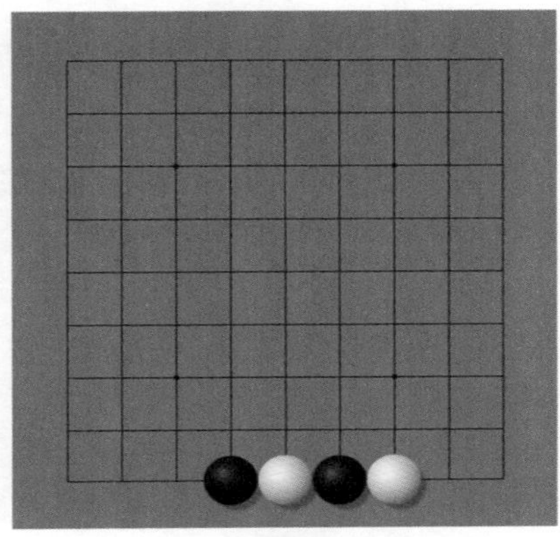

2

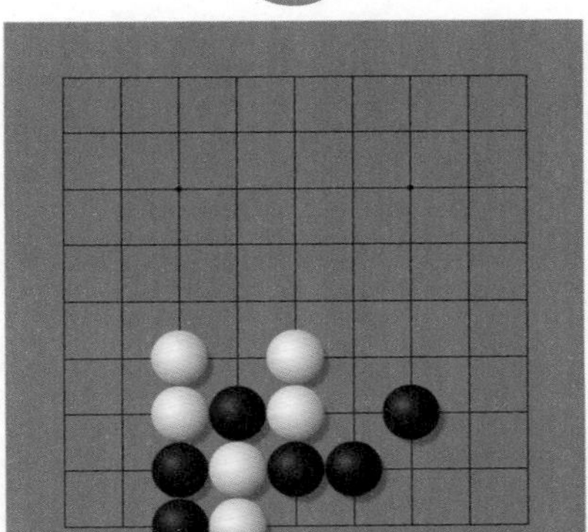

3

4

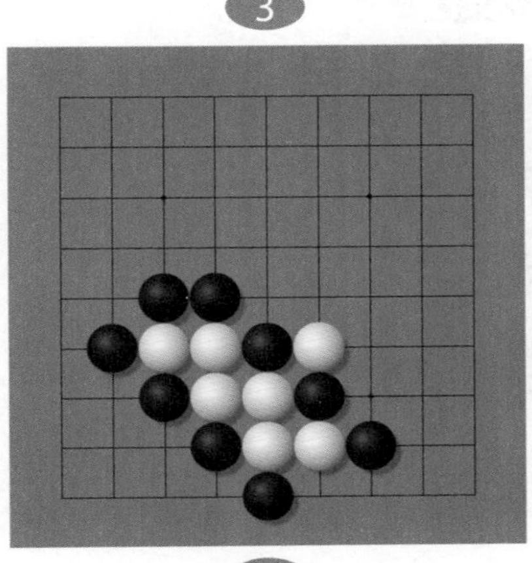

5

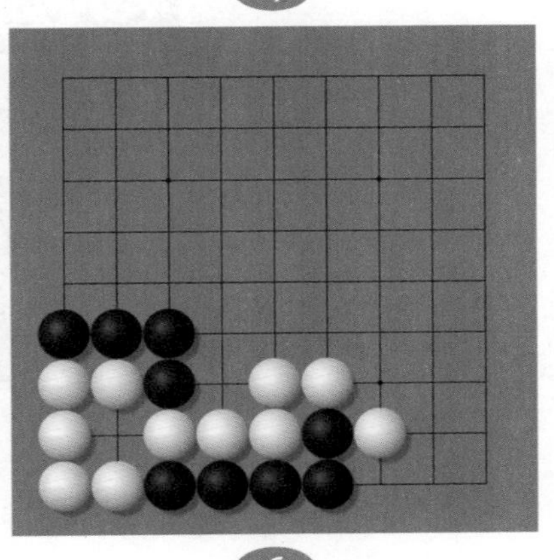

6

# 第七课

# 虎口与禁入点

## 虎口

最近，森林里的大老虎生病了，而且病得很严重，连走路都很吃力。大老虎快要饿死了，它该怎么办呢？大老虎想啊想，终于想出了一个好办法。它躲在草丛里，张开大嘴巴，一动不动，有只小鸟看见了，不知道这是什么东西，一不小心就飞了进去。这下可惨了，老虎“啊呜”一口就把小鸟吃了下去，小鸟再也飞不出来了。

虎口是很可怕的。你知道吗？棋盘上也有“虎口”，你们看，图1中三个黑棋围住一个空的交叉点，这个交叉点只剩下一条出路了，我们称它为“虎口”。小朋友们看看它，像不像一只老虎张大嘴巴等着食物进来呢？

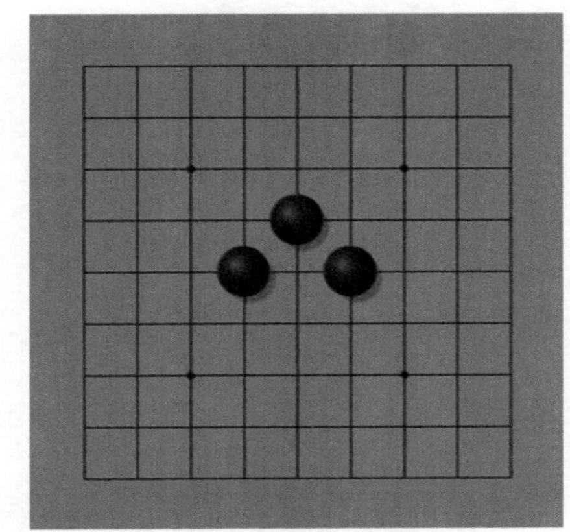

图1

图2中A处三个黑棋围住了一个空的交叉点，这也是一个虎口，如果白棋不小心跑了进去，如图2所示B处，那么黑棋▲立刻就把白棋的最后一口气堵住，把白棋就给吃掉了。你们看，虎口是不是很危险、很厉害呀？

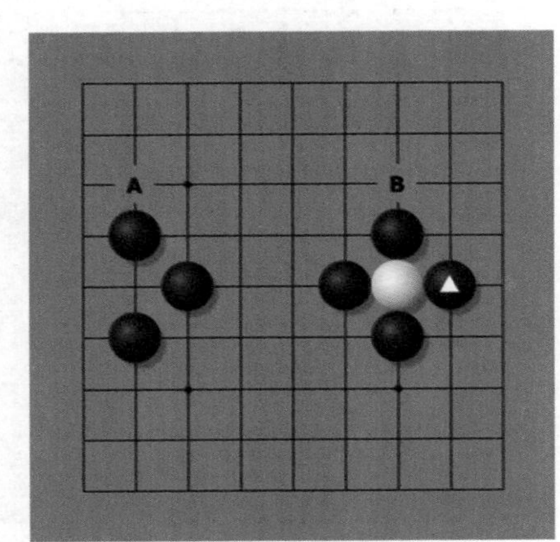


图2

图3中A处，两个黑棋在边上围住X点做了一个虎口，如果白棋下入X点就只有一口气了，如果白棋敢进来，黑棋就“啊呜”一口吃掉它，这个X点就是虎口。图3所示B处，只用一个黑棋就在角上围住X，如果白棋下入X点也只有一口气了，所以，X点也是虎口。

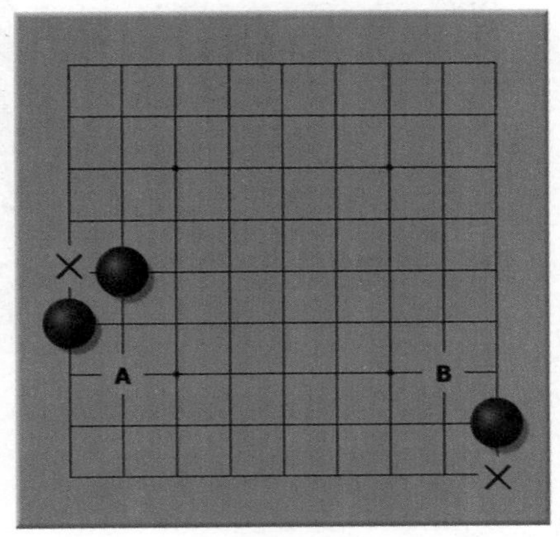


图3

相同颜色的棋子围住一个空的交叉点，当黑棋或者白棋放进去就剩一口气了，这个空的交叉点就是虎口。

现在小朋友们明白虎口是什么样了吧，请小朋友们在下面的图中找一找，把虎口用“✗”表示出来。

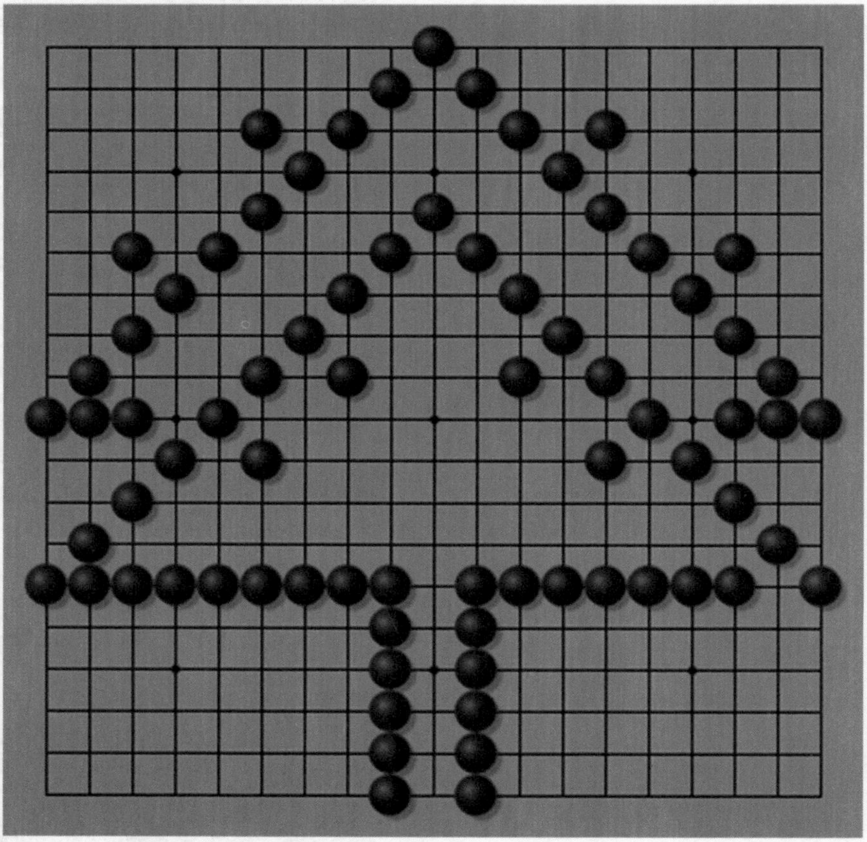

看看小朋友们的火眼金睛能不能全部找到。

# 禁入点

图 4 中，四个黑棋围住一个空的交叉点，这个点白棋不能够放进去，因为白棋放进去以后没有气，不能活，所以这个点我们称它为“禁入点”。

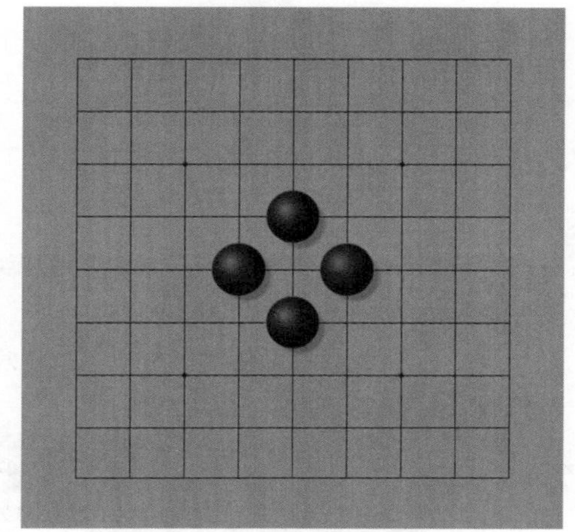

图 4

图 5 中 A 处，白棋围住的交叉点是黑棋的禁入点吗？如果黑棋▲放进去，如图 5 所示 B，黑棋▲虽然没有气，但是可以把白棋■都提掉，白棋提掉以后，黑棋▲就有气了。小朋友们要记住，马上能够提掉对方棋子的点不是禁入点！

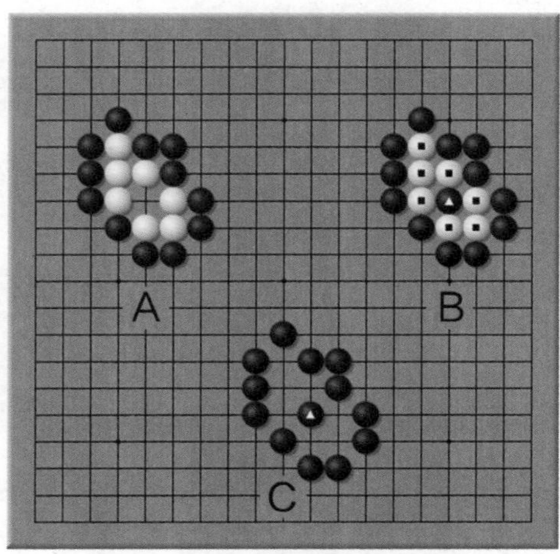


图 5

图 6 中，X 点都不是白棋的禁入点。因为黑棋下进去能够提掉白棋。

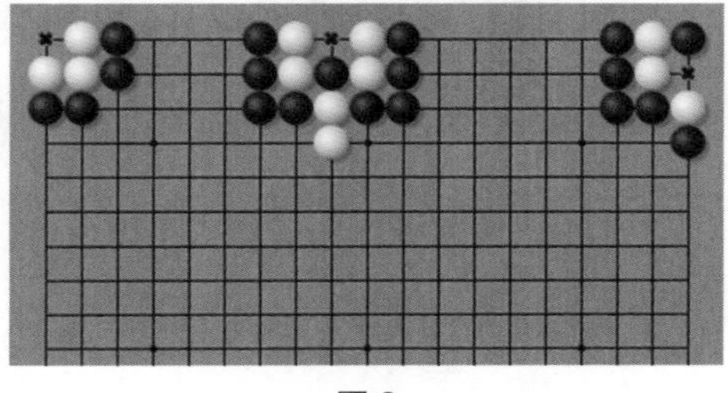

图 6

禁入点就是把自己的棋子放进去没有气，又不能马上提掉对方棋子的点。把黑棋的禁入点用“ ”表示出来。

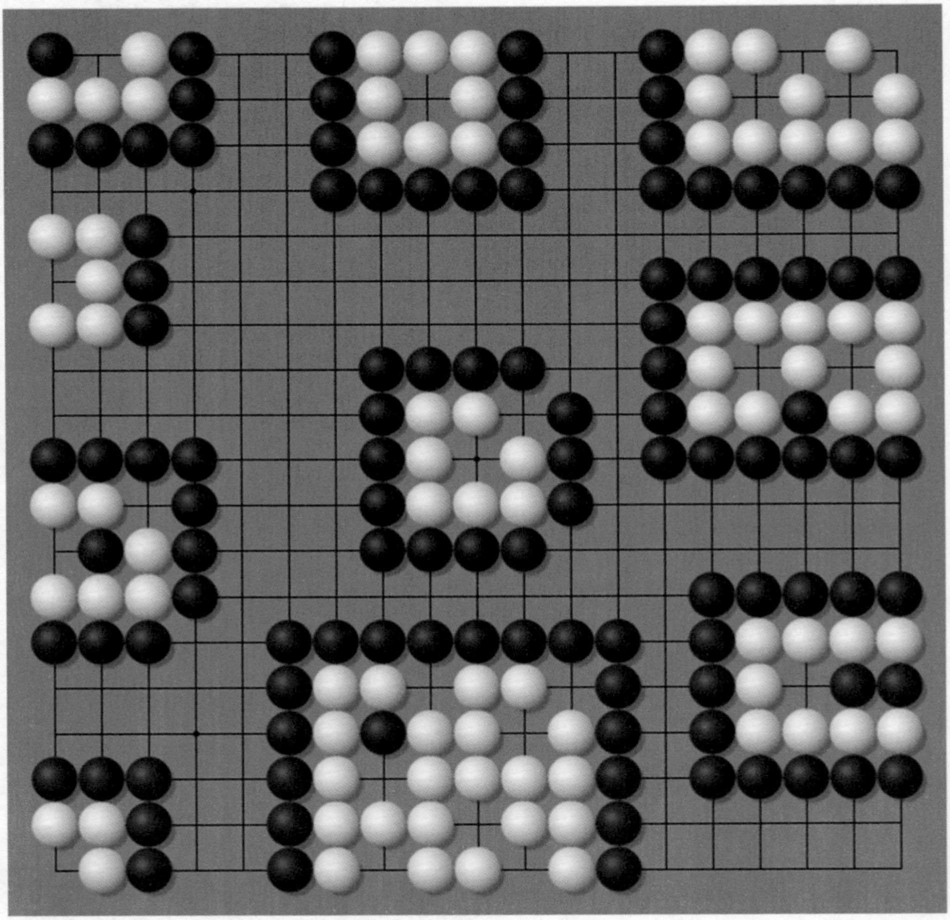

看看小朋友的火眼金睛能不能全部找到。

# 第八课

## 打劫、打二还一

森林里出现了两只老虎，它们同时发现了一块肉，两只老虎都很饿，都想吃掉这块肉，于是它们就打了起来。如果它们就这样抢过来抢过去，最后谁也吃不到那块肉，都会饿死，那该怎么办呢？

小朋友下棋时，经常会遇到图1所示的这种形状：黑棋和白棋两个虎口面对面，一个虎口里面含着一个棋子。图2中，黑棋在A处提白棋，提完变成图3所示的形状；图3中，白棋若下在B处提黑棋，提完又变成图2的形状。这样黑棋和白棋提来提去没完没了，这盘棋就下不完了。

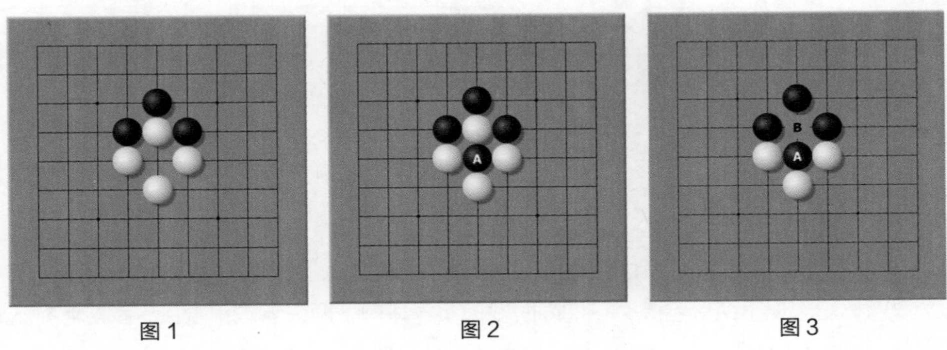


图1　　图2　　图3

因此，遇到这种情况时，围棋规则中规定：当对方提子以后，自己不能马上提回来，要先到别处下一步棋，然后才能回提，这叫“打劫”。如图4所示，黑棋A提掉白棋后，白棋不能马上把黑棋A提回来。黑棋在C处下一步棋，这叫“找劫材”。白棋一看白棋▲有危险，就在D处长出，这叫“应劫”，如图5所示。这时白棋就可以回到B处提黑棋A了。图4中，如果黑棋C“找劫材”，白棋不应劫，白棋把B处连起来，打劫就消失了，这叫“消劫”。

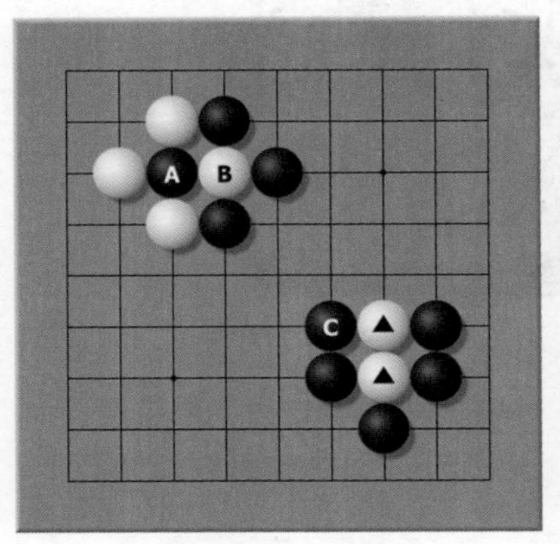


图4

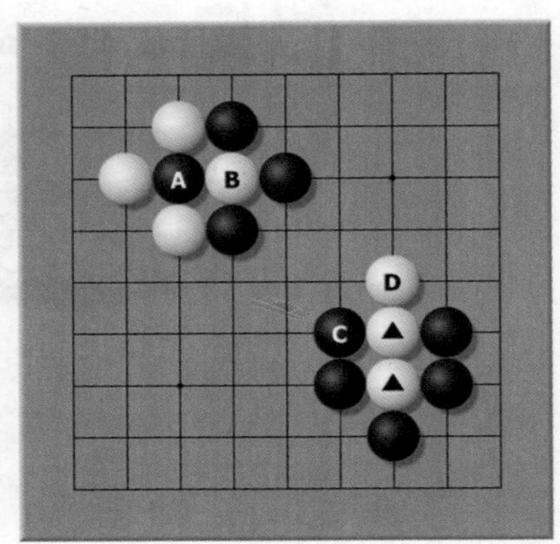


图5

# 打二还一

图 6 所示棋子的形状跟打劫有什么不同？黑棋 A 提掉两个白棋，白棋可以马上在 B 点提掉黑棋 A（图 7），提完后变成图 8 所示的形状，此时黑棋就不能再提白棋 B 了，这叫“打二还一”，意思就是你提我两个子，我提回你一个子。

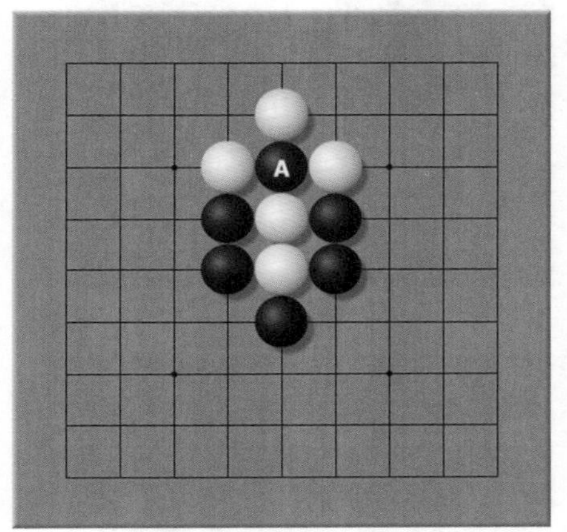


图 6

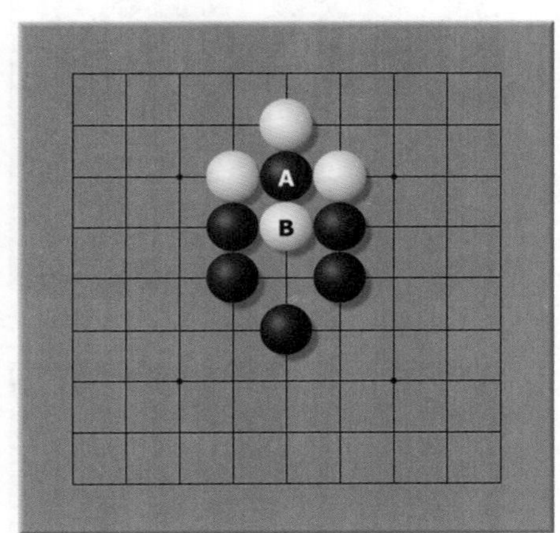


图 7

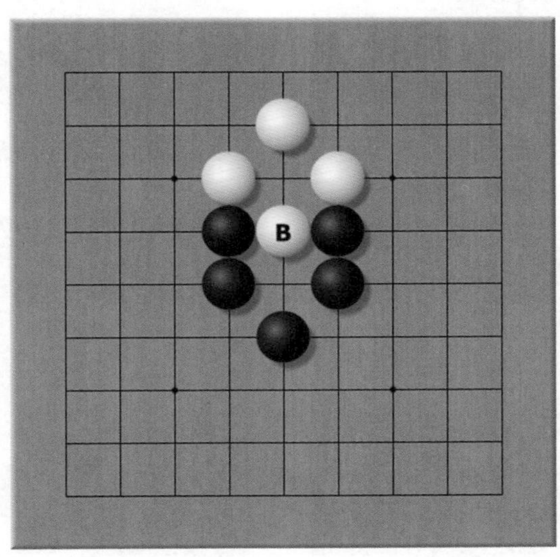


图 8

想一想，摆一摆

黑先，请吃掉打劫形状的白▲，并用"✗"表示出来。

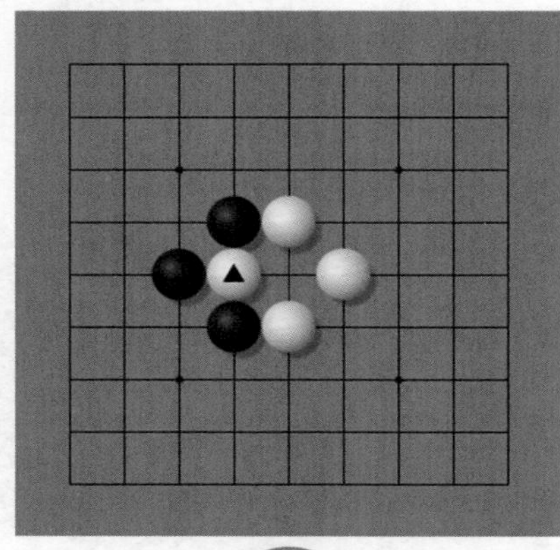

1

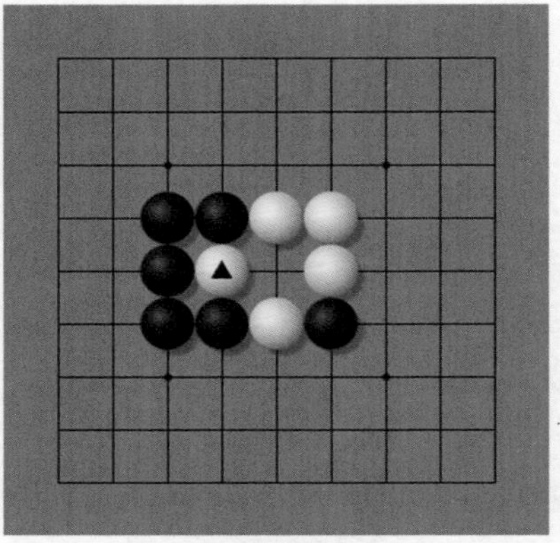

2

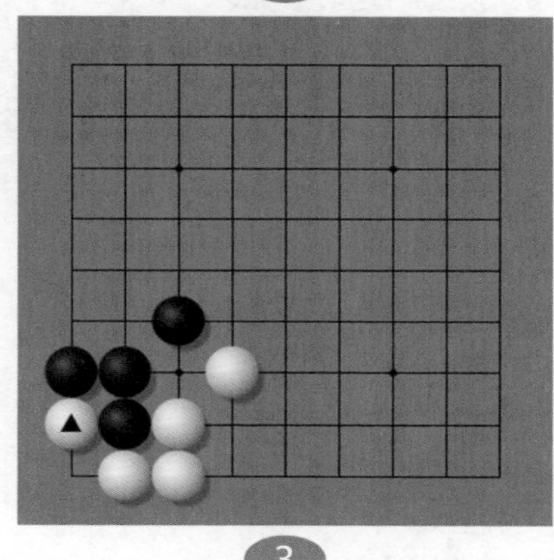

3

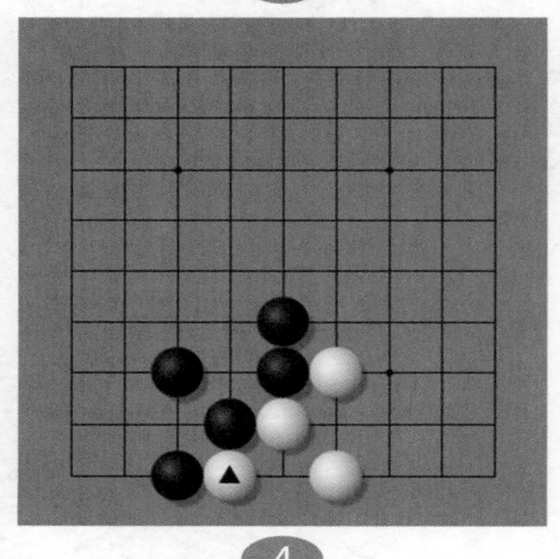

4

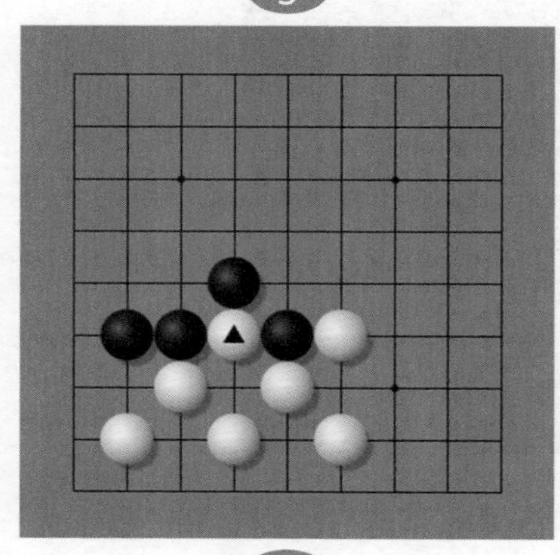

5

6

想一想，摆一摆 是劫的话标“✔”，不是则标“✘”。

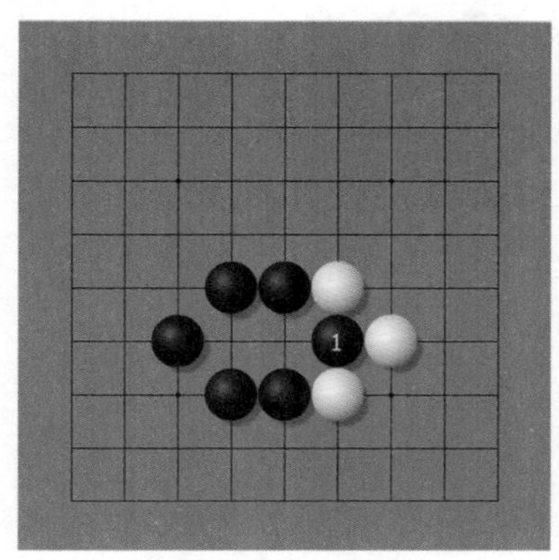

7（ ）

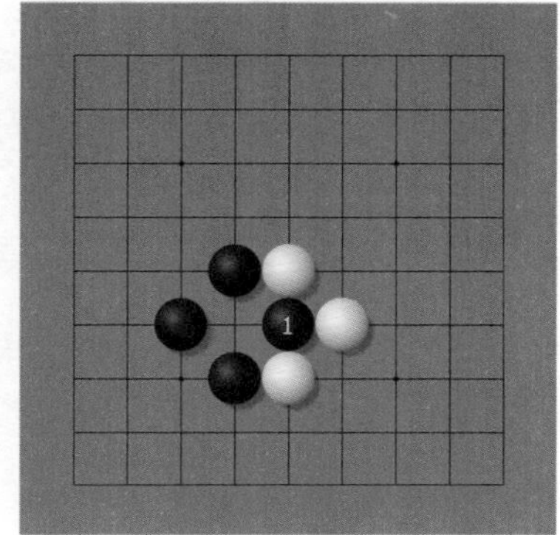

8（ ）

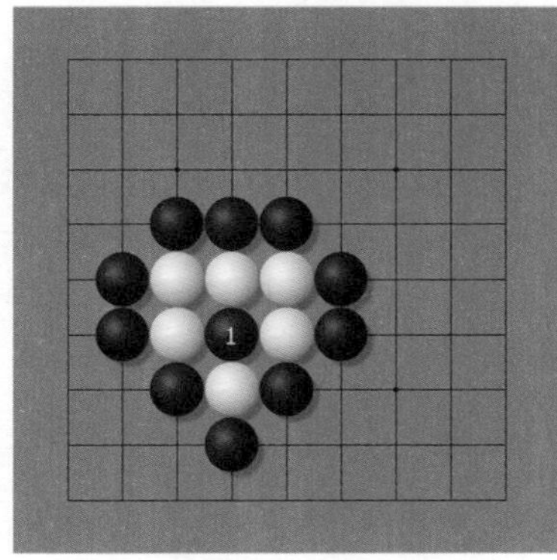

9（ ）

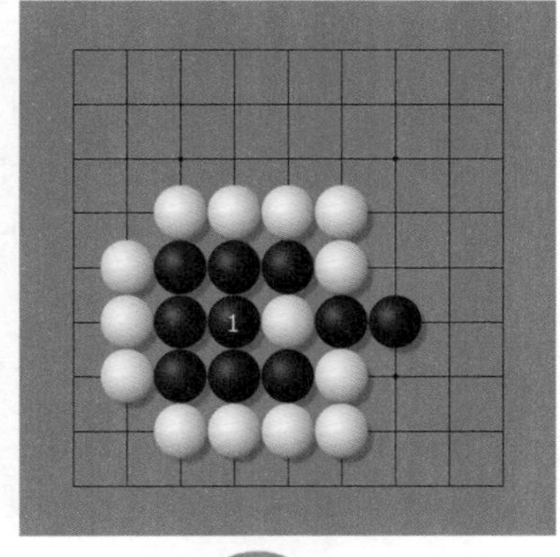

10（ ）

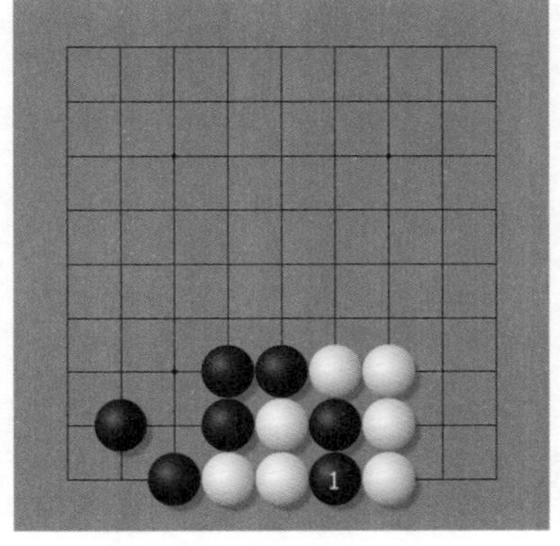

11（ ）

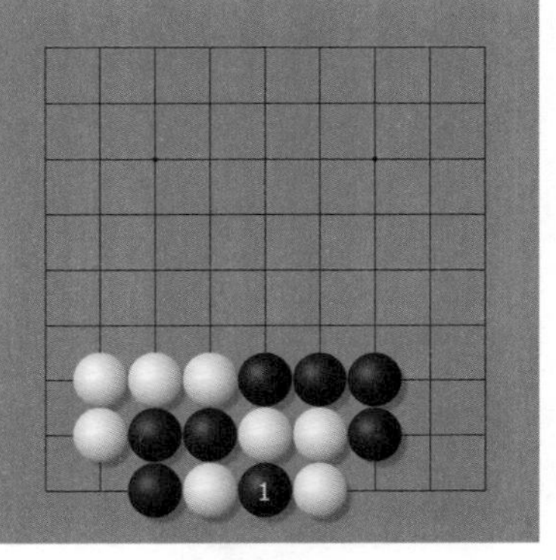

12（ ）

# 第九课

## 连接与分断

今天天气真好，一群小羊正在山坡上吃草和玩游戏。突然，一只大灰狼蹿了出来，出现在小羊们面前。

小羊们都有点惊慌，“咩咩咩”地叫。领头大羊一拍脑门对着其他小羊喊道：“别害怕，我们一个连着一个站好，把羊角对着狼，我们这么多羊，一定能战胜大灰狼。”于是羊群一只连着一只，勇敢地把羊角对着大灰狼。大灰狼一看，这么多羊，我可打不过呀，于是就假装离开，躲到大石头后面去了。

一只小羊看到大灰狼走了，就放松警惕又开始玩起来了。这时，大灰狼一下子扑了过来，把那只小羊跟羊群分开了。

眼看着小羊就要被大灰狼吃掉了，在这个危险的时刻，羊群所有的羊都冲过来救了小羊，把大灰狼赶跑了。

小羊明白了，有危险的时候大家一定要连在一起，被敌人分开就很容易被吃掉。

如图 1 所示，黑棋就像小羊一样手拉手地连在一起，白棋没有手拉手地在一起，白棋中间有个 A 点。如图 2 所示，白棋下在 A 点，白棋就连起来，叫作“连接”。如图 3 所示，黑棋下在 A 点，把白棋分开，叫作“分断”。A 点是把白棋连接或分断的点，叫作“断点”。

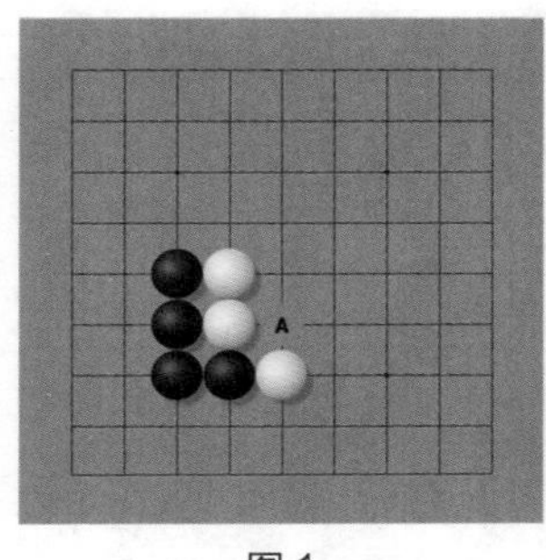

图 1

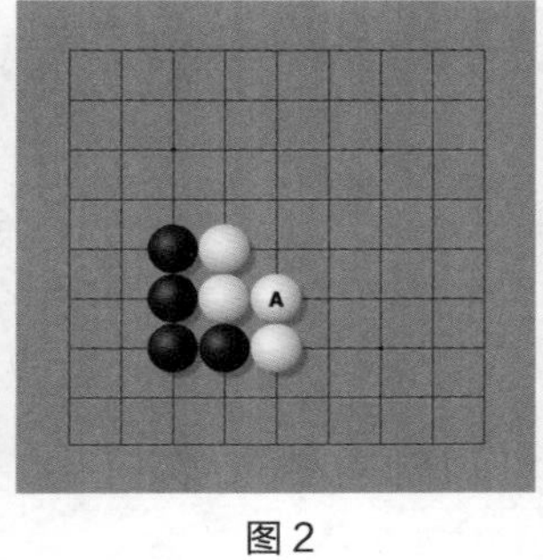

图 2

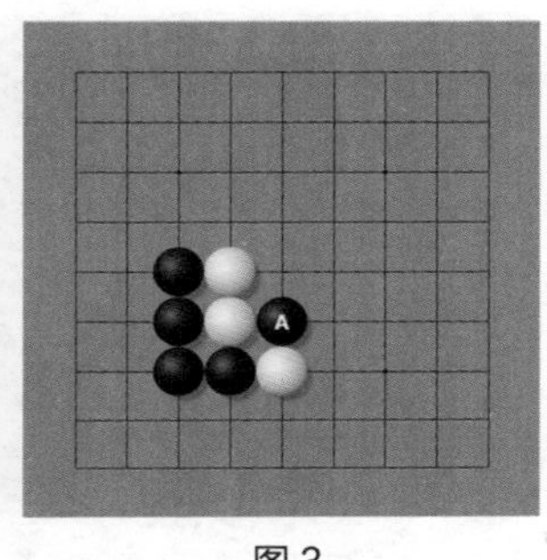

图 3

如图 4 所示，黑棋想吃掉白棋。如图 5 所示，黑 1 把白棋分断，白 2 长，黑 3 打吃，白 4 长，黑 5 提，这样就把白棋吃掉了，所以想要吃掉对方的棋子，就要想办法把它们分断。如图 6 所示，如果白棋发现危险，用白 1 把断点补起来，白棋就连接起来，变得很强大，黑棋就吃不掉白棋了。黑棋被白棋分断后，也会变得很危险。所以，遇到危险时，要赶紧把棋子连接起来。

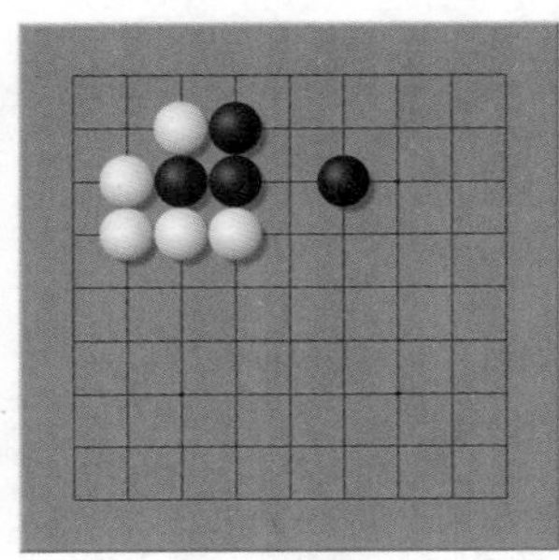
图 4

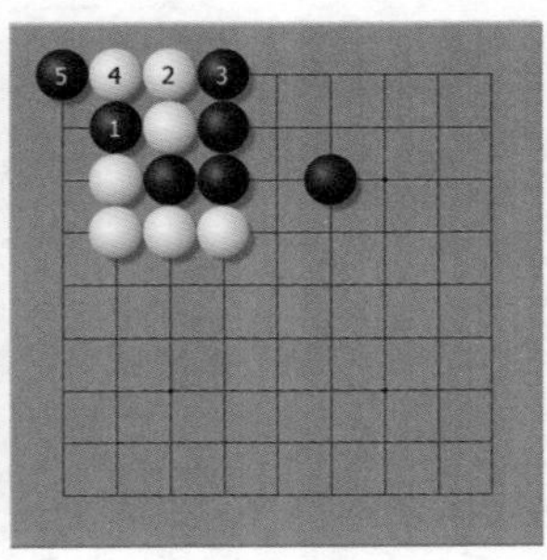

图 5

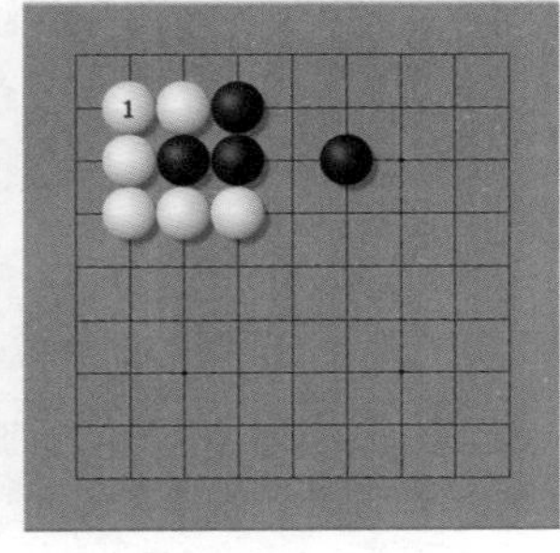

图 6

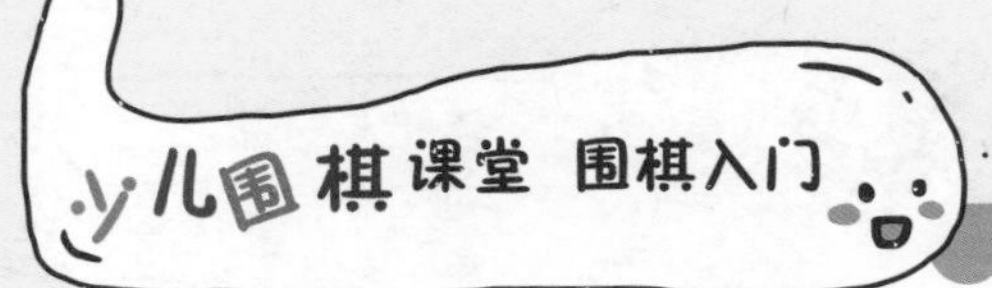


# 断吃

下在对方的断点上分断对方的同时，并且能够吃掉对方棋子或者能够打吃对方的棋子。

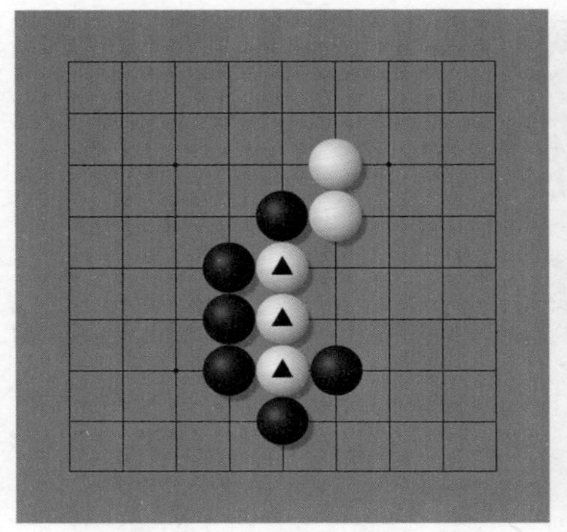

白▲的气只有两口，从哪里打吃呢?

黑❶断白，正确。

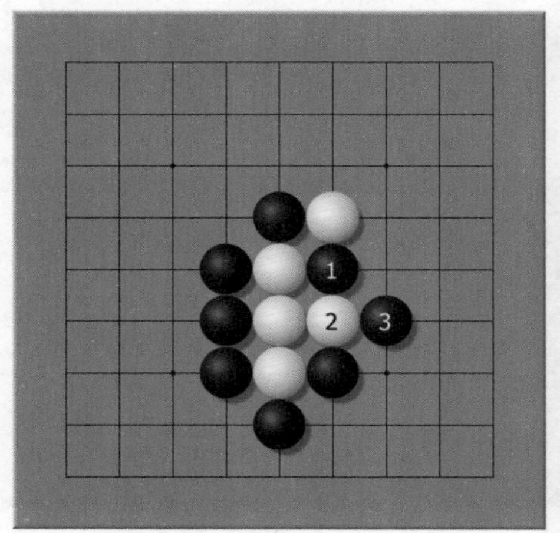

白②不成立，黑❸吃白棋。

黑❶从这里打吃白子失败，白②连接顺利逃出。

# 一路线、二路线

小朋友们请注意，如图 7 所示的 X 点占据的棋盘最外侧这一圈是棋盘的一路线。小黑圈所示的则是棋盘的二路线。

那么依次向内我们则可以数出棋盘的三路线、四路线、五路线等。

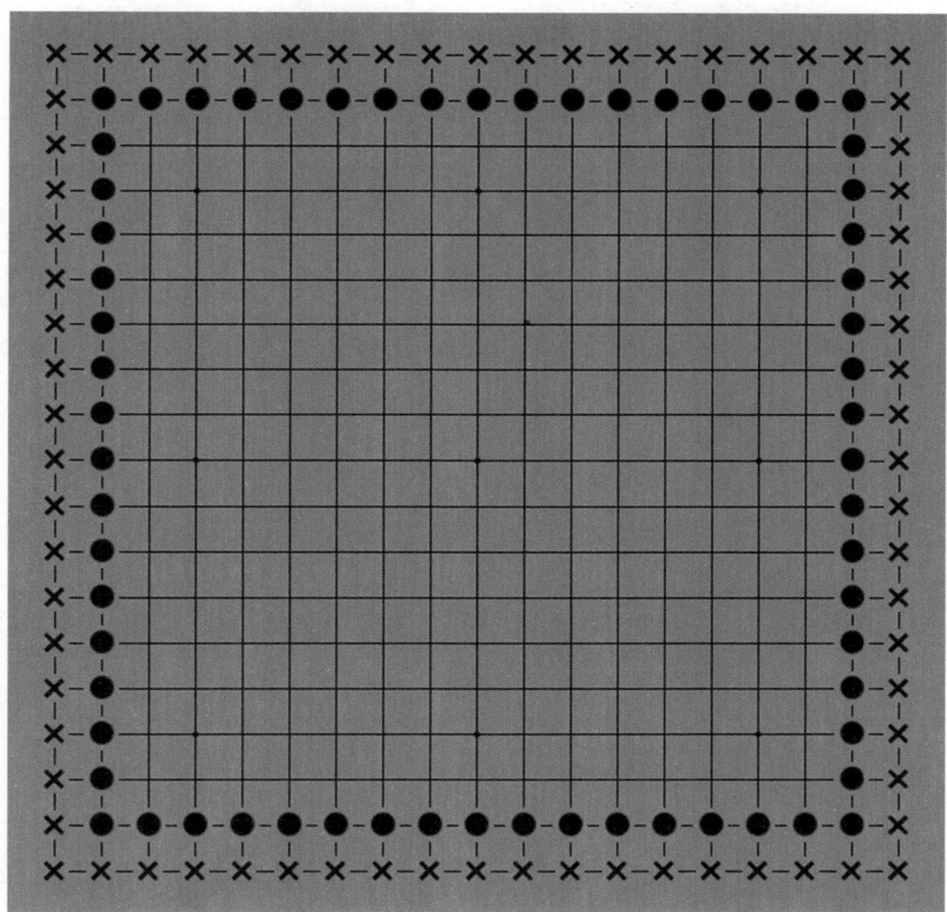

图 7

想一想，摆一摆

黑先，请用黑棋分断白棋并用“”表示出来。

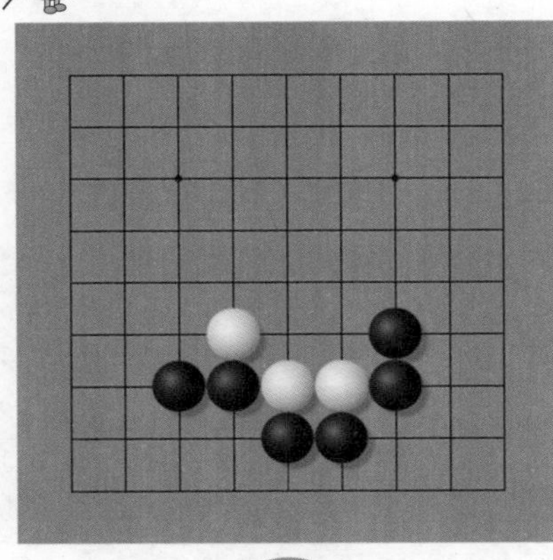

1

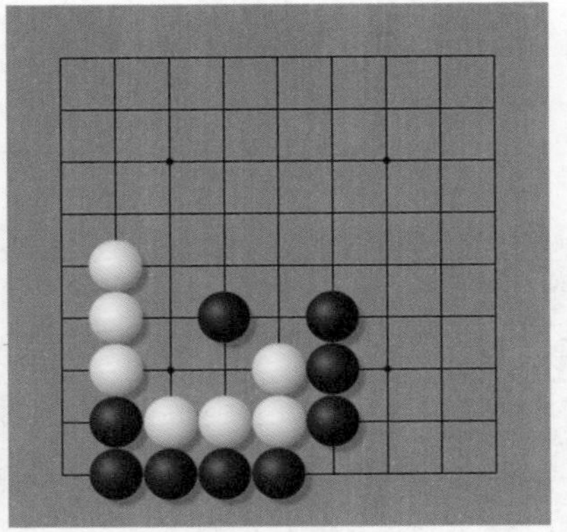

2

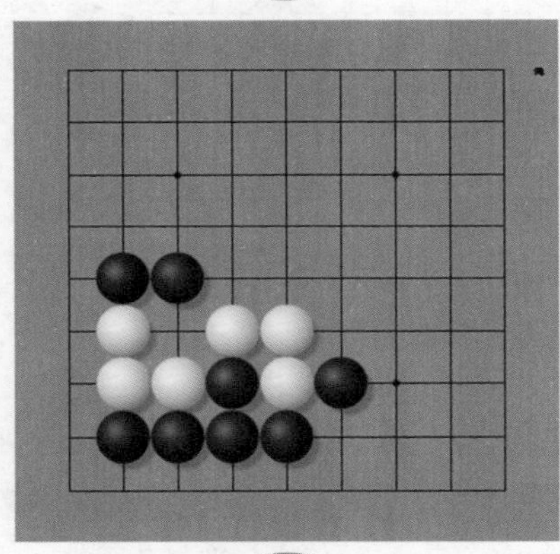

3

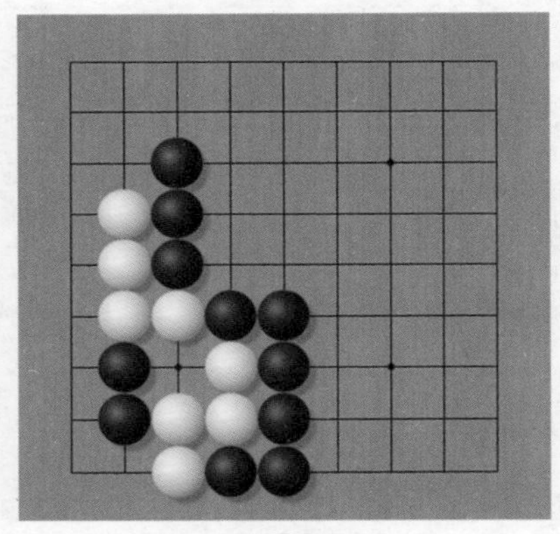

4

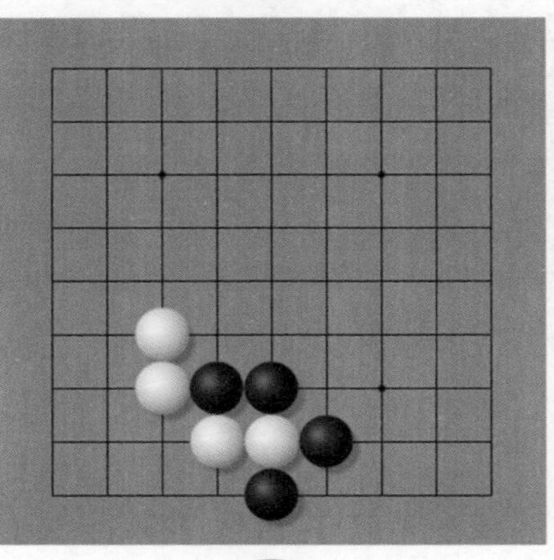

5

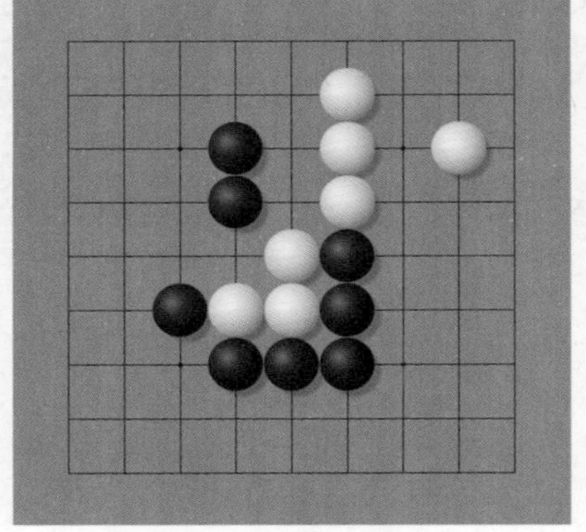

6

## 想一想，摆一摆

黑棋要下在哪里才是连接？用“✔”表示出来。
另外，黑棋下在哪里是分断呢？用“✘”表示。

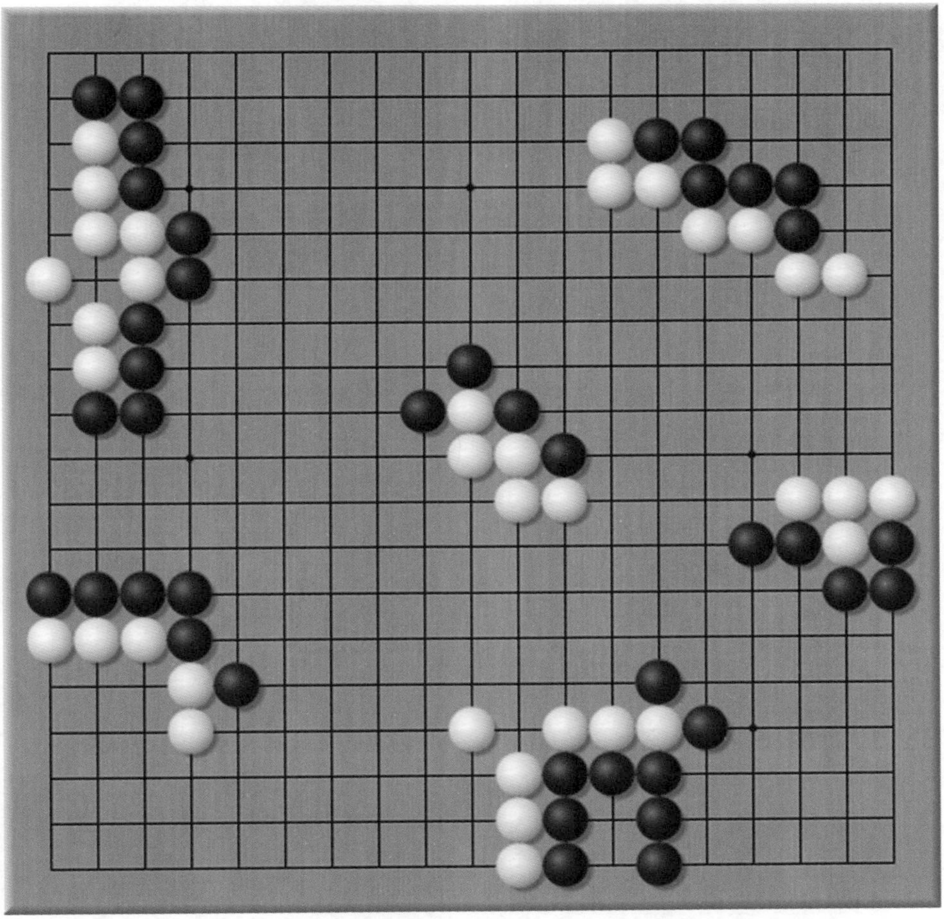

7

## 想一想，摆一摆

黑先，请断吃白棋▲并用“✗”表示出来。

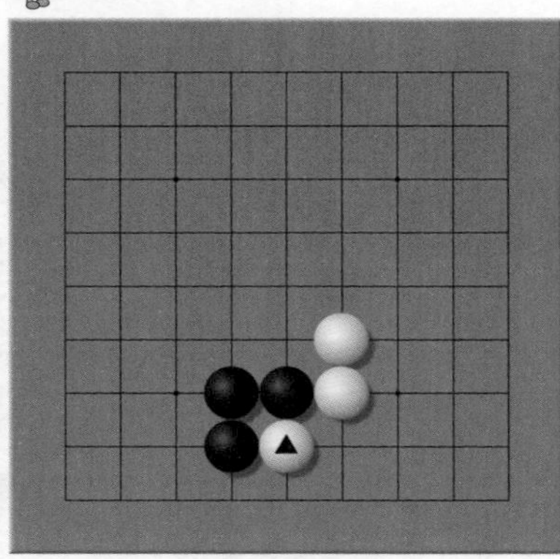

8

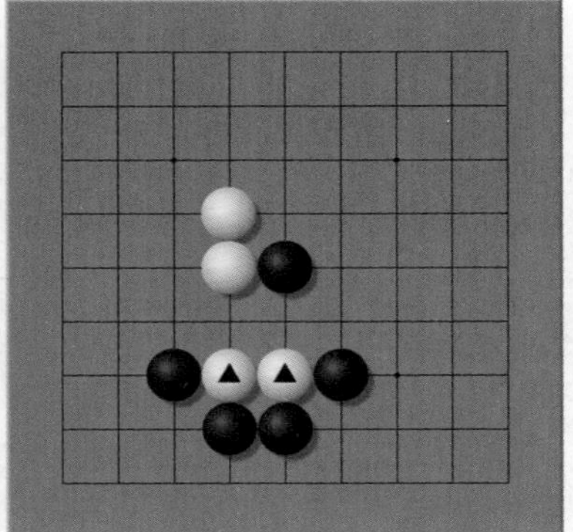

9

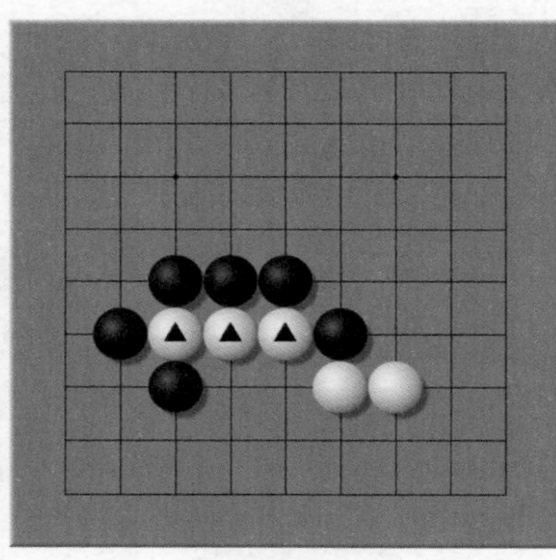

10

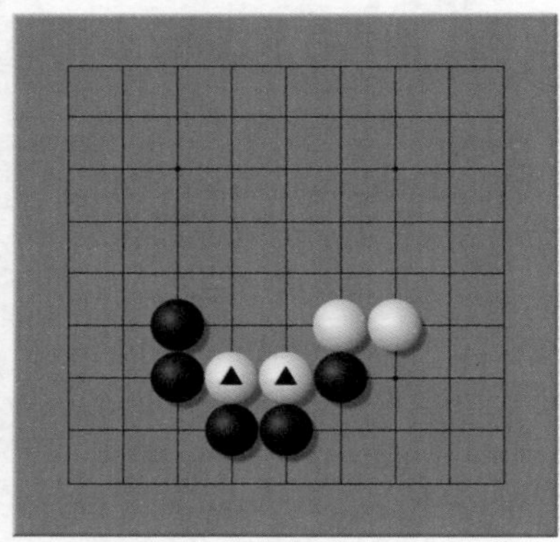

11

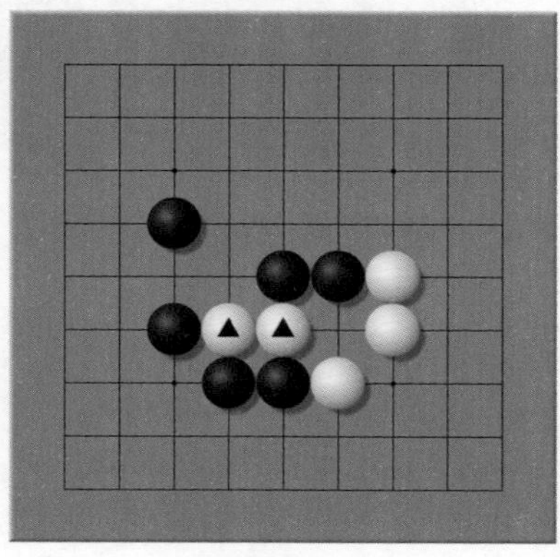

12

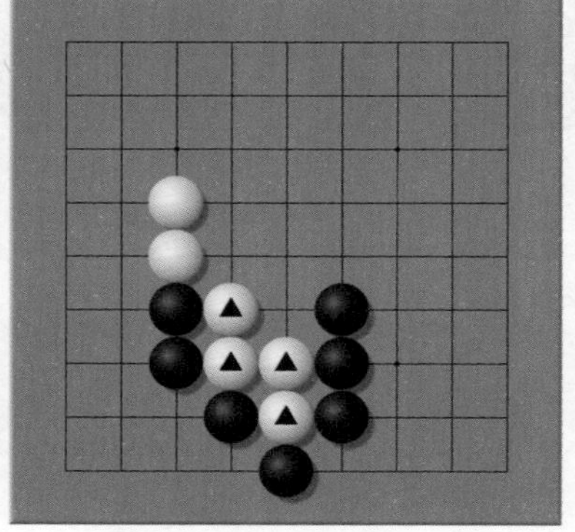

13

**想一想，摆一摆**　黑先，请断吃白棋▲并用“✗”表示出来。

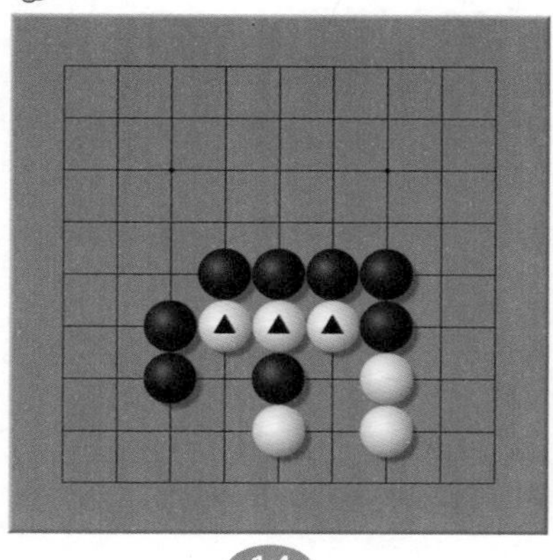

14

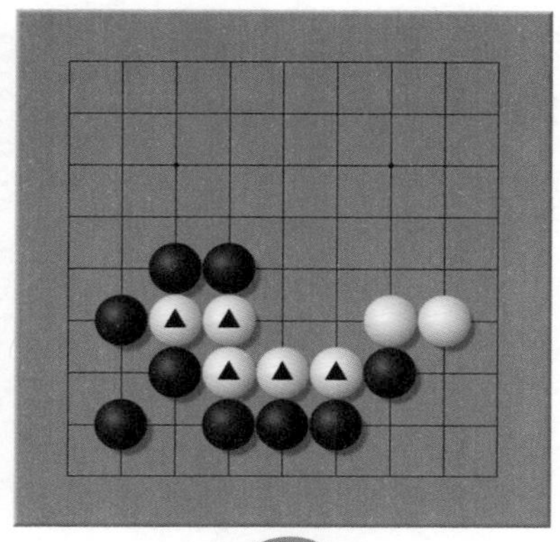

15

16

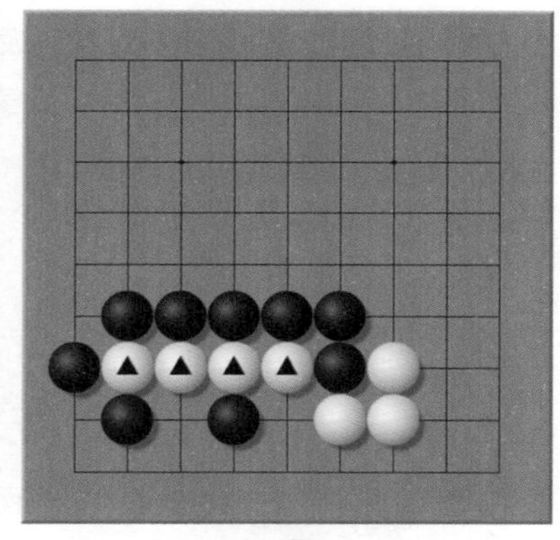

17

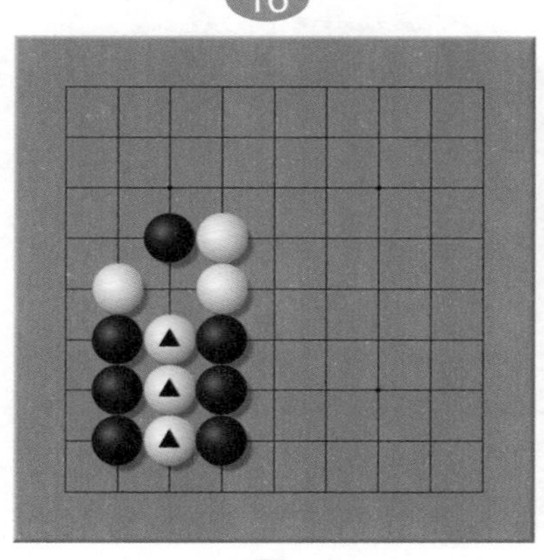

18

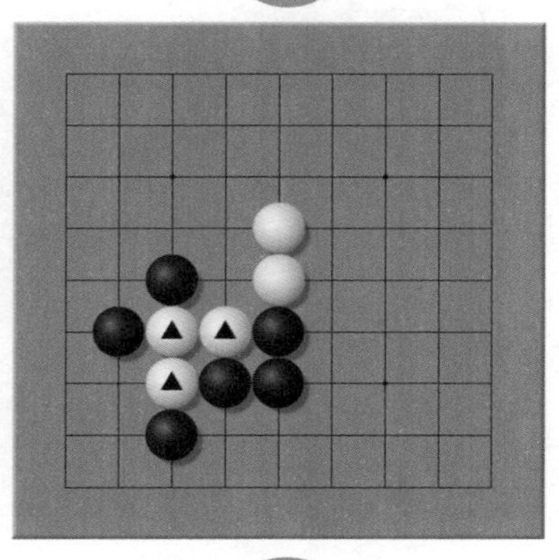

19

# 第十课 双打吃

外面的天气真好，两只小花猫小弈和小智饿了，决定一起出去抓鱼吃。它们来到小河边，看到河里面有很多小鱼在游来游去，馋得它们的口水都要流出来了。小弈迫不及待地伸出爪子去抓鱼。鱼很滑，总是溜掉。小弈看看旁边的小智，小智已经抓到两条鱼啦！原来小智用两只爪子在抓鱼，左边的鱼溜走了，它就用右边的爪子去抓右边的。

小智用这种方法抓住了很多鱼，和小弈一起美美地吃了一顿。

围棋里也可以用小智抓鱼的办法吃掉对方的棋子。

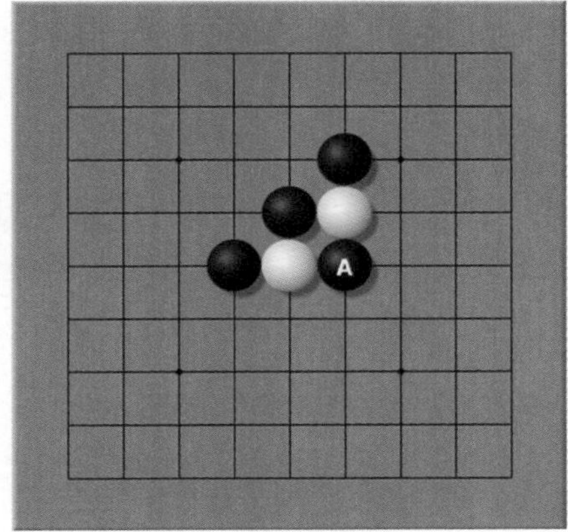

图 1

如图 1 所示，黑棋下在 A 处就能同时打吃两个白棋。

图 2

如图 2 所示，如果白棋下 B 位，黑棋下 C 位就可以将白棋 ▲ 吃掉。

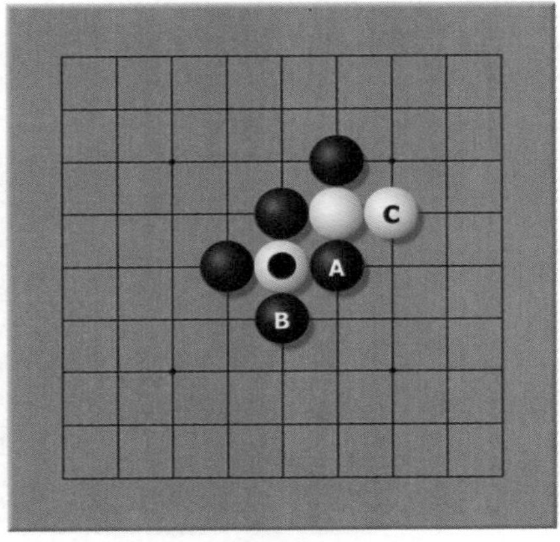

图 3

如图 3 所示，如果白棋下 C 位，黑棋下 B 位就可以将白棋●吃掉。

像图 1 这种情况下一个子就能同时打吃两边棋子的吃子方法叫“双打吃”。

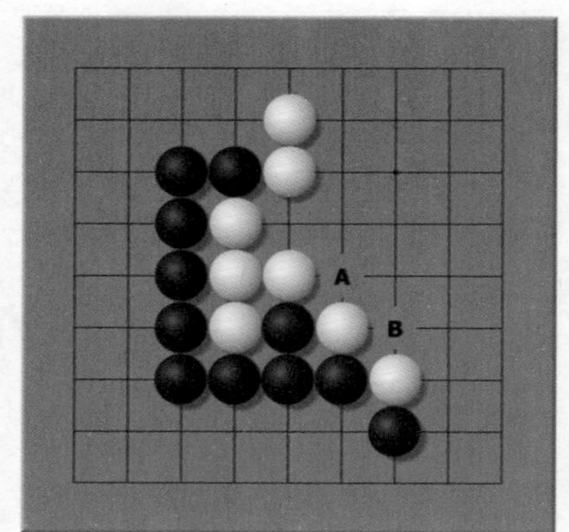

图 4

如图 4 所示，A、B 点都是白棋的断点。黑棋下在 A、B 点都是双打吃，总能吃掉一边的白棋。双打吃常常都是在黑棋、白棋挨在一起，并且断点较多的时候出现。所以，小朋友们下棋的时候一定要注意自己棋子的断点哦。

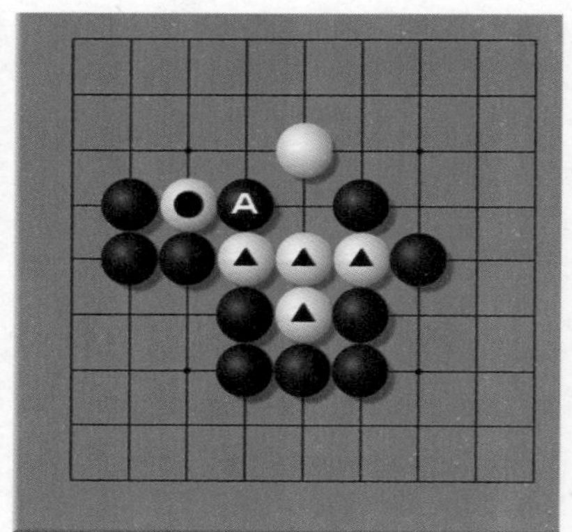

图 5

当自己的棋子被对方双打吃的时候，应该逃向哪一边呢？如图 5 所示，黑棋在 A 点双打吃两处白棋，白棋▲比白棋●多，所以应该逃出白棋▲，这样只需牺牲掉一个白棋。白棋●就像芝麻，白棋▲就像西瓜，你是要大大的西瓜还是要小小的芝麻？

如图6所示，黑棋在A点双打吃两处白棋，白棋是下在B点逃跑白棋▲，还是下在C点逃跑白棋●？图7中B点被黑棋占领，那么白棋▲会被吃掉，黑棋就连成一片，变得更强大了。所以，白棋不能让黑棋连成一片，白棋下在B点比下在C点更好。

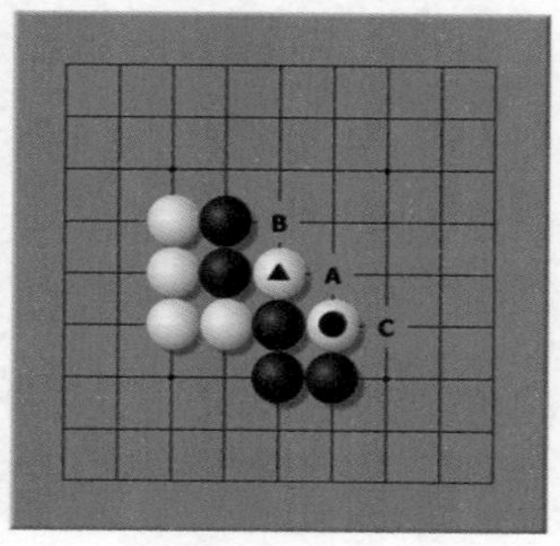

图 6

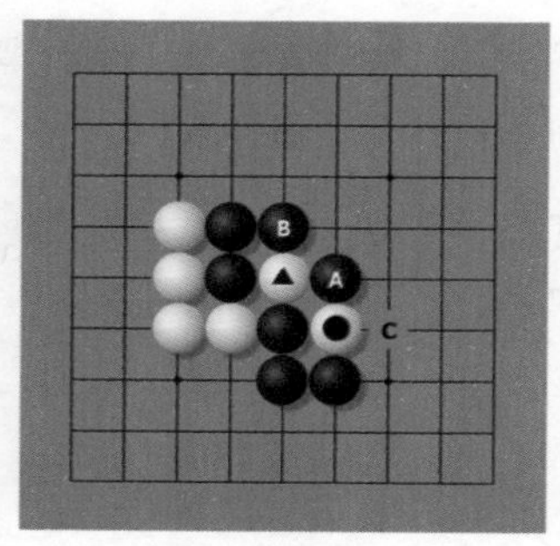

图 7

双打吃一定要有断点哦，并且下在断点上，让对方两边的棋子分别变成一口气。记住，发生双打吃的时候，哪边棋子多或者哪边棋子更重要，就要逃向哪一边。

下图中黑棋下在哪里才能吃到白棋？

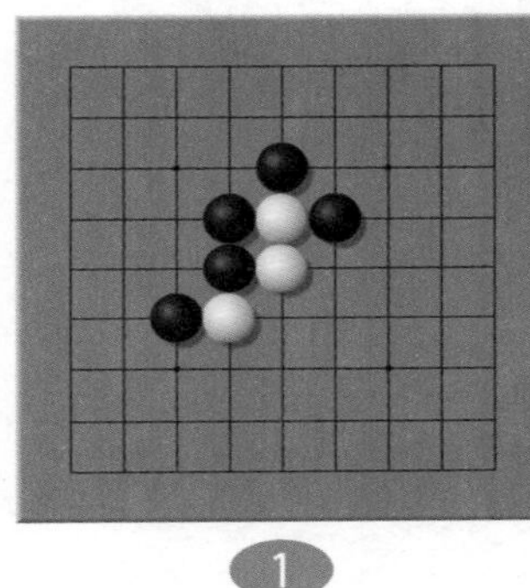

1

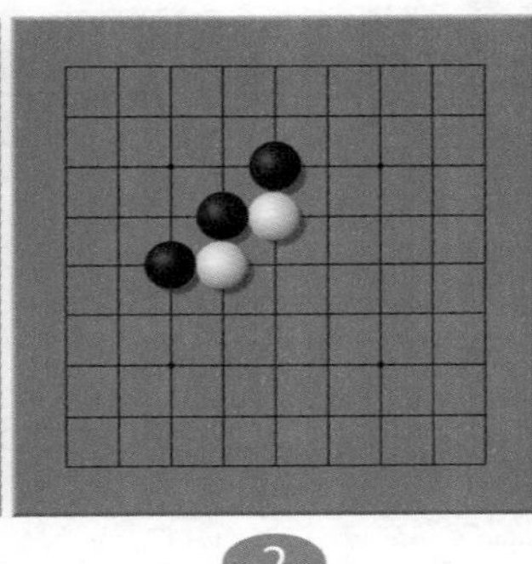

2

3

下图中黑棋▲双打吃，白棋应该逃向哪边？

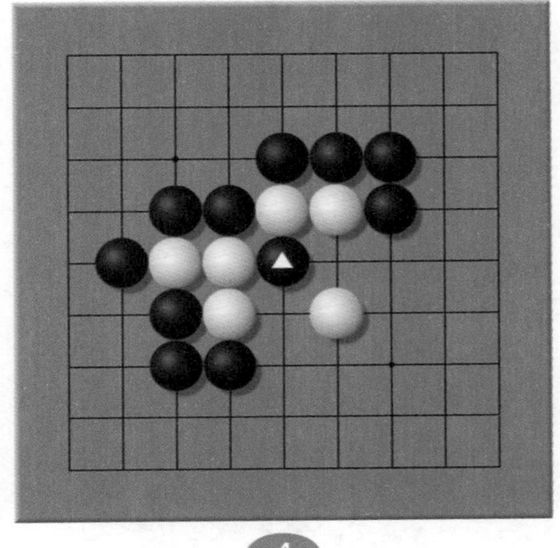

4

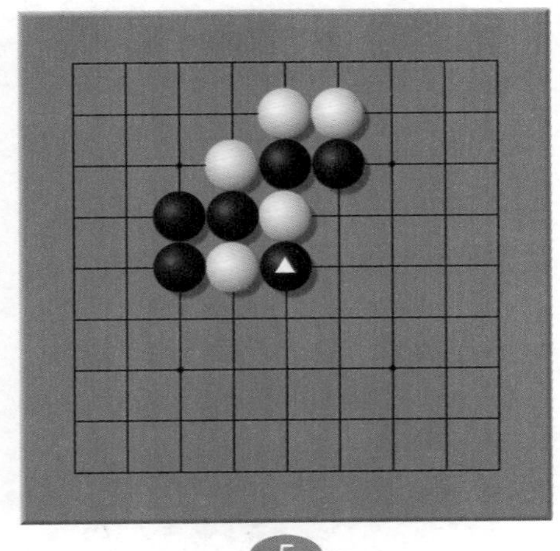

5

## 想一想，试一试

黑先，黑棋怎样才可以吃掉白棋？请用“✗”表示出来。

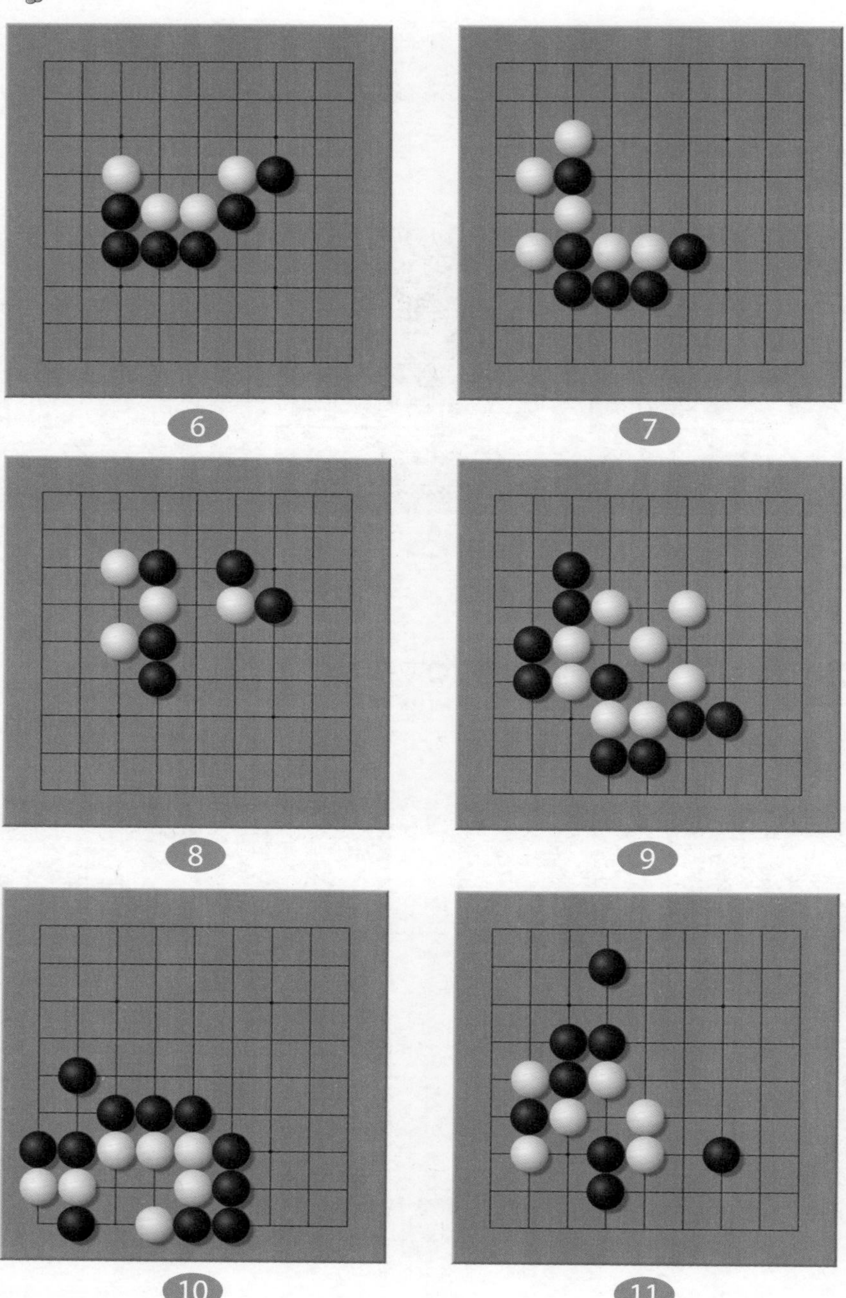

## 想一想，试一试

黑先，黑棋怎样才可以吃掉白棋？请用 “✗” 表示出来。

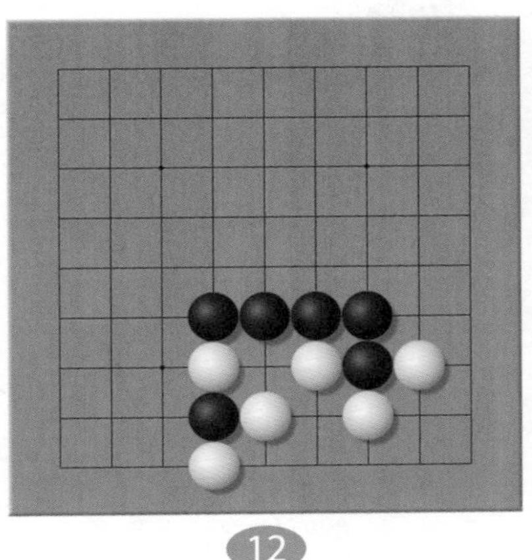

12

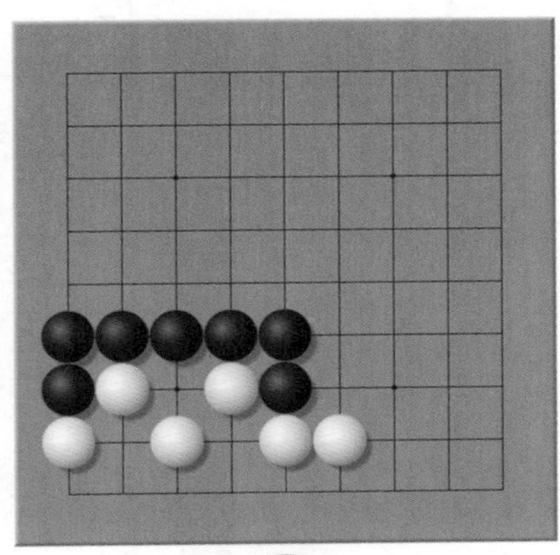

13

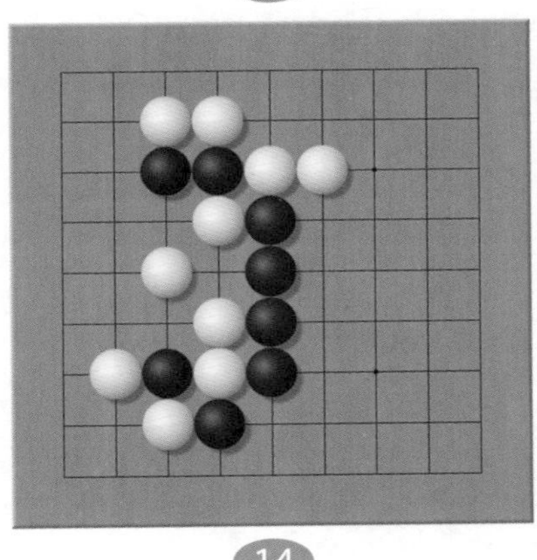

14

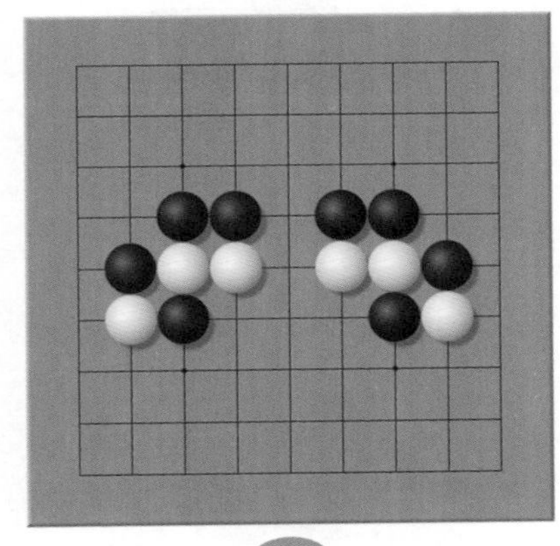

15

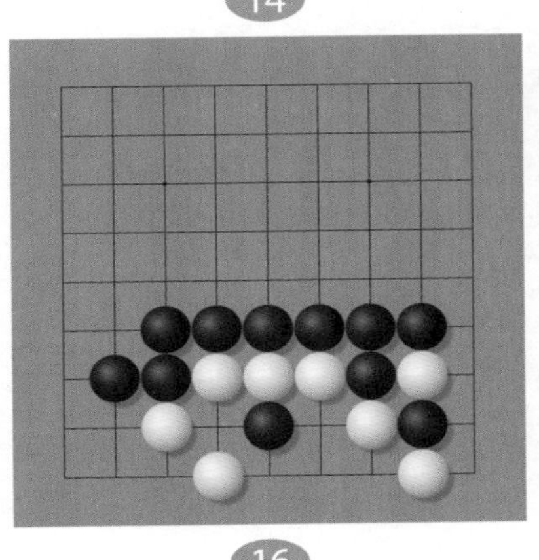

16

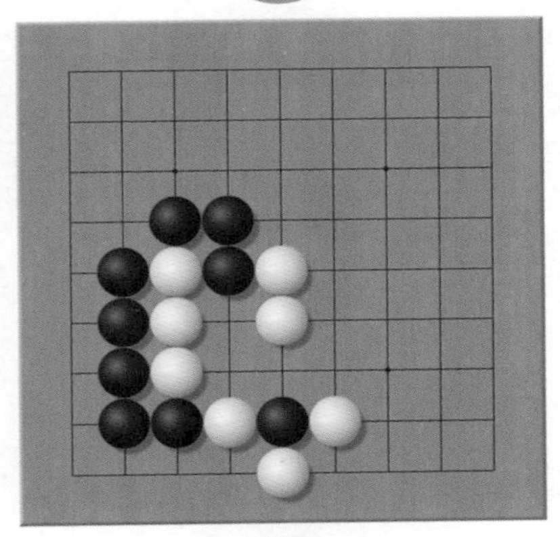

17

# 第十一课

## 关门吃

小弈发现屋子里有一只小老鼠，于是和小智商量怎么能抓住它。小智说：“咱们把门窗都关紧，老鼠就跑不出去了。”于是小弈和小智分别关紧了门窗，让小老鼠无处可逃，很快它们就抓到了老鼠。

围棋里也可以用关门抓老鼠的方法吃对方的棋子。

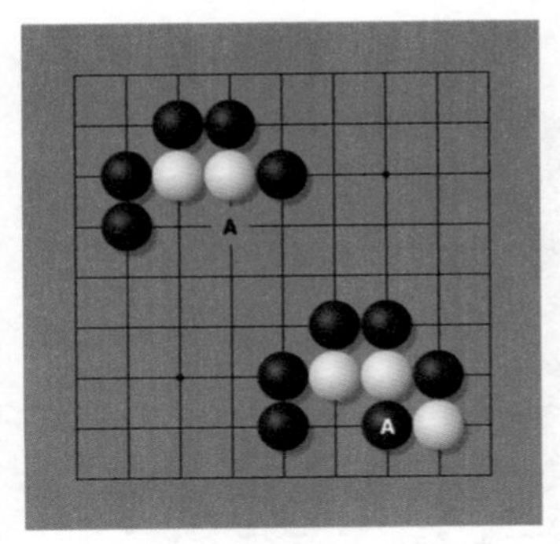

图 1

如图 1 所示，黑棋像一间房子，里面的两个白棋像小老鼠，A 点就是房间的门，黑棋在 A 点下一子，把门关起来，这样白棋就跑不出去了。这种吃子的方法叫“关门吃”。

如图 2 所示，白棋跑进了黑棋的房间里，A、B 两点哪个才是房间的门呢？如图 3 所示，如果黑棋在 B 点下一子，白棋就可在 A 点连起来，白棋就逃出去了，所以 B 点不是门。如图 4 所示，黑棋在 A 点下一子，白棋在 B 点下一子，黑棋再在 C 点下一子就把白棋吃掉了，所以 A 点才是门。

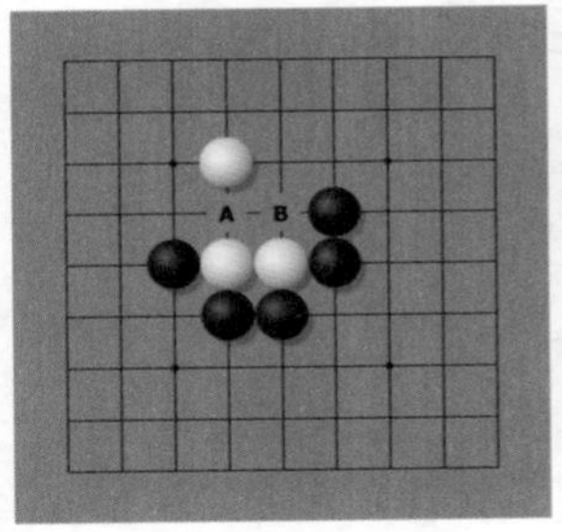

图 2

图 3

图 4

有时候，一步棋是不能下出关门吃的，需要下几步棋才能做到关门吃。如图 5 所示，黑棋在 A 位下一子，白棋在 B 位下一子，黑棋再在 C 位下一子就形成关门吃了。

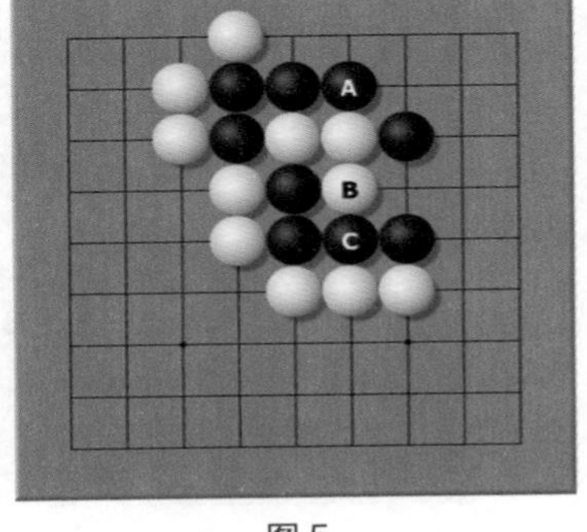

图 5

## 想一想，摆一摆

黑先，黑棋用关门吃的方法吃掉白棋，请用“”表示出来。

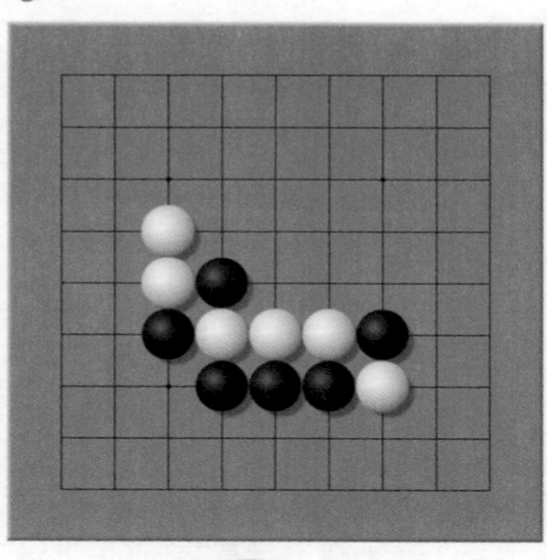

1

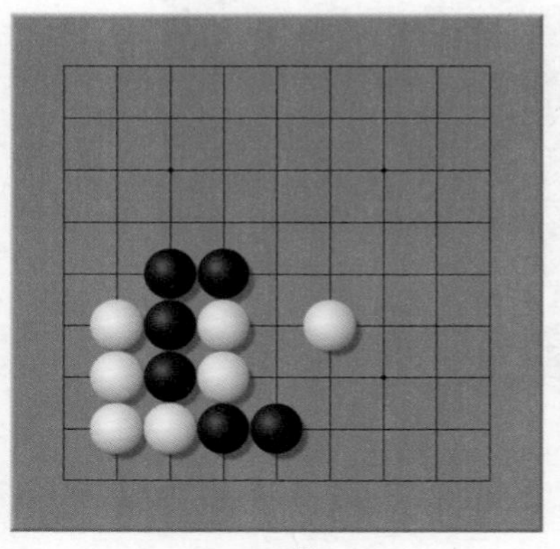

2

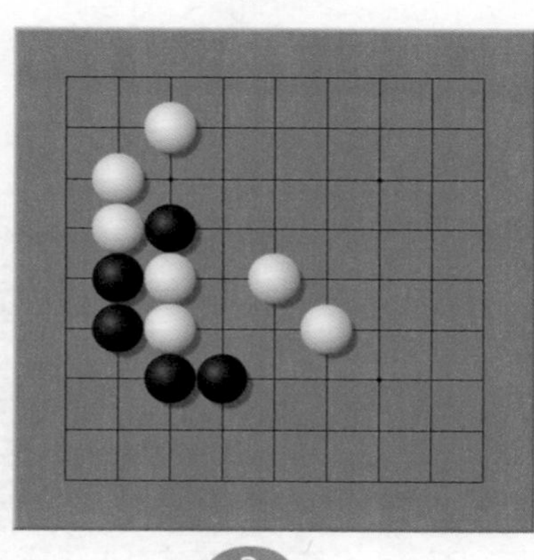

3

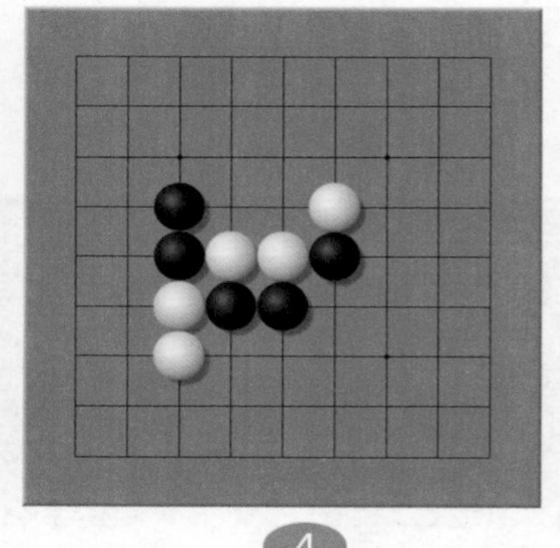

4

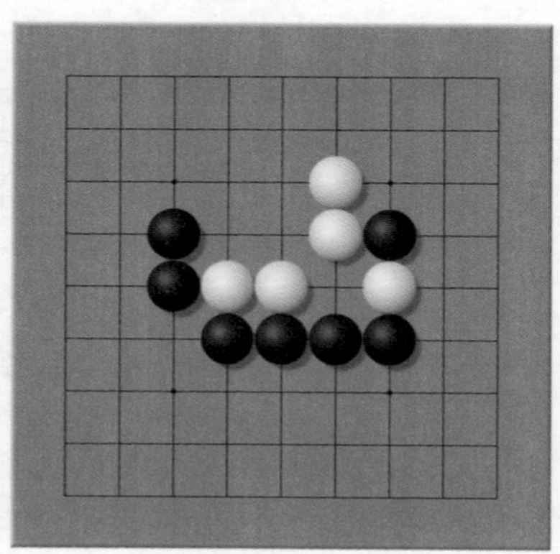

5

6

想一想，试一试

黑先，黑棋用关门吃的方法吃掉白棋，请用"✗"表示出来。

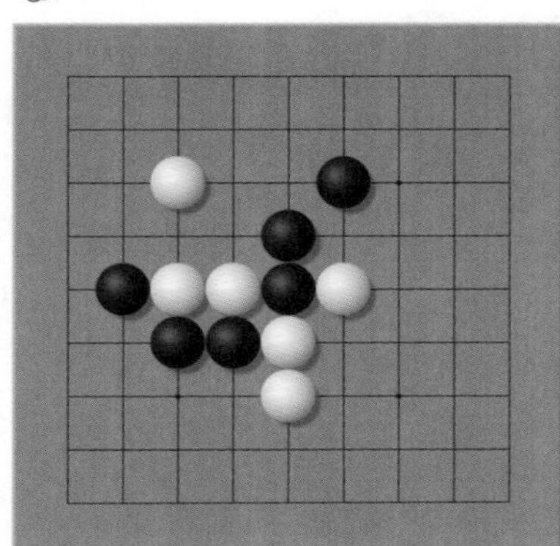

7

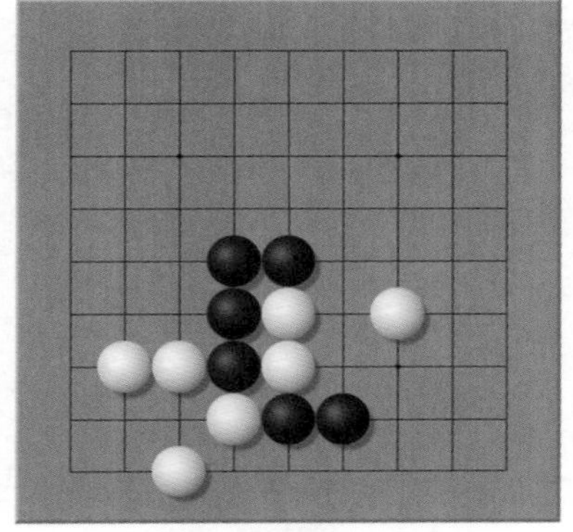

8

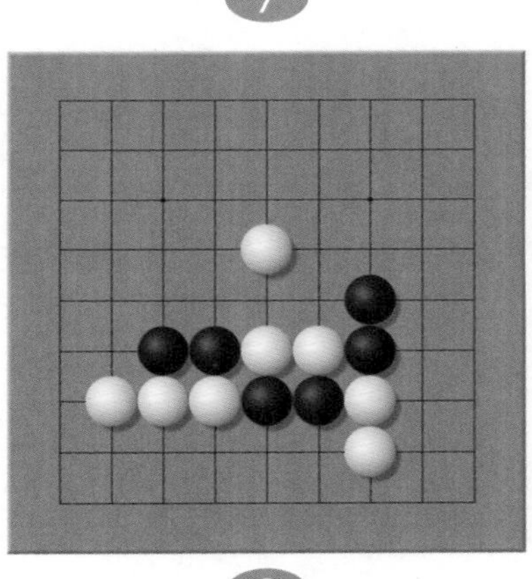

9

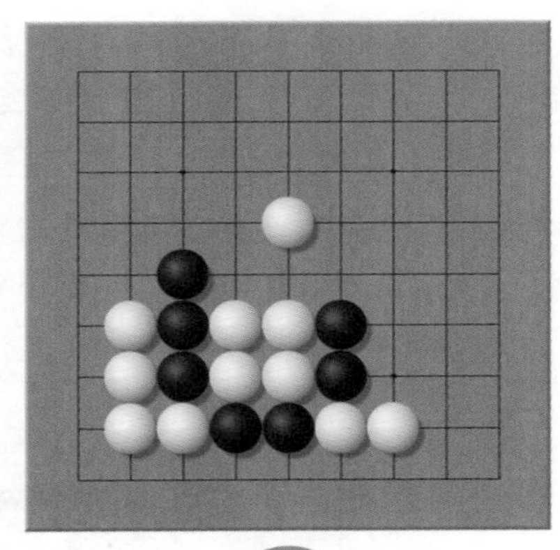

10

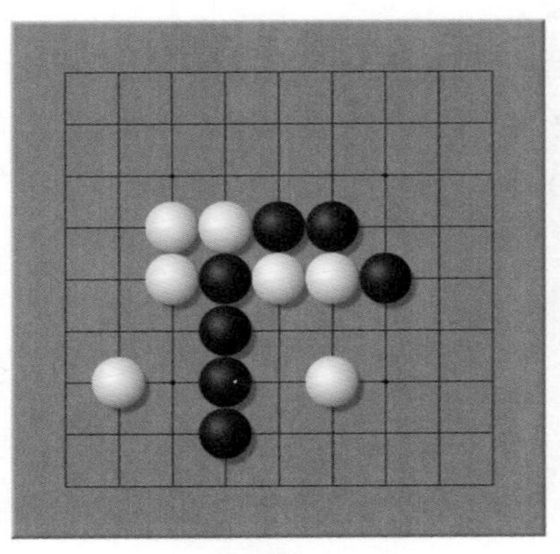

11

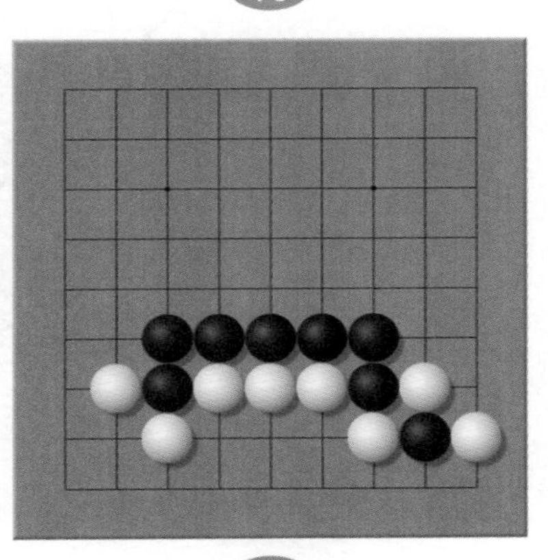

12

# 第十二课 抱吃

小智在家里的窗前向外张望，看到几只猴子正在桃树上玩耍，于是小智叫上小弈一起出去看。它们看到一只小猴子摘了一个桃子，由于没拿住，桃子掉到了树下。老猴子看到桃子掉在了地上，过来告诉小猴子说：“你把桃子抱在怀里就不会掉下去了。”于是小猴子摘了一个桃子抱在怀里“啊呜，啊呜”地吃了起来。

小朋友们，你们说把桃子抱在怀里是不是就不会掉下去了？围棋里面也有“抱吃”啊！

围棋里也可以用像小猴子那样把桃子抱在怀里吃的方法吃对方的棋子。

如图 1 所示，黑棋下在 A 处，就像小猴子吃桃一样把白棋抱在怀里，这样白棋就再也跑不掉了，这种吃子的方法就叫作“抱吃”。

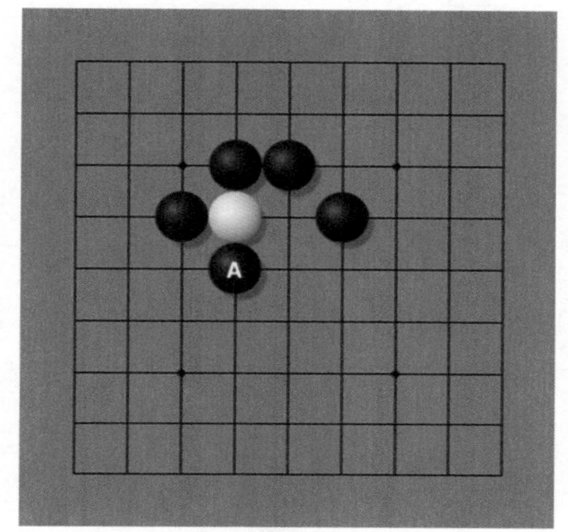


图 1

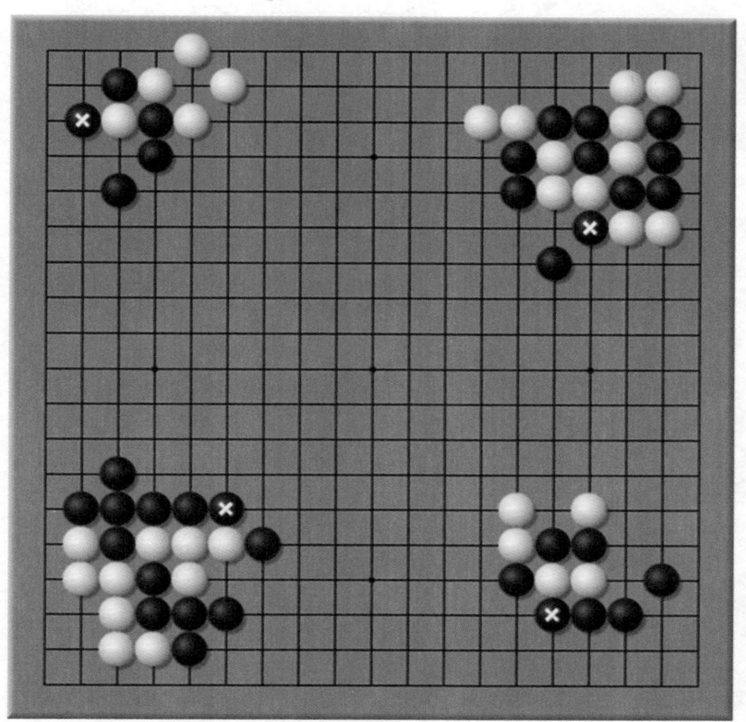

图 2

如图 2 所示，黑棋下在“X”点都会抱吃白棋。

**想一想，试一试**

黑先，黑棋下在哪里就能抱吃白棋？请用“✗”表示出来。

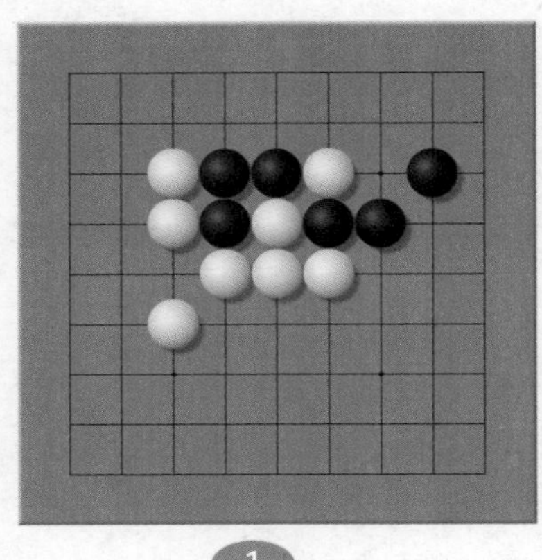

1

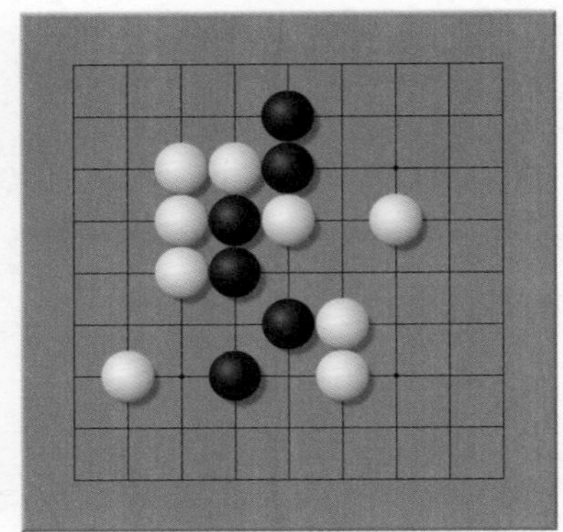

2

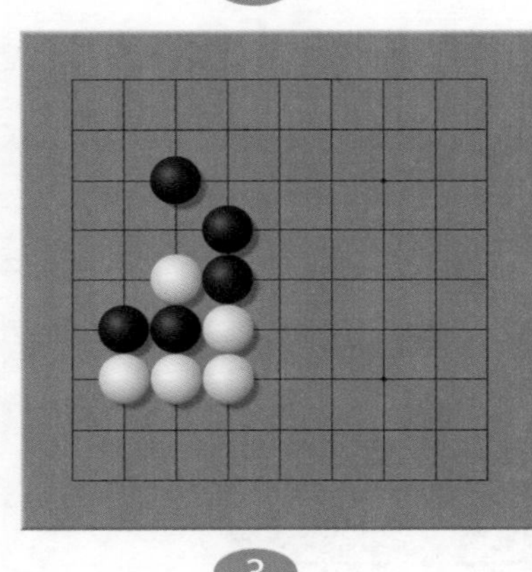

3

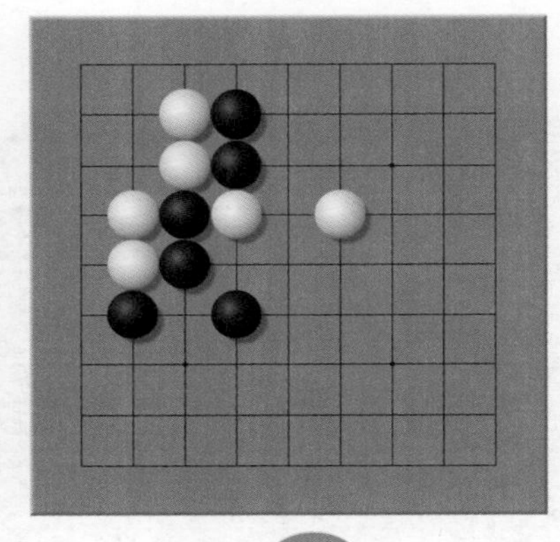

4

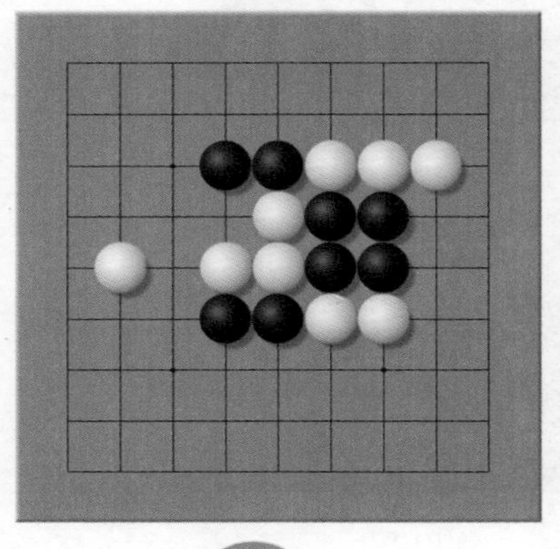

5

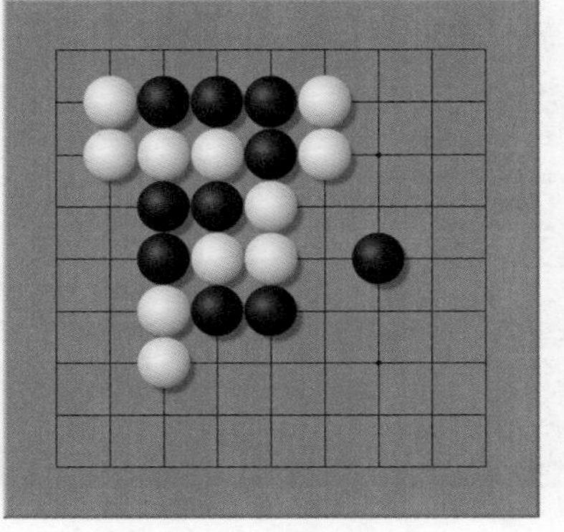

6

想一想，试一试

黑先，黑棋下在哪里就能抱吃白棋？请用“”表示出来。

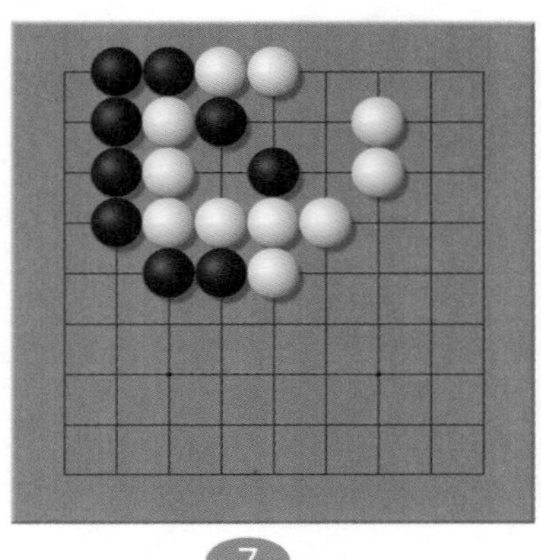

7

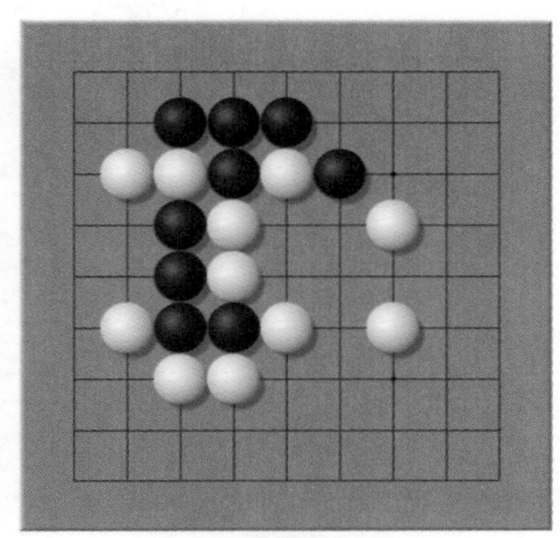

8

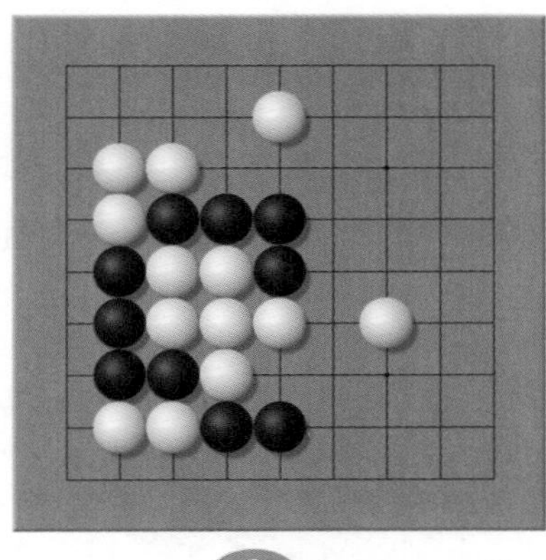

9

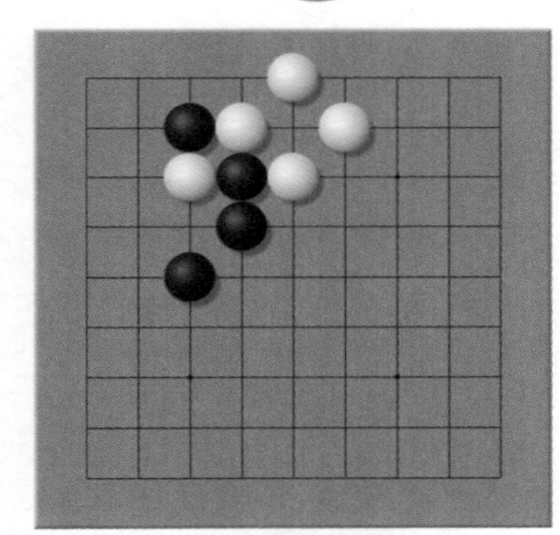

10

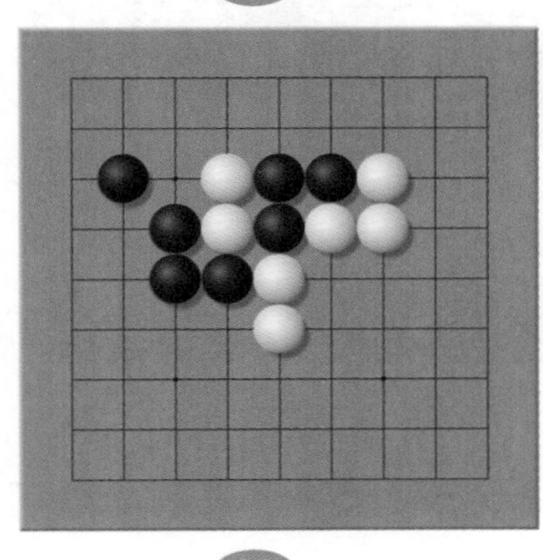

11

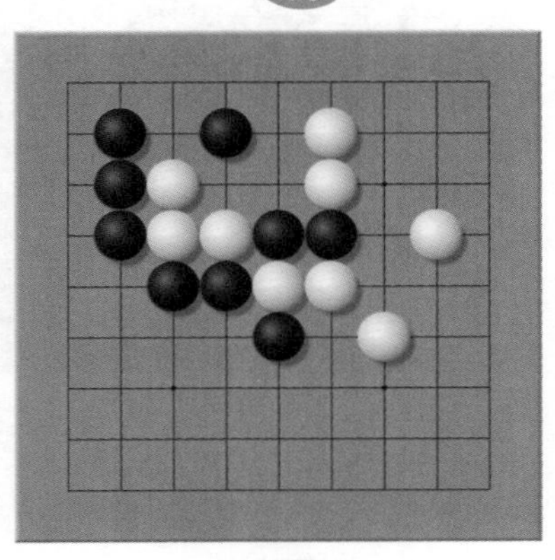

12

# 第十三课 征吃（一）

小弈和小智的好朋友晨晨每天都要去河边放羊，可是小羊都不听晨晨的话，怎么才能让小羊听话呢？晨晨想了一个好办法。

他找来了一根鞭子，小羊怕鞭子发出的声音。于是晨晨往左边“啪啪”地抽两下，小羊就向右边走；晨晨往右边“啪啪”地抽两下，小羊就向左边走。这样晨晨就能控制羊群的方向了。这种赶羊的方法叫作“扭羊头”。

围棋里也可以用像控制羊群的方法吃对方的棋子。

如图 1 所示，白棋就像小羊，黑棋就像晨晨赶羊一样，用“扭羊头”的方法捉白棋。黑棋在1处打吃，白棋就往 2 处跑，黑棋继续在 3 处打吃，白棋就往 4 处跑……这样白棋往哪边跑，黑棋就往哪边打吃，当白棋跑到棋盘的边上只有一口气时，就被黑棋全部吃掉了。让对方始终只有一口气的吃子方法叫“征吃”，也叫“扭羊头”。

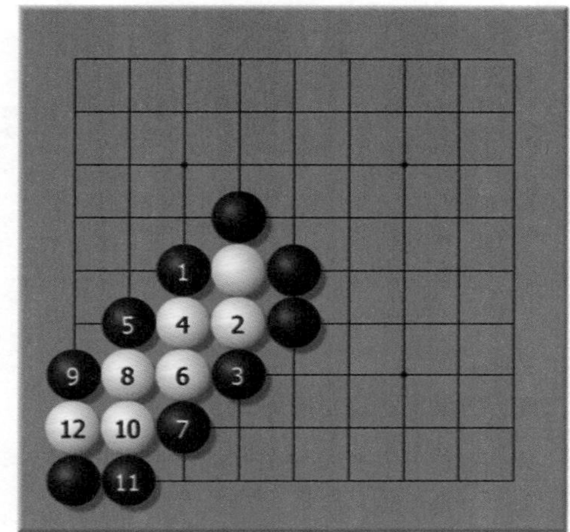

图 1

如图 2 所示，黑棋怎样才能吃掉白棋呢？如图 3 所示，黑棋在 A 处打吃，白棋在 B 处长出后有三口气，黑棋就捉不到白棋了。

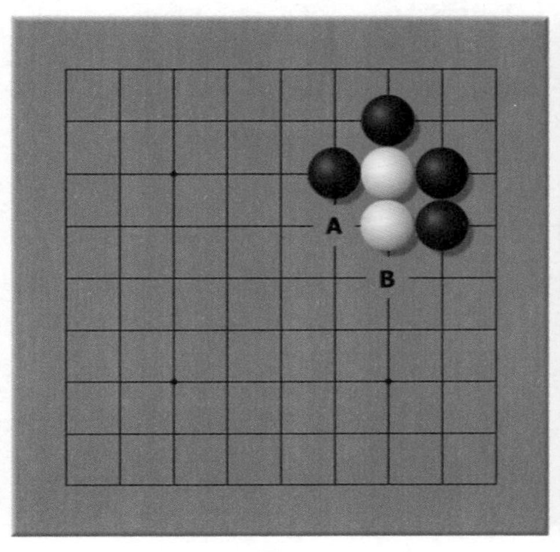

图 2

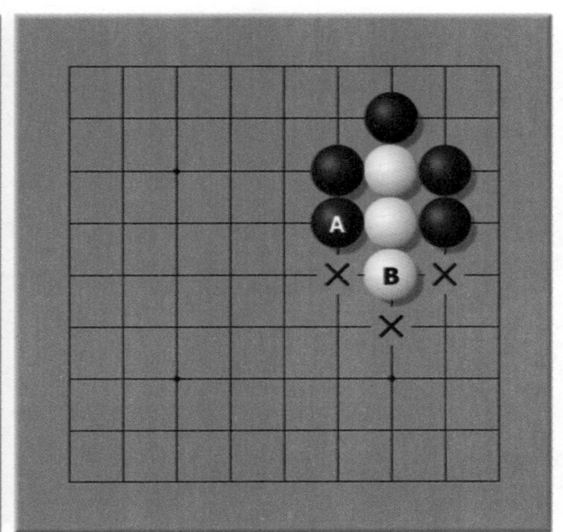

图 3

但是，如图4所示，如果黑棋在B处打吃，白棋在A处长出后就只有两口气。如图5所示，黑棋1挡住白棋继续打吃，之后就能用“扭羊头”的方法捉白棋了。所以，在征吃的时候，小朋友一定要注意打吃的方向，对方往哪边长，你就往哪边打，打吃后对方只能长出两口气。

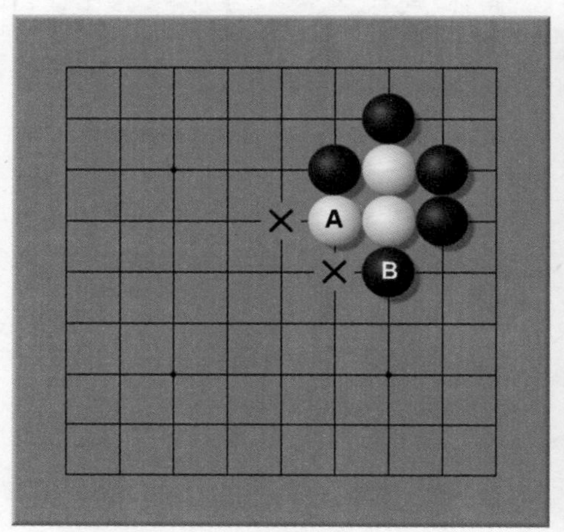


图4

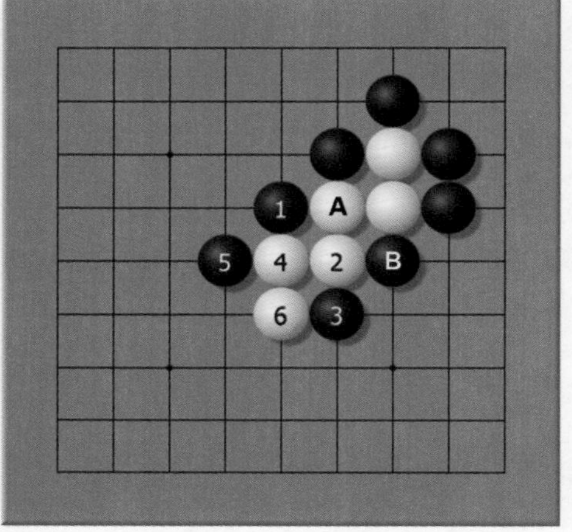


图5

如图6所示，白棋▲在征吃的路上，一不小心打吃错了方向，结果黑棋◎长出后变成了三口气，这下白棋就有危险了，因为，黑棋可以在A、B点双打吃白棋。所以，小朋友在征吃的时候，一步都不能走错。

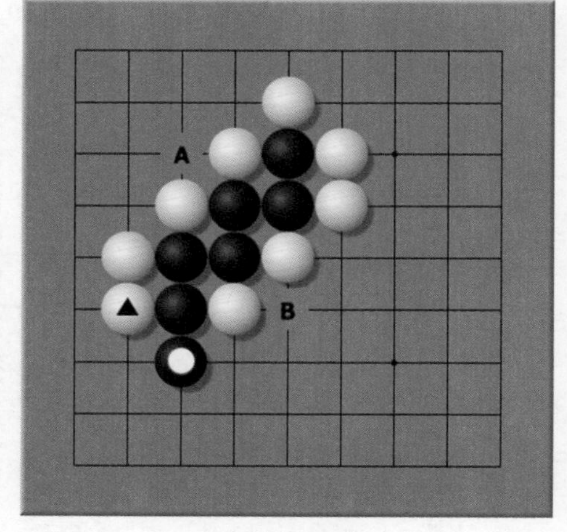


图6

黑先，黑棋用“征吃”的方法吃掉白棋，请用“✗”表示出来。

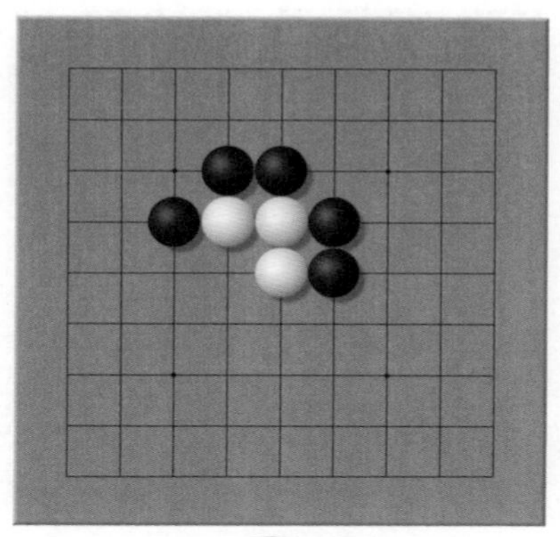

1

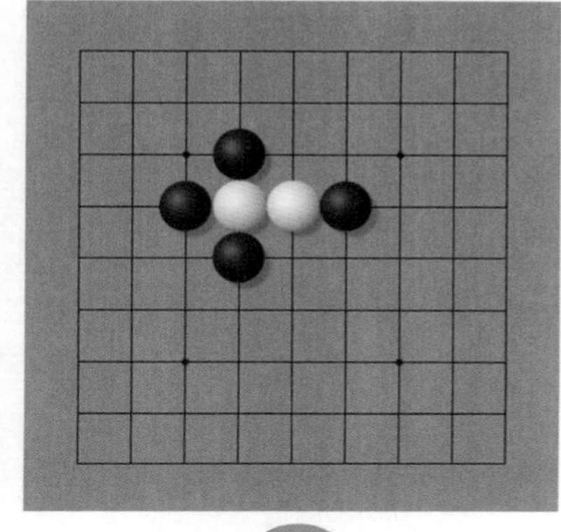

2

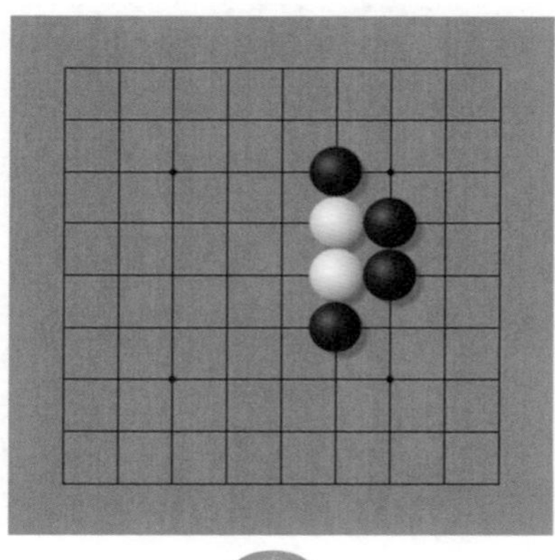

3

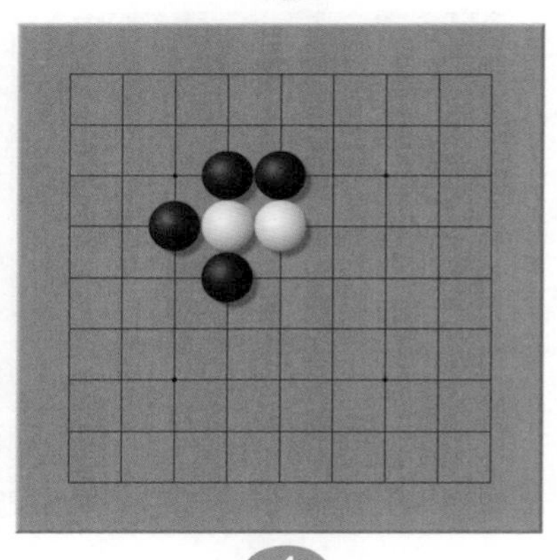

4

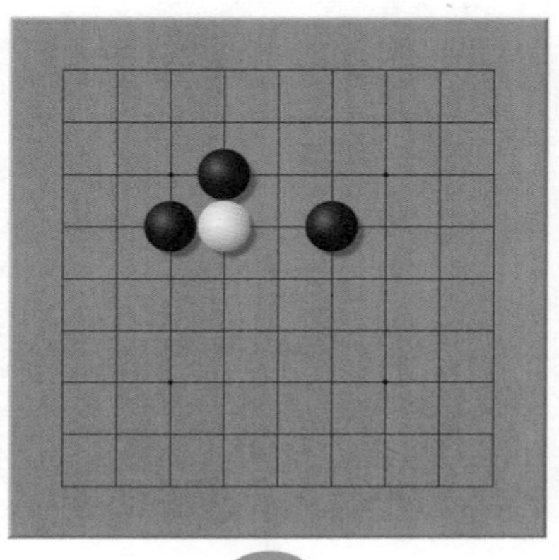

5

6

想一想，试一试

黑先，黑棋用“征吃”的方法吃掉白棋，请用“✗”表示出来。

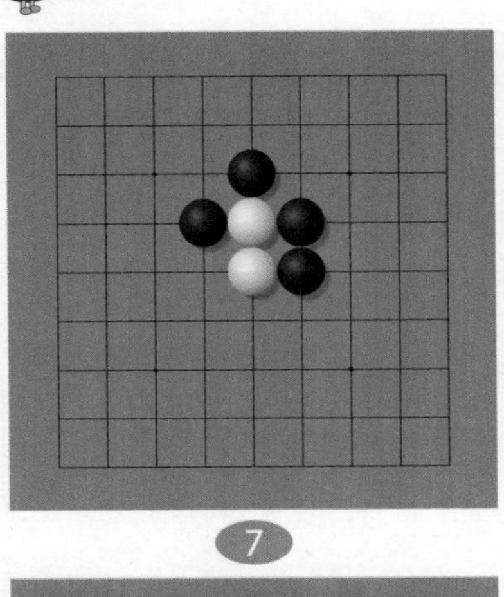

7

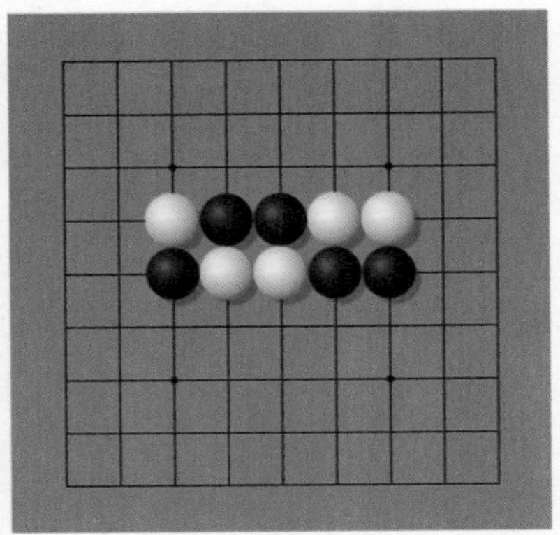

8

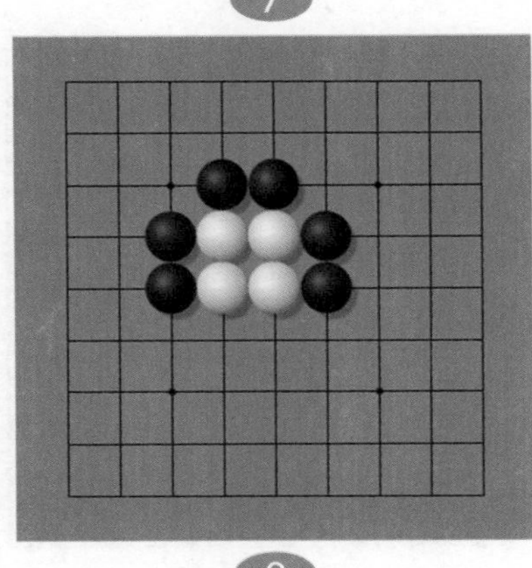

9

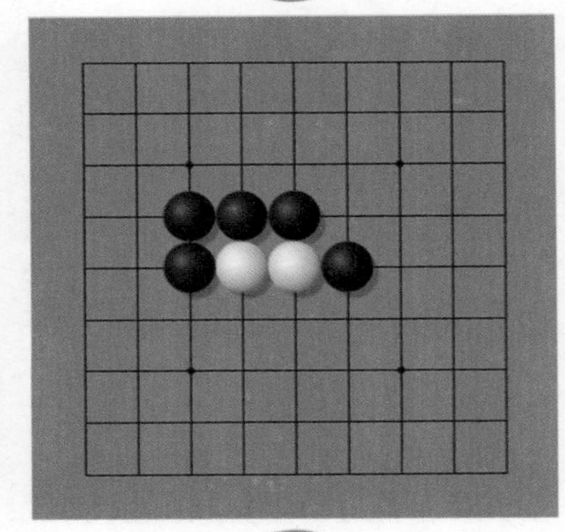

10

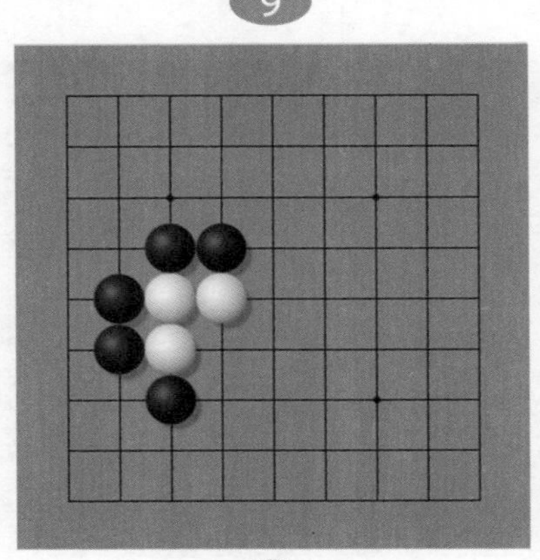

11

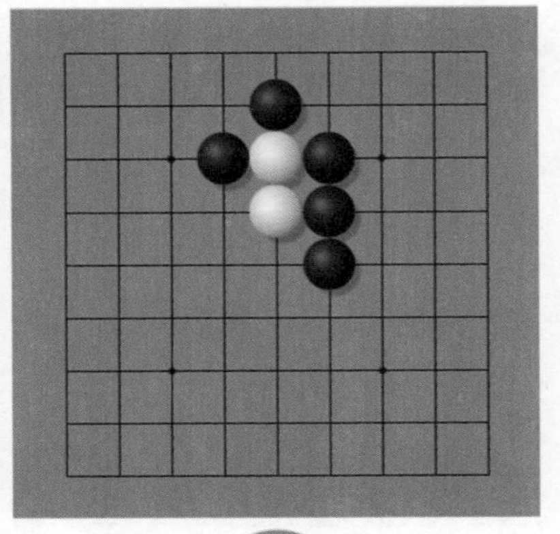

12

# 第十四课

## 征吃（二）

春天到了，远处的小山坡上长满绿油油的青草，小羊最喜欢吃青草了。

一天，晨晨要到小山坡上去放羊。上山的路有两条，走小路很近，走大路比较远。晨晨决定赶着羊群走小路，好让小羊们早点吃饱。晨晨走着走着，突然发现一只早已等待多时的大灰狼站在路中间，恶狠狠地盯着羊群。小羊们看到大灰狼全都吓得到处乱跑，结果被大灰狼捉到了好几只，晨晨很伤心。

围棋里想用“扭羊头”的方法吃子时，一定要看清楚前面的道路上是不是有危险，如果有危险，就不能“扭羊头”了。

如图1所示，黑棋想征吃白棋A，但是前面的道路上有个白棋B。如图2所示，如果黑棋继续征吃白棋A，黑1打吃，白2长，黑3、5、7再打吃，白4、6、8再长，当黑棋打吃到11处时，白棋12就跟白棋B连接起来，白棋的气变长了。这里的白棋B就像是白棋A的救兵，等在路上接应白棋A，白棋A被救走后，黑棋征吃失败，自己反而变得很危险了，因为黑棋有很多断点，很容易被白棋双打吃。所以，征吃对方时，一定要注意前进的道路上是不是有对方的救兵，如果有，就要想想还能不能征吃。

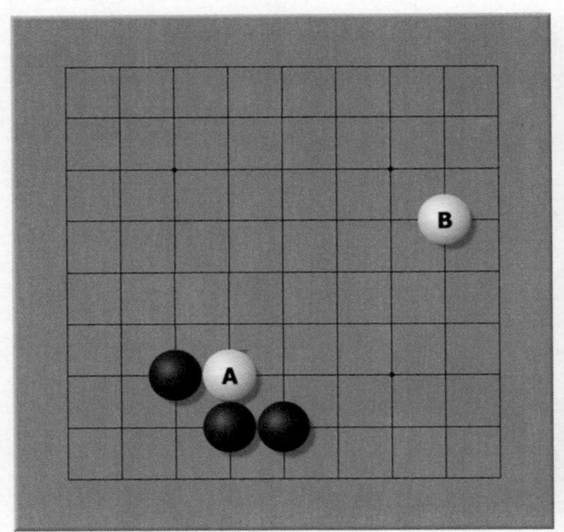

图1

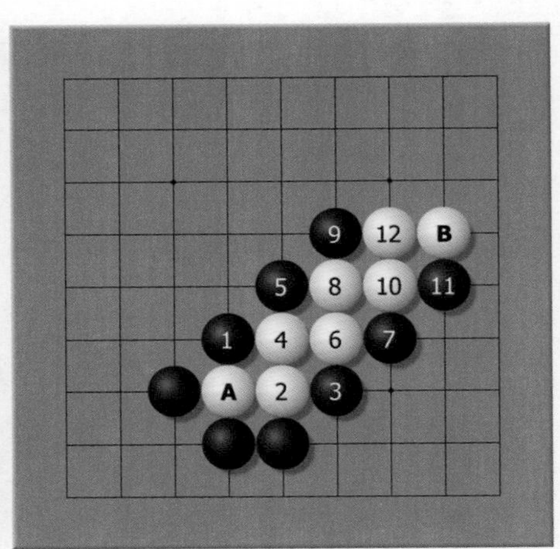

图2

如图3所示，黑棋要征吃白棋▲，有A、B两条路可以选择。如图4所示，一条路黑棋在B处打吃，往左边征吃；如图5所示，一条路黑棋在A处打吃，往右边征吃。应该走哪条道路呢？因为左边的道路上有白棋▲的救兵白棋●，而右边的道路上没有白棋的救兵，所以黑棋应该选择在黑棋A处打吃，往右边安全的道路上征吃。

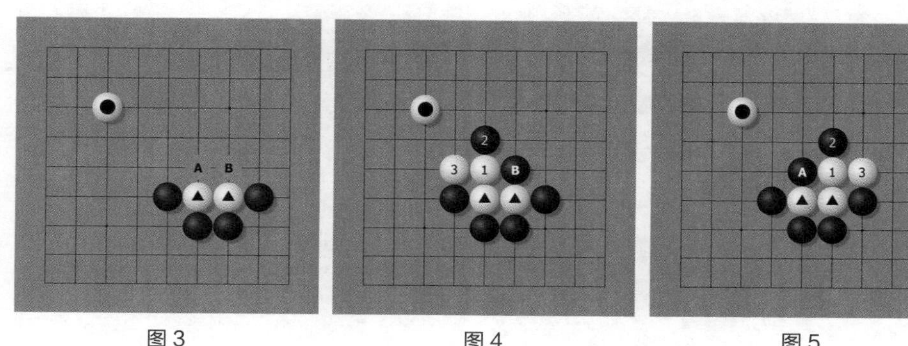

图3　　图4　　图5

如图6所示，白棋征吃黑棋▲，征吃可以用6条线表示，黑棋的救兵只有在征吃的6条线上才能救走黑棋▲。所以，小朋友在征吃前一定要看清楚，前面的6条线上有没有对方的救兵，如果线上有救兵，那就不能征吃；如果线上没有救兵，就可以征吃了。

图6

想一想，试一试

黑先，黑棋征吃白棋▲，请用“✗”表示出来。

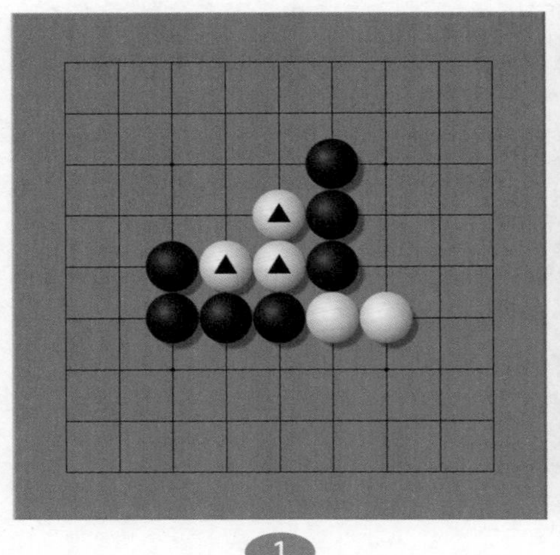

1

2

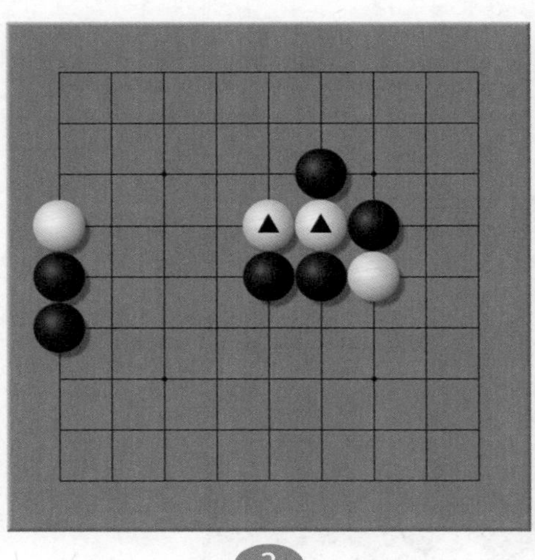

3

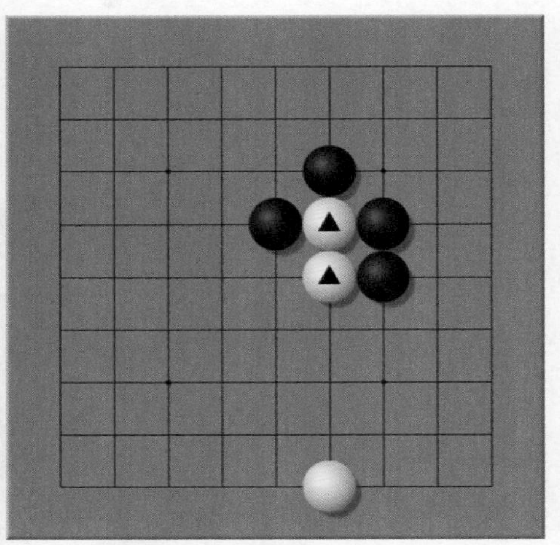

4

**想一想，试一试** 黑先，黑棋征吃白棋▲，请用"✗"表示出来。

5

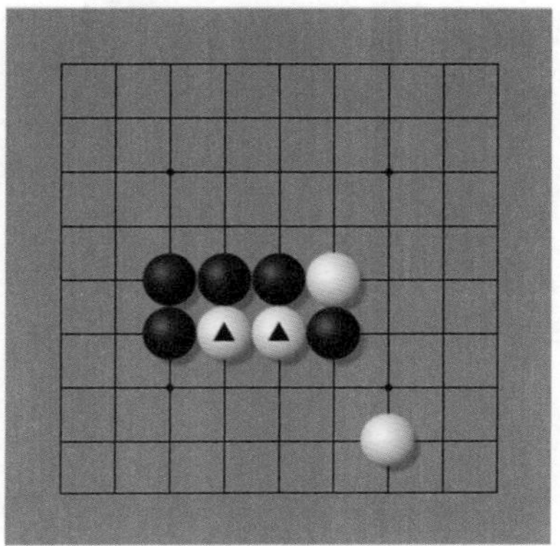

6

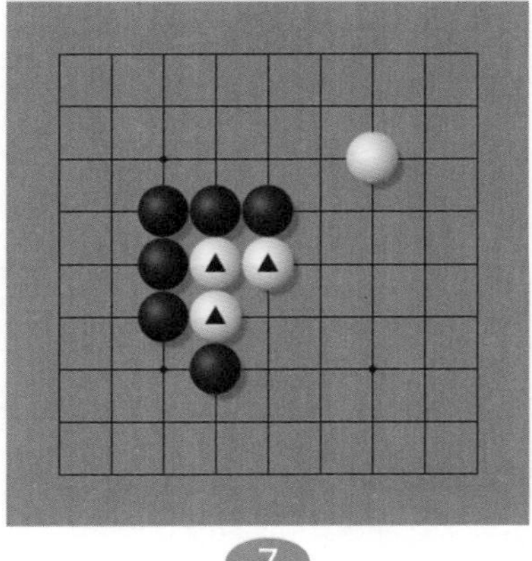

7

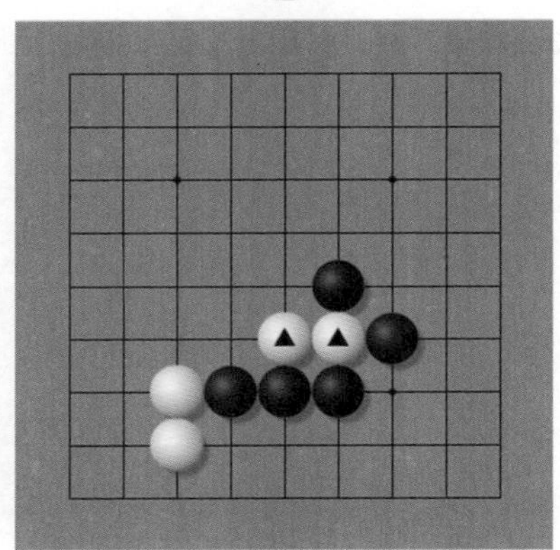

8

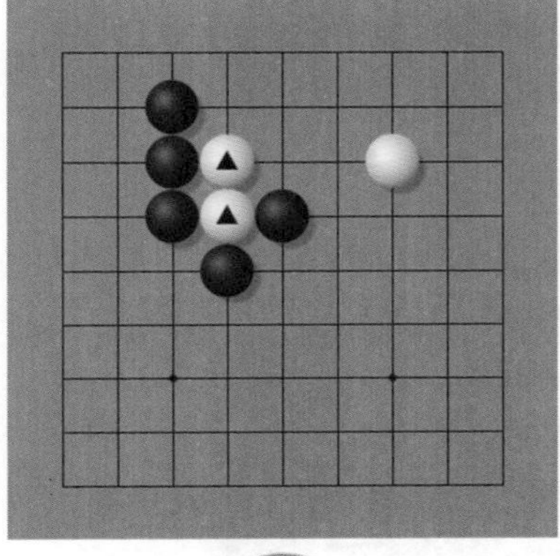

9

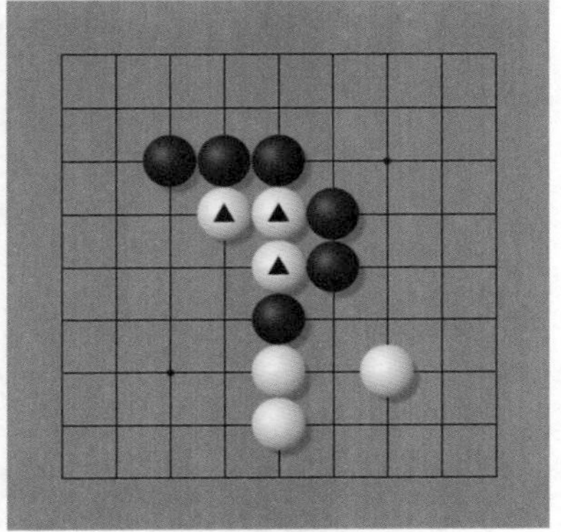

10

# 第十五课 枷吃

小弈和小智一起过生日，它们准备了很多好吃的东西，有奶酪、鱼、蛋糕、饼干……可是它们发现屋子里面有个老鼠洞，洞里面的老鼠正盯着它们好吃的东西的呢。

小弈和小智该怎么办呢？

于是它们找来一个老鼠夹子，小心翼翼地放在洞口，然后它们就躲了起来。洞里面的老鼠等到了晚上发现小弈和小智都没出现，于是就走出了洞口，刚走出来就被夹子夹住了。老鼠用力挣脱，从夹子里面跑了出来，早已等着的小弈和小智突然跑过来用东西堵住了洞口，门窗也早就都关上了，老鼠无处可逃了。

围棋里也可以用像用夹子夹老鼠去吃对方棋子的方法。

如图1所示，白棋▲就像一只老鼠，它有A、B两条路可以逃走，黑棋要在哪里可以抓到白棋▲呢?

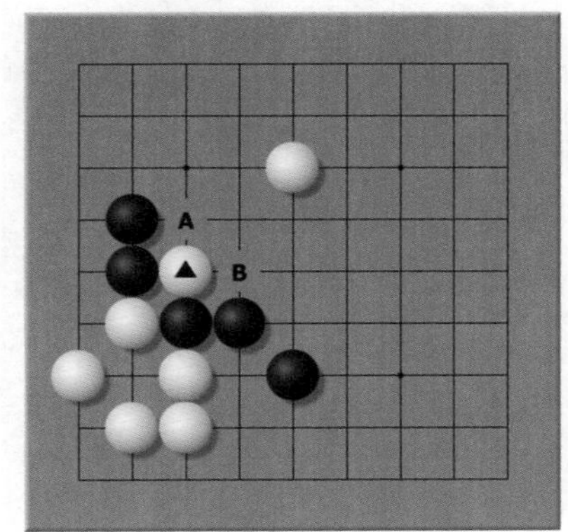


图1

如图2所示，黑棋◎在两条路中间，就像小弈和小智盯住老鼠一样，盯住白棋▲下A点（图3）或是下B点（图4）。不论白棋下哪点，黑棋都能堵住它。黑棋◎这种堵住对方两条出路，让对方跑不掉的吃子方法叫作“枷吃”。

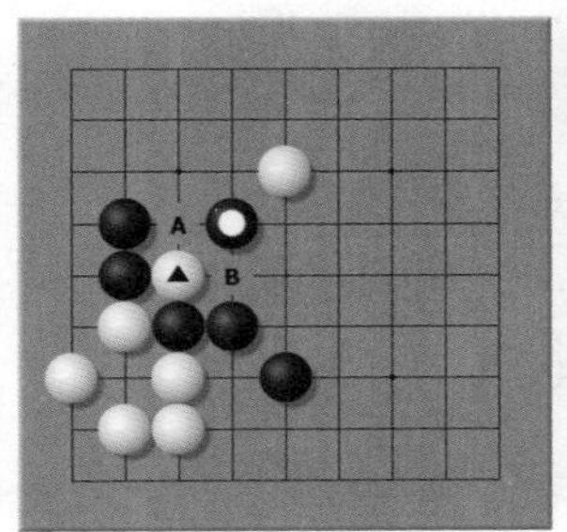


图2

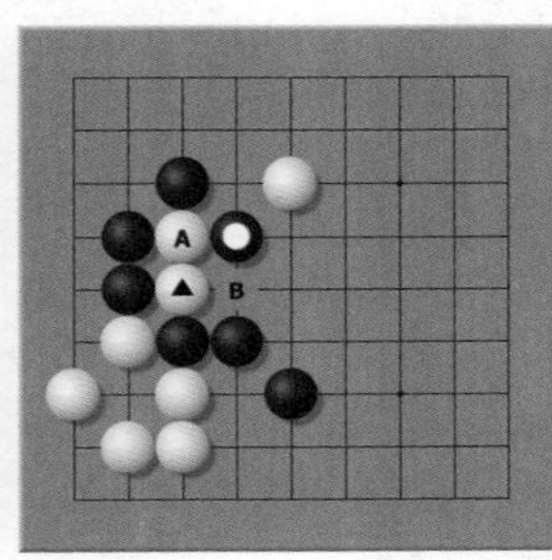


图3

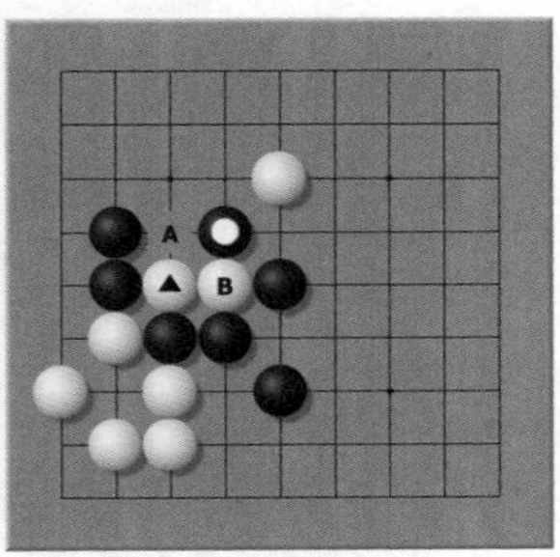


图4

图5

如图5所示，黑棋◎就是用枷吃的方法吃掉白棋▲。

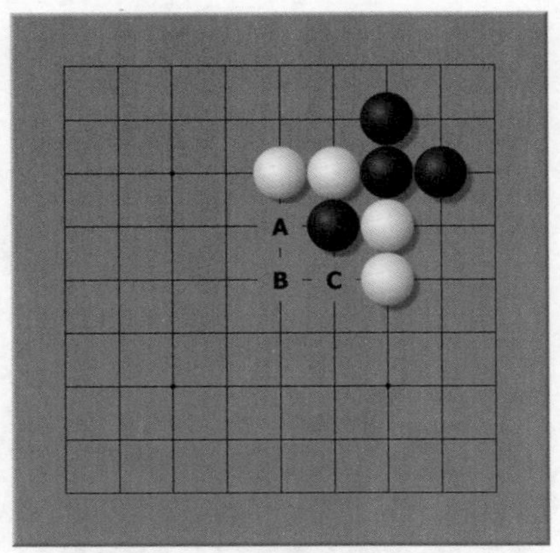


图 6

如图 6 所示，白棋要吃黑棋，既可以在 A、C 处征吃，也可以在 B 处枷吃，是用枷吃的方法好还是用征吃的方法好呢？因为枷吃马上就能吃掉黑棋，而征吃还要预防黑棋在路上放救兵，所以，如果一块棋既能征吃又能枷吃，一般用枷吃的方法比较好。

**想一想，试一试**

黑先，黑棋怎样才可以吃掉白棋？请用“✗”表示出来。

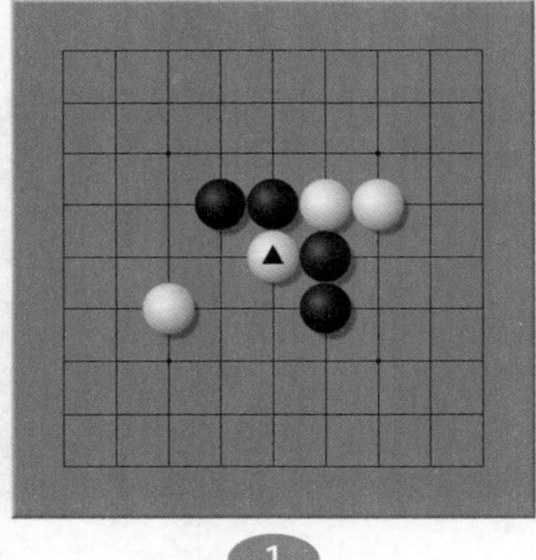

1

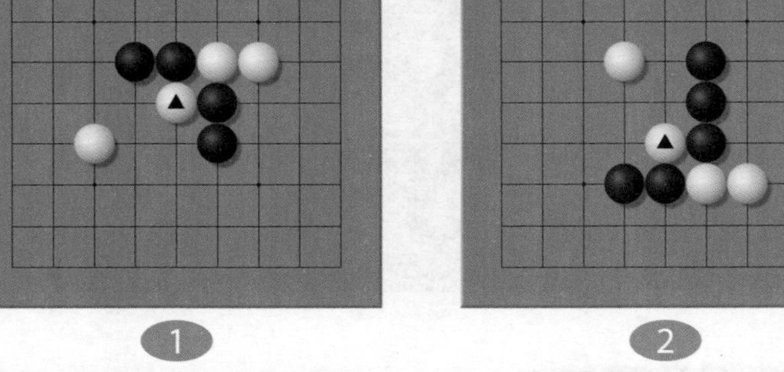

2

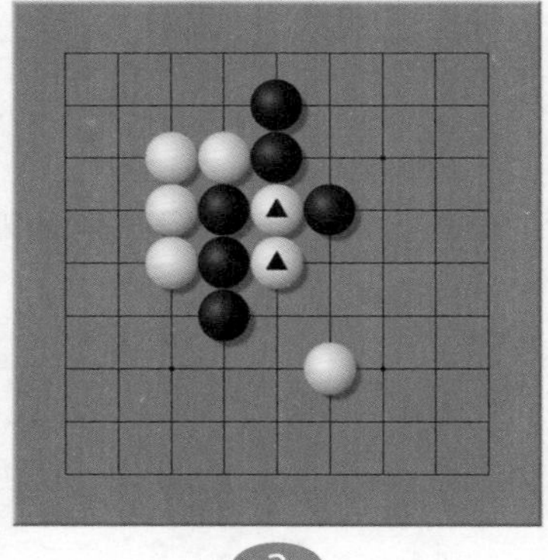

3

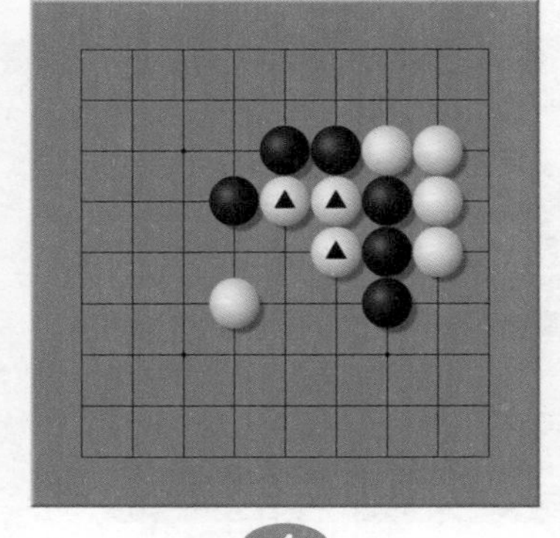

4

# 第十六课

## 征吃和枷吃的选择

小弈和小智学到了好办法来抓老鼠。例如，在它们的好朋友那里学到的扭羊头，控制羊群走路的方向；利用老鼠夹子的方法，先用夹子把老鼠夹住，然后再一起上去把老鼠抓住。

但是有时候我们要想想是用堵门窗的方法来抓老鼠，还是利用夹子来抓老鼠。

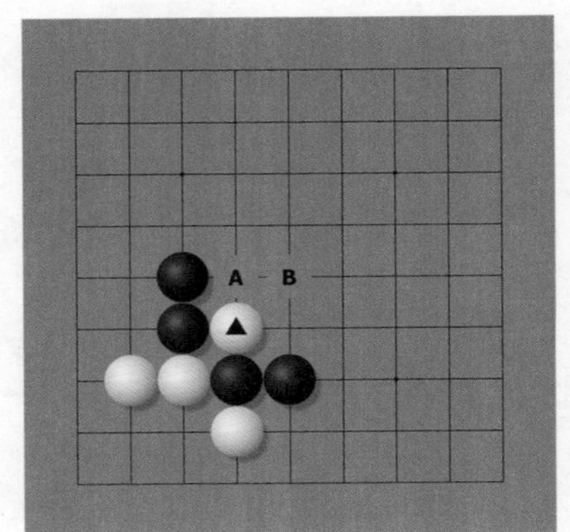


图 1

如图 1 所示，吃掉白棋的方法有 A 处的征吃和 B 处的枷吃。

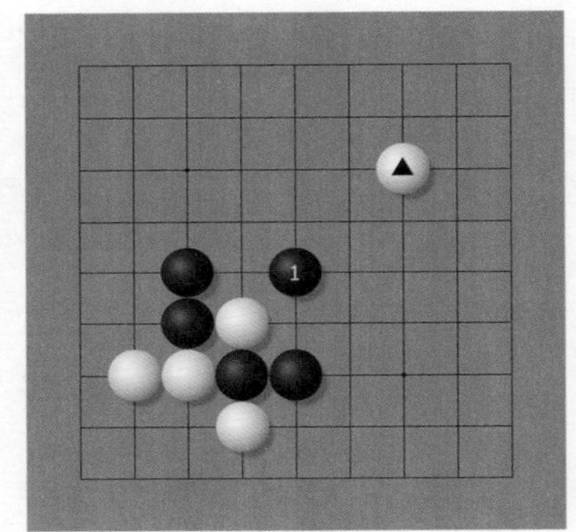


图 2

如图 2 所示，有白棋▲时征吃不掉白棋，这时我们要选枷吃来吃掉白棋。

如图 3 所示，黑棋利用枷吃的方式下在 1 的位置上，这样就形成了对杀，当黑棋○和白棋的气相同时，白棋下在 A 处，则黑棋就死掉了。图 4 中，黑棋下在 1 处，这样就可以用征吃来吃掉白棋了。

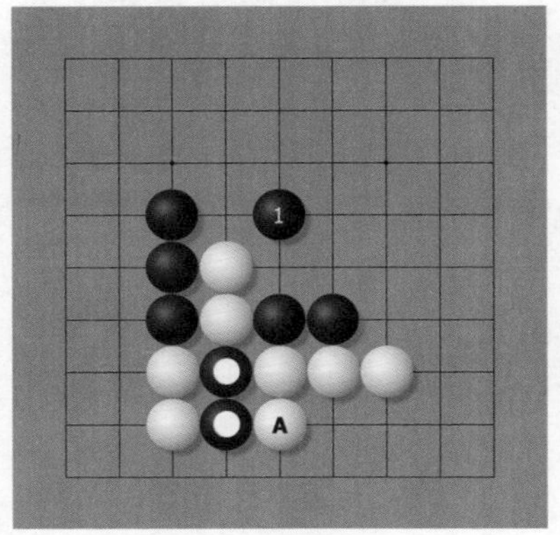


图 3

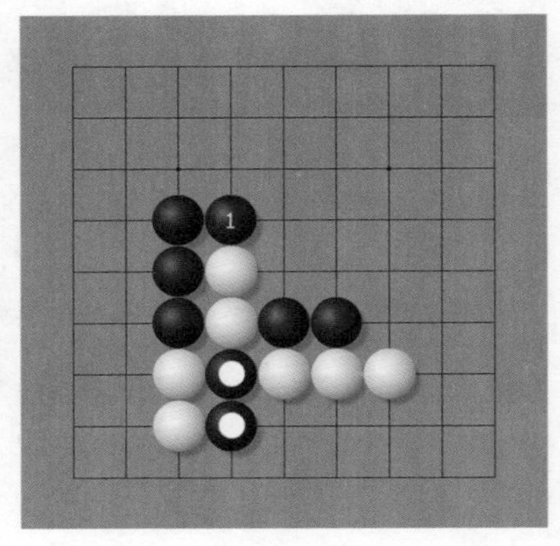


图 4

想一想，试一试

黑先，黑棋选择征吃还是枷吃来吃掉白棋▲呢？请用“✗”表示出来。

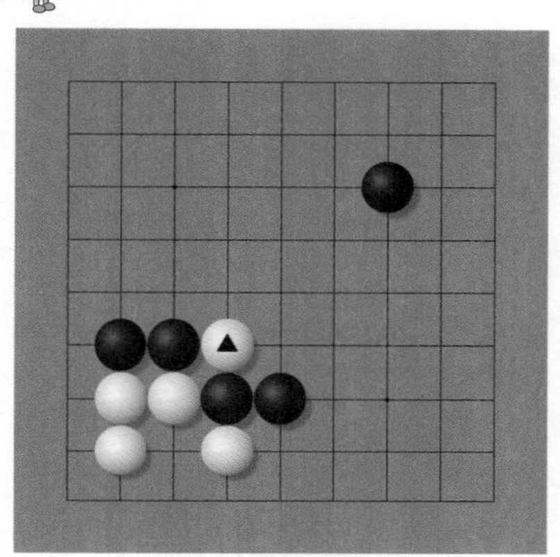
1

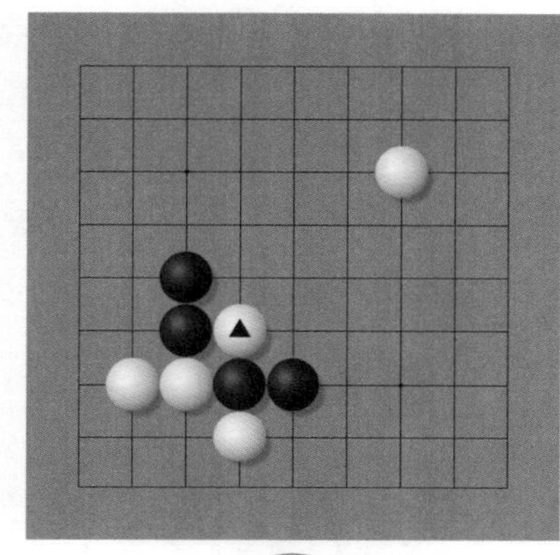
2

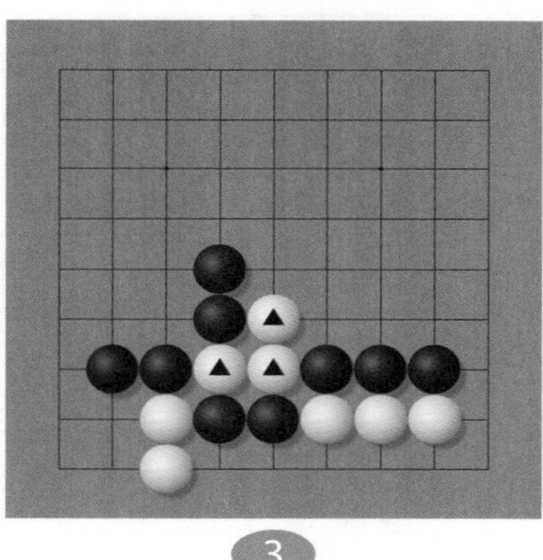
3

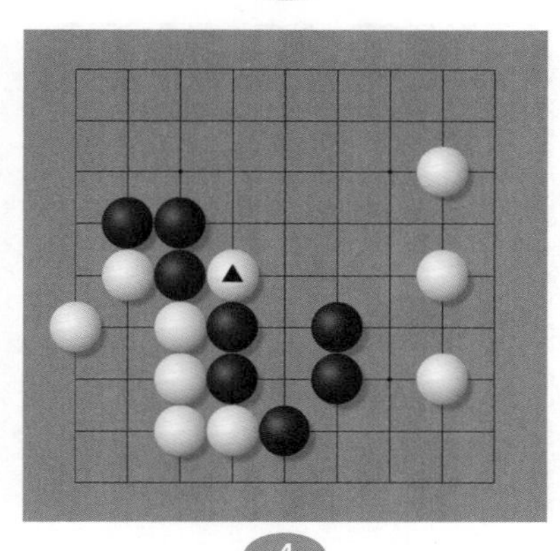
4

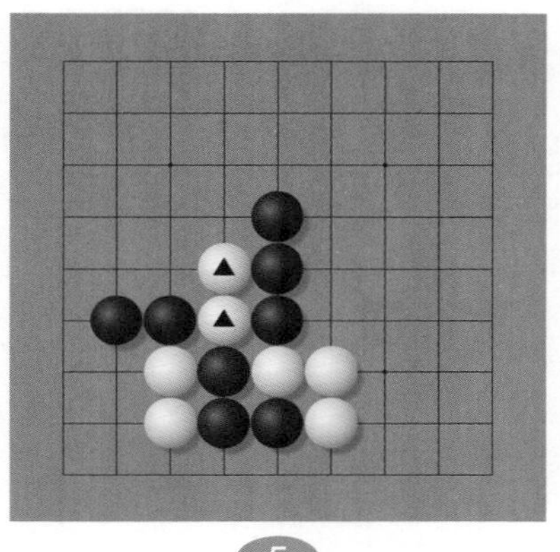
5

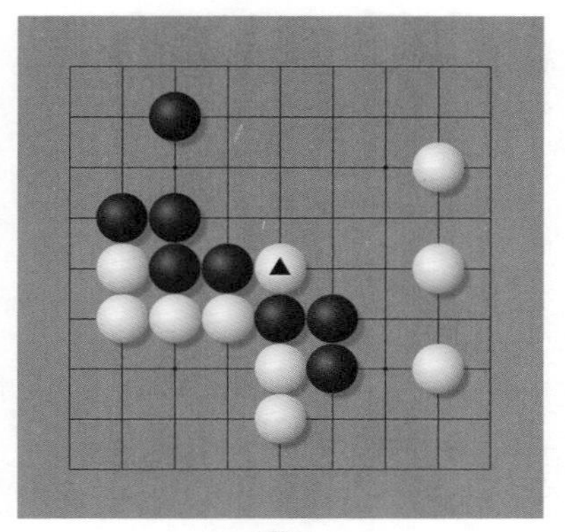
6

## 想一想，试一试

黑先，黑棋选择征吃还是枷吃来吃掉白棋▲呢？
请用“✗”表示出来。

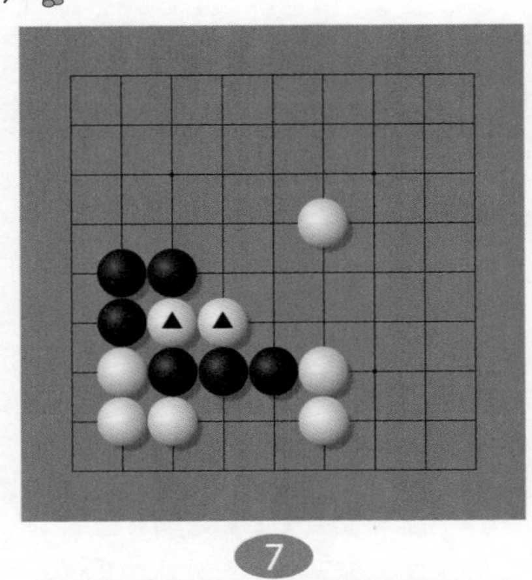

7

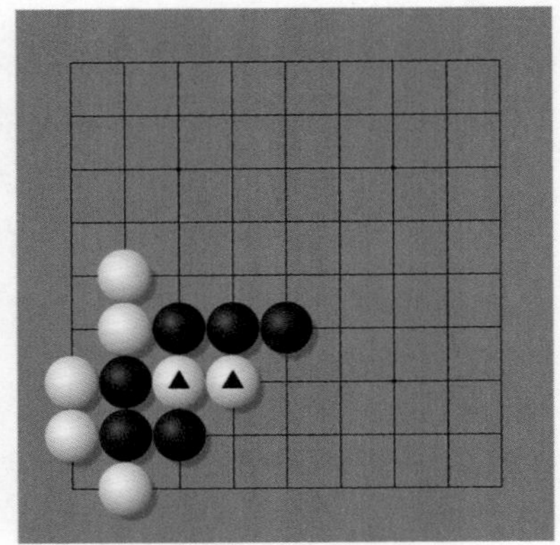

8

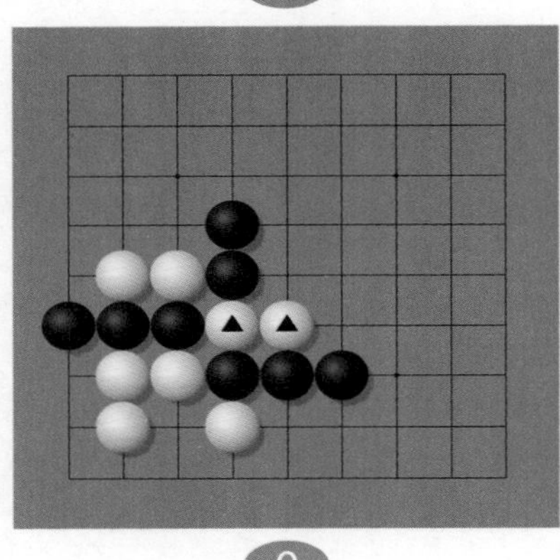

9

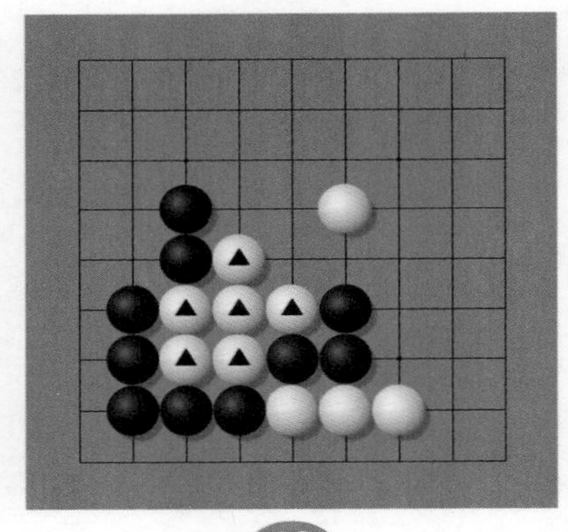

10

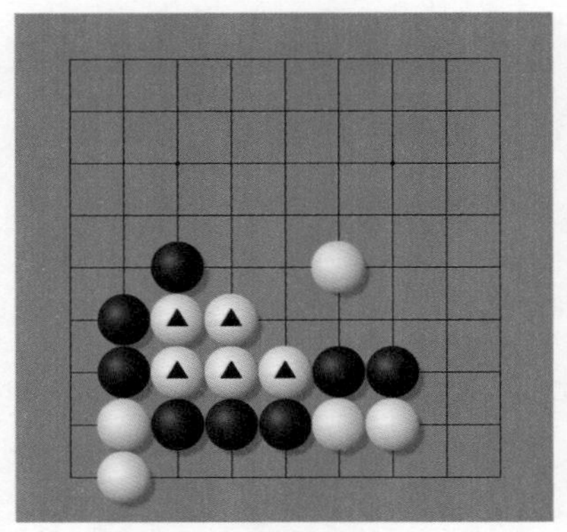

11

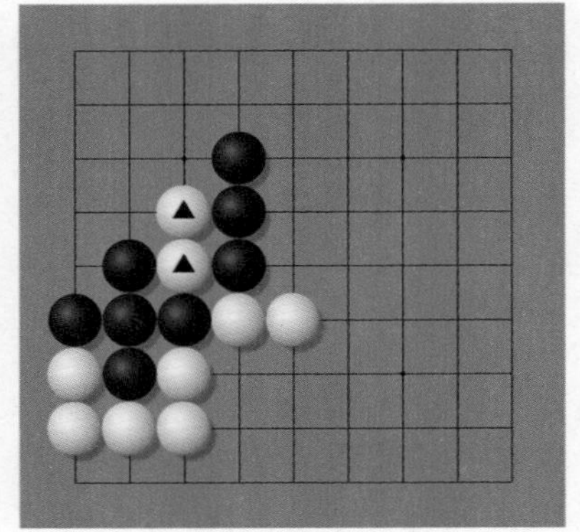

12

## 想一想，试一试

黑先，黑棋怎样才可以吃掉白棋？请用“✗”表示出来。

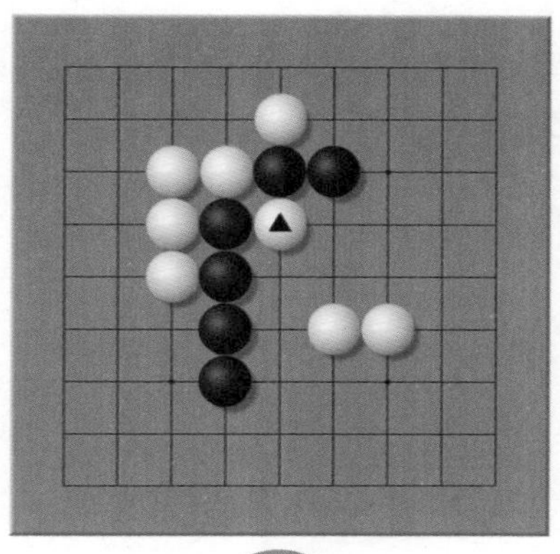

13

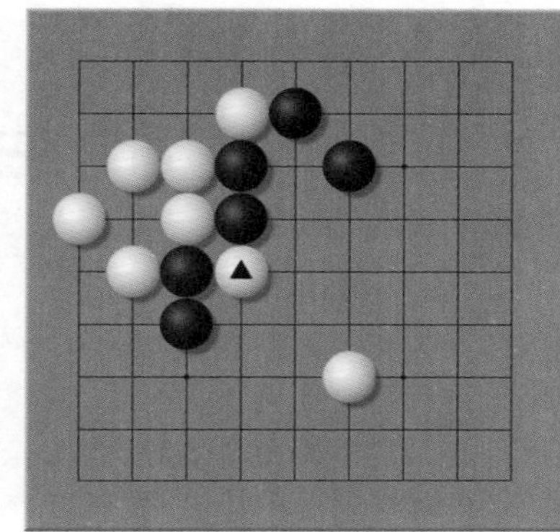

14

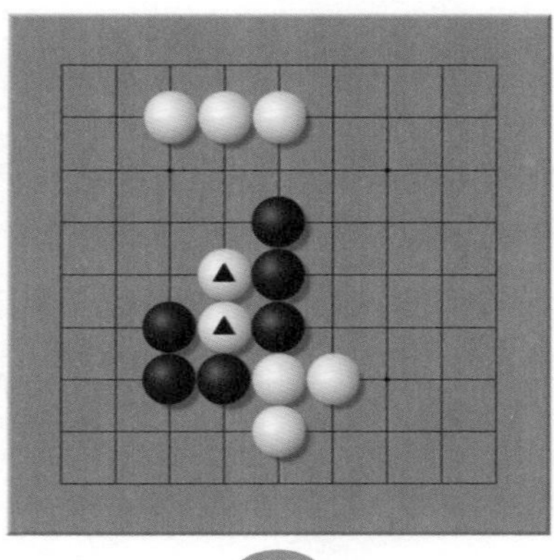

15

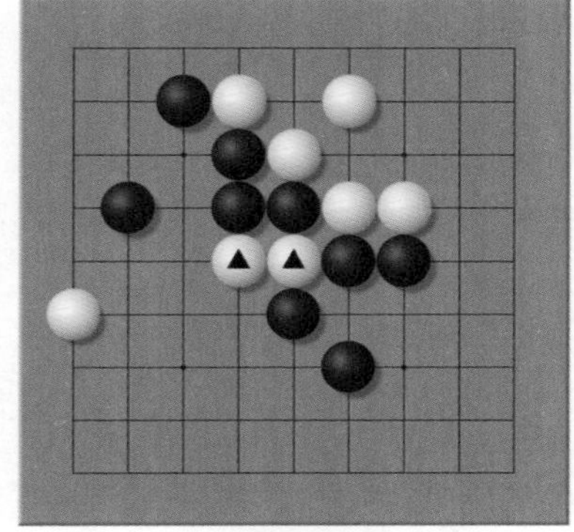

16

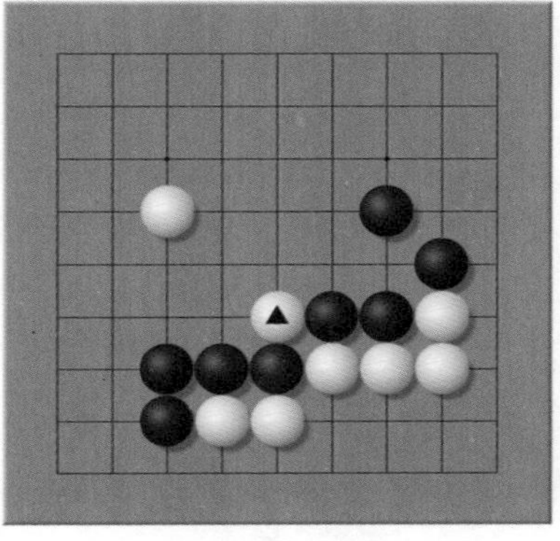

17

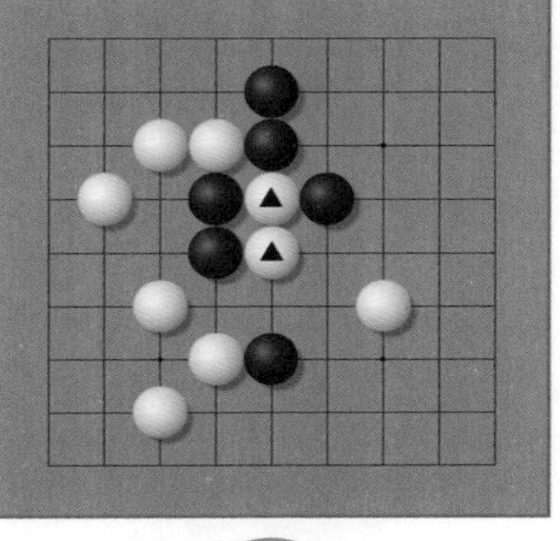

18

# 第十七课 扑与倒扑

最近晨晨家突然出现了很多的老鼠，晨晨家厨房里好吃的东西总是被老鼠偷走，他该怎么办呢？

晨晨想到了小弈和小智，晨晨叫它们来到自己的家帮助他抓老鼠，小弈和小智都是抓老鼠的高手。老鼠们在洞里看到来了两只猫，都躲在洞里不敢出来。小弈和小智把一个蛋糕放在离洞口很近的地方，然后躲在洞口两边。老鼠们在洞里看到洞口有一大块蛋糕，饿了很久的老鼠们终于忍不住了，纷纷冲出洞来吃蛋糕。它们由于着急吃蛋糕，根本就没看到洞口两边的小弈和小智，此时小弈、小智扑了上去，抓到了很多老鼠。

围棋里也可以用像利用蛋糕诱捕老鼠的方法吃对方的棋子。

如图 1 所示，黑棋能救回右下角的三个黑子吗？如图 2 所示，黑棋走 A 点，白棋走 B 点，白棋就连回去了。

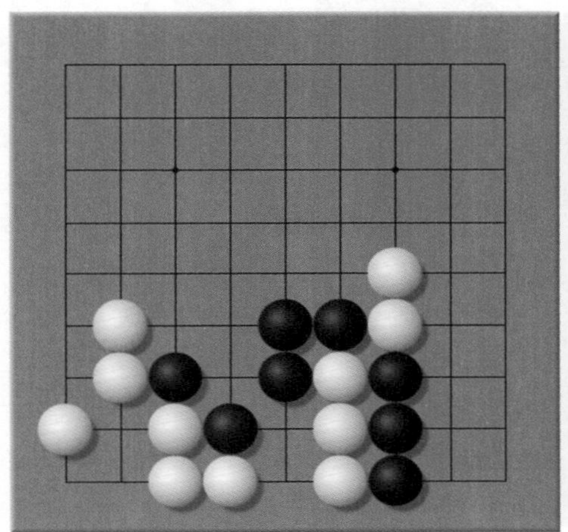

图 1

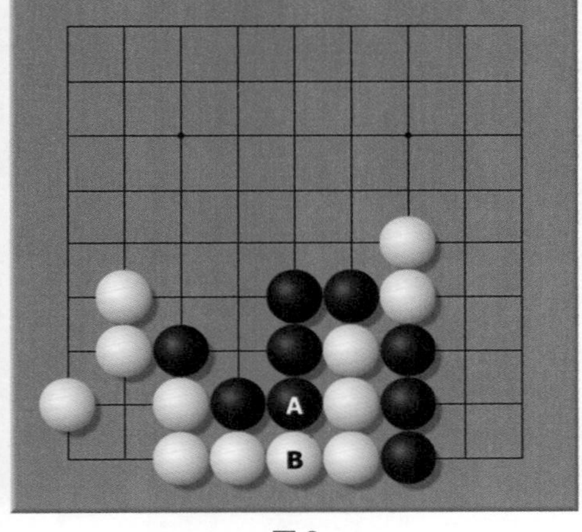


图 2

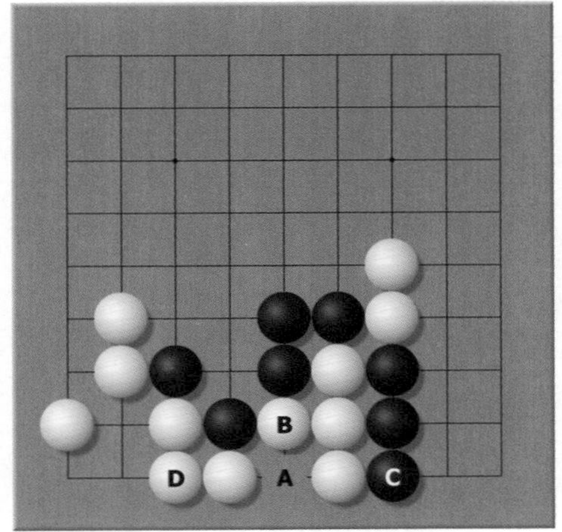


图 3

如图 3 所示，黑棋走 A 点，勇敢地闯入虎口，这步棋叫“扑”。白棋 B 提，黑棋 C 打吃，白棋不能下 A 点，只能 D 点接，黑棋就可以再下 A 点把四个白棋棋子吃掉，救回左边的五个棋子。

如图 4 所示，黑棋要吃掉白棋。如图 5 所示，黑棋 A 扑，白棋 B 提，黑棋马上在 A 处反提 5 个白棋棋子。这种先往对方虎口里送一子，对方提掉后马上就可以提掉对方几个子的方法叫作“倒扑”。

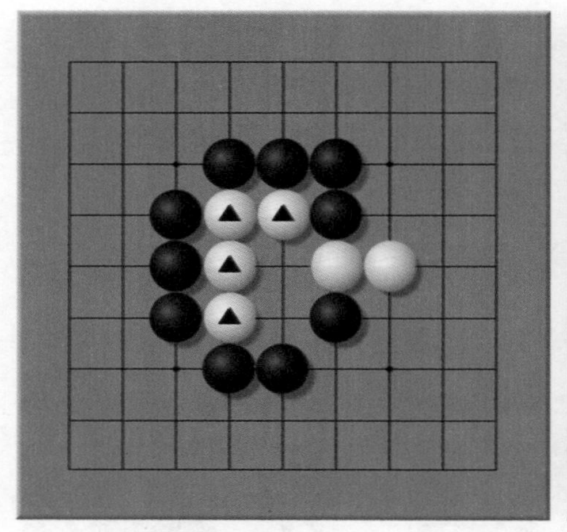

图 4

图 5

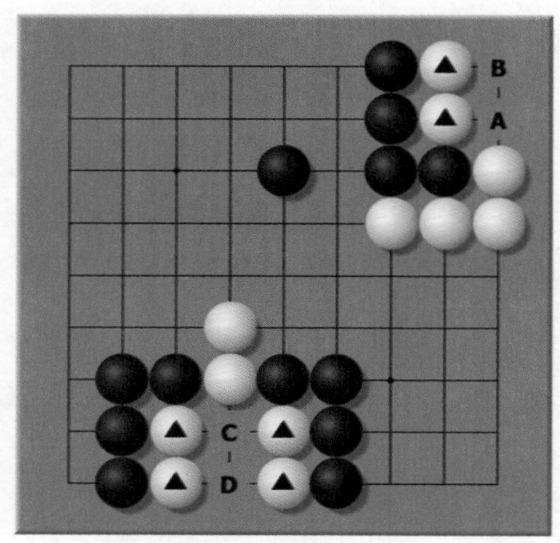


图 6

如图 6 所示，黑棋都是用扑和倒扑的方法吃掉白棋▲的。黑棋 A 扑，白棋 B 提，黑棋再下 A 处倒扑提子。黑棋 C 扑，白棋 D 提，黑棋再下 C 处倒扑提子。

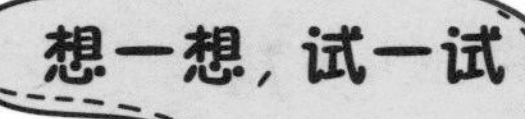

黑先，黑棋怎样才可以吃掉白棋？请用“✗”表示出来。

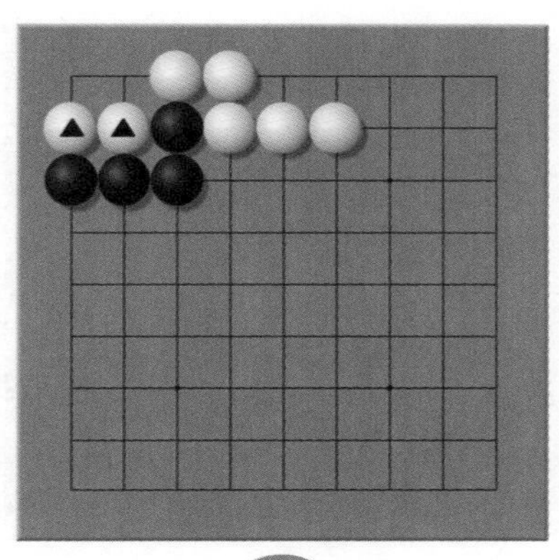

1

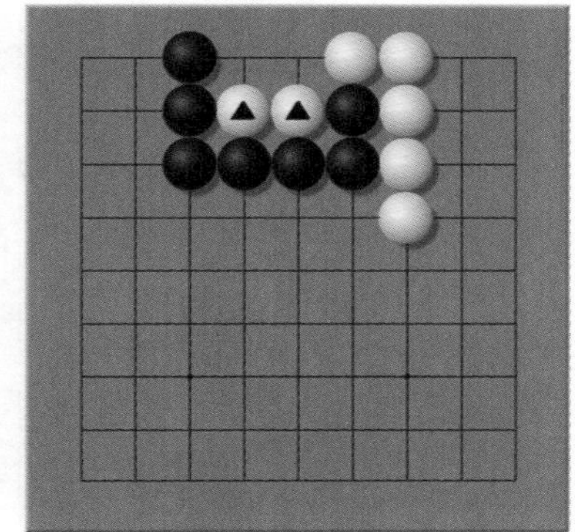

2

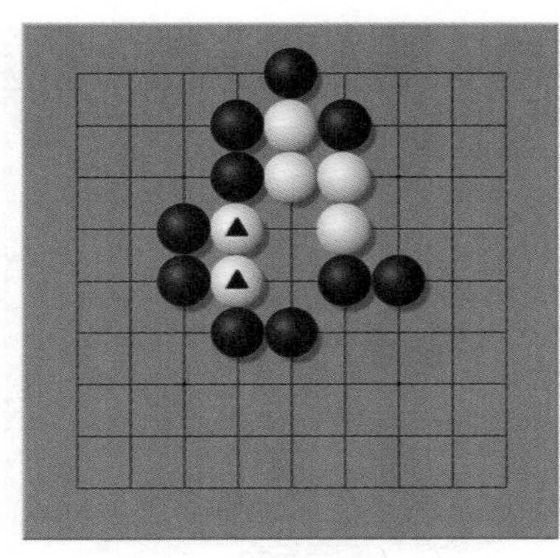

3

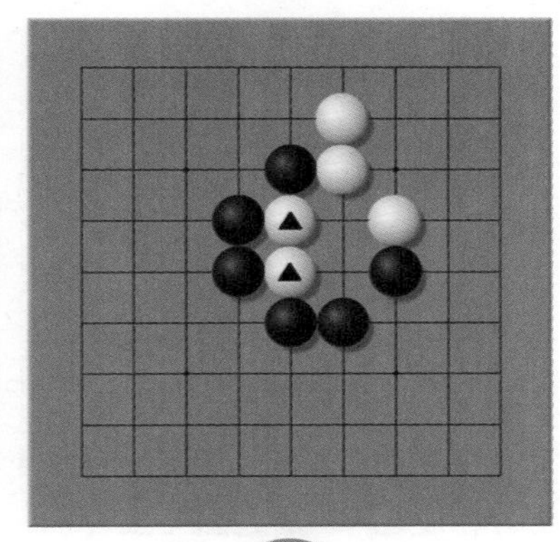

4

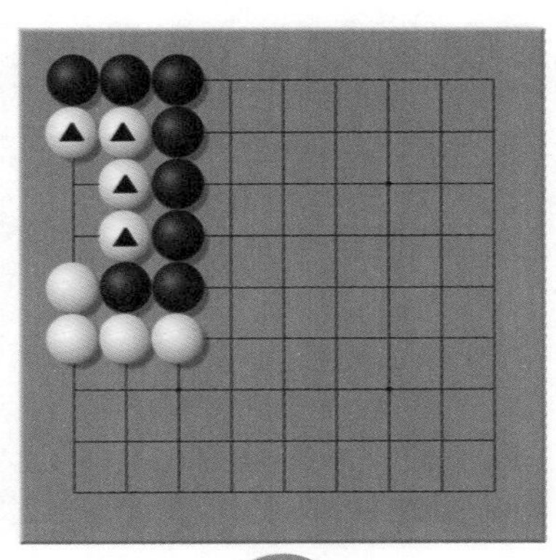

5

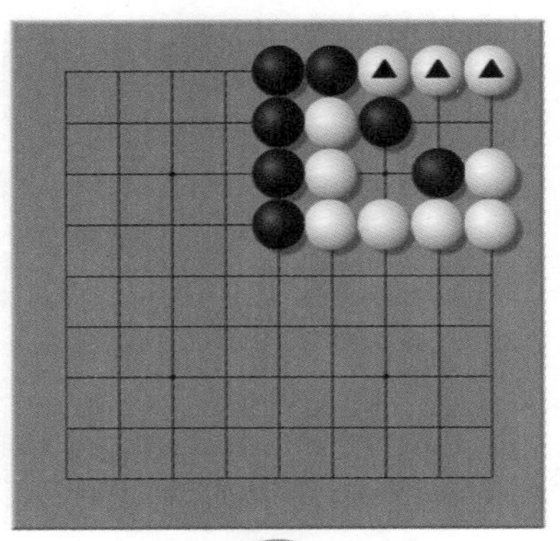

6

黑先，黑棋怎样才可以吃掉白棋？请用“✗”表示出来。

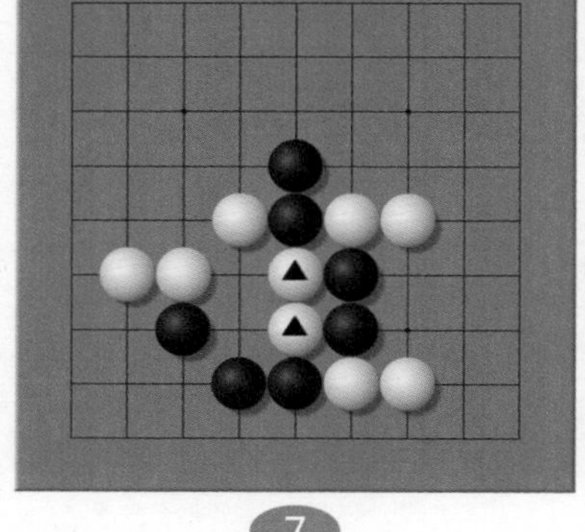

7

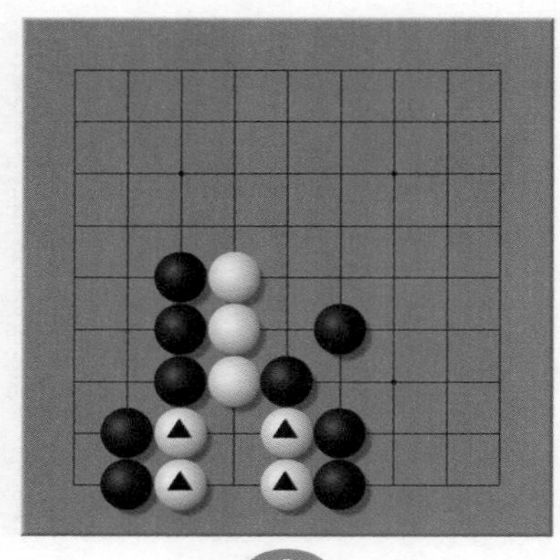

8

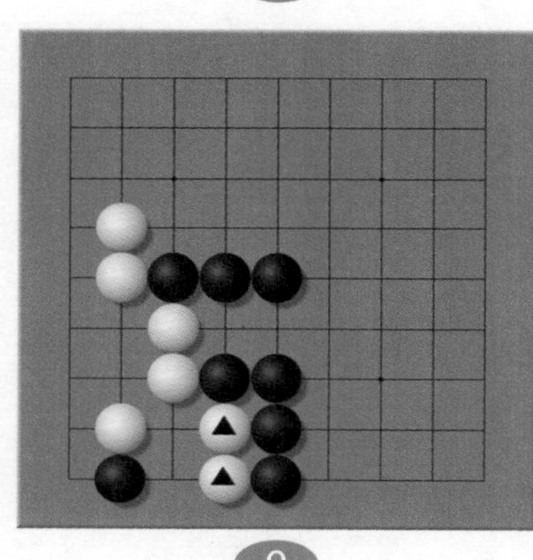

9

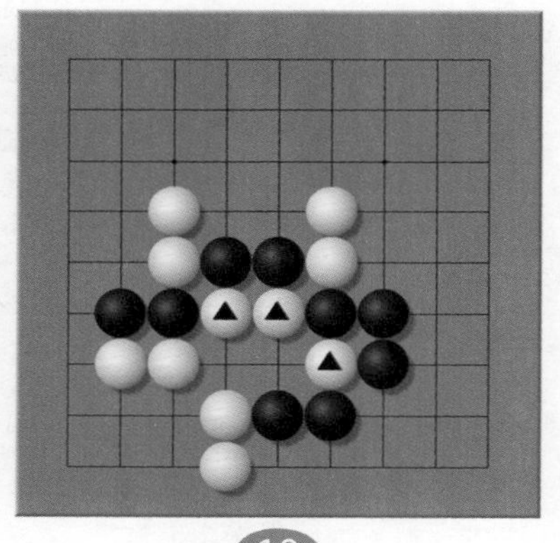

10

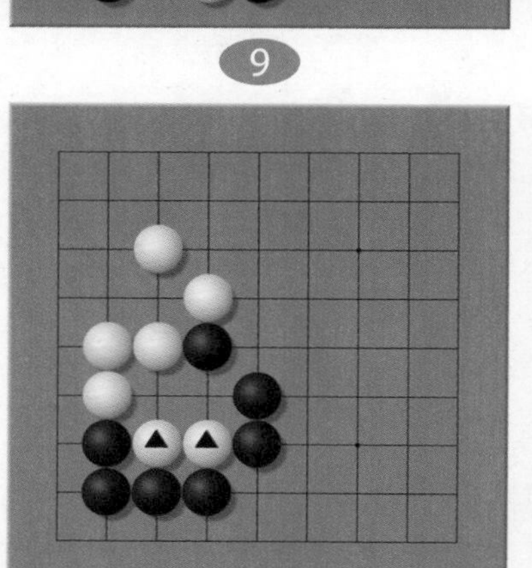

11

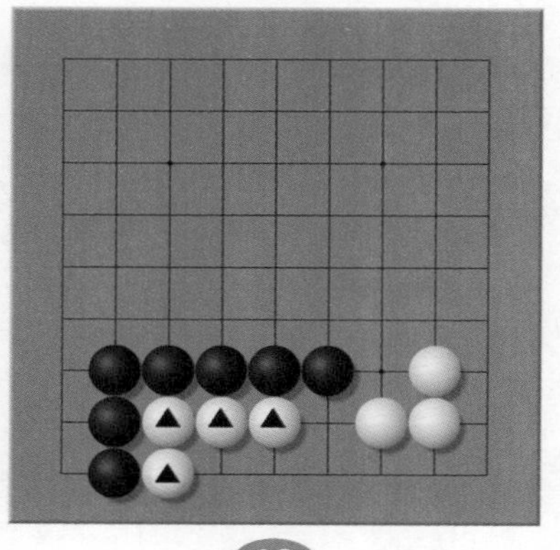

12

# 第十八课

## 接不归

自从上回小弈和小智来到晨晨家抓到很多老鼠后，洞里剩下的几只老鼠再也不敢出来了。一天，晨晨和小弈、小智一起在院子里玩，被洞里的老鼠看到了。大老鼠对小老鼠说：“你们快去厨房拿吃的，我在洞口守着，接应你们回来。”小老鼠迅速跑到厨房，拼命地拿食物，弄得厨房里的锅碗叮当响。这时，晨晨听见后告诉他的好朋友小弈和小智。小弈和小智一看，果然有老鼠，于是它们悄悄地把厨房门一关，左一扑，右一扑，很快就把几只小老鼠抓住了。大老鼠没办法接应小老鼠，只能回家了。

围棋里也可以用让对手的棋子接应不上的方法吃对方的棋子。

如图 1 所示，黑棋有 A、B 两个虎口；如图 2 所示，黑棋 × 打吃。

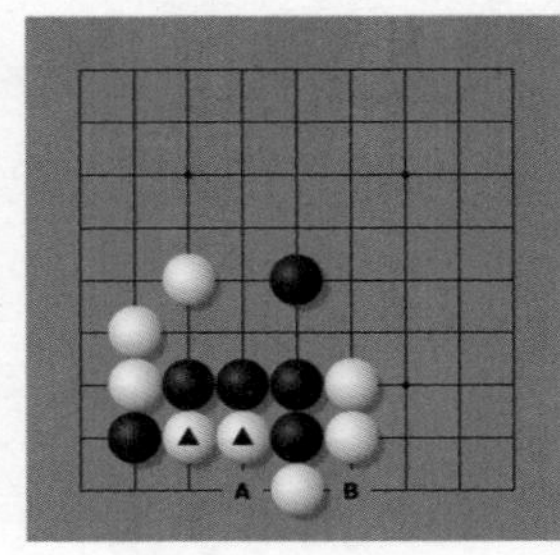


图 1

图 2

如图 3 所示，如果白棋在 B 处连接，黑棋就在 A 处把两个白棋提掉。如图 4 所示，如果白棋在 A 处连接，黑棋就在 B 处把白棋▲和连接的白棋一起提掉。白棋不管在 A 处连接还是在 B 处连接，白棋▲都跑不出去，就像大老鼠接不回小老鼠一样，这叫“接不归”。

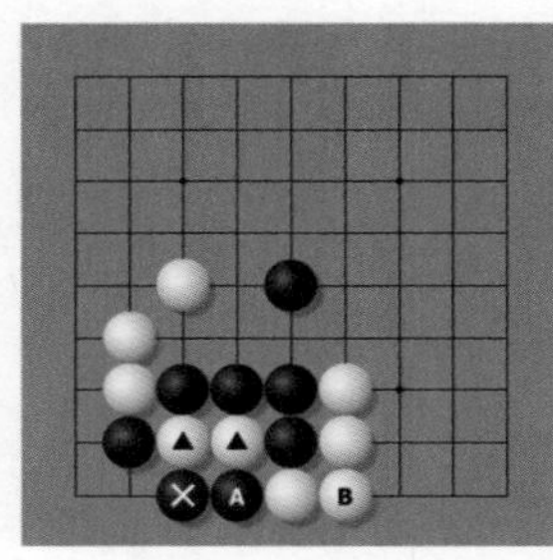


图 3

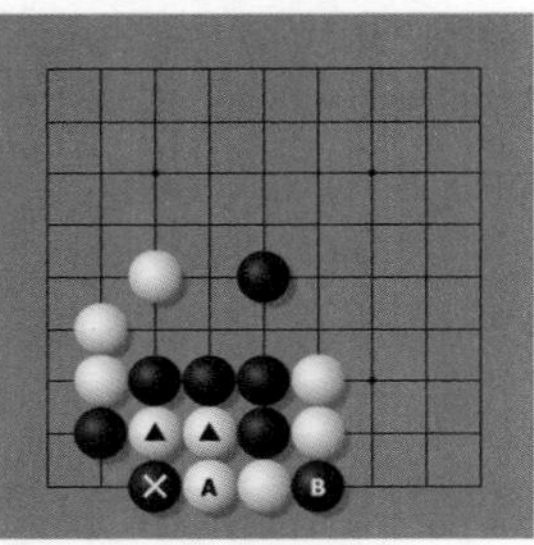


图 4

如图 5 所示，黑棋先走能把中间的七个黑棋救出来吗？如图 6 所示，黑棋 A 扑，白棋 B 提，黑棋 C 打吃，如果白棋在 A 处连接，黑棋就在 D 处提子，如果白棋在 D 处连接，黑棋就在 A 处提子，黑棋▲就救出来了。

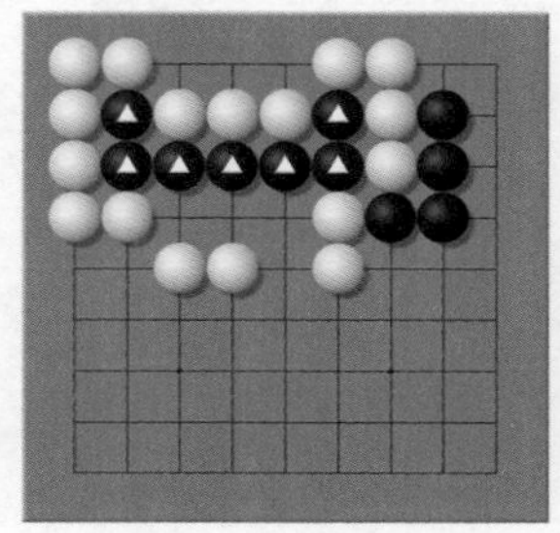

图 5

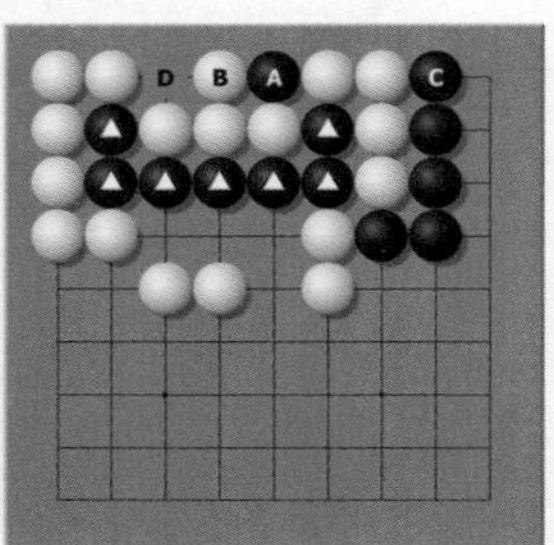


图 6

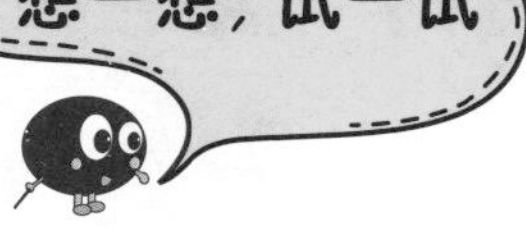


黑先，黑棋怎样才可以吃掉白棋？请用"✗"表示出来。

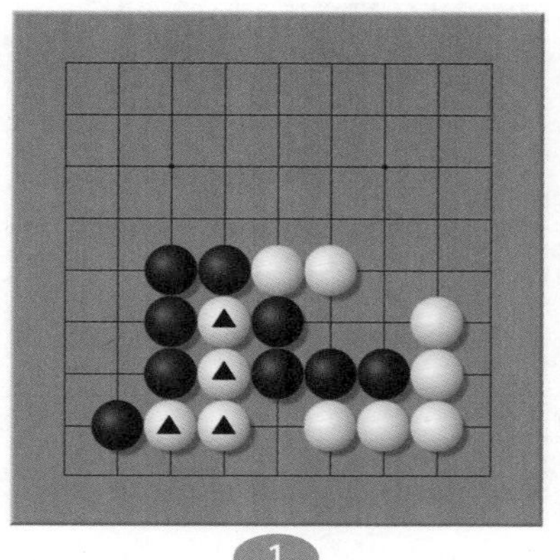
1

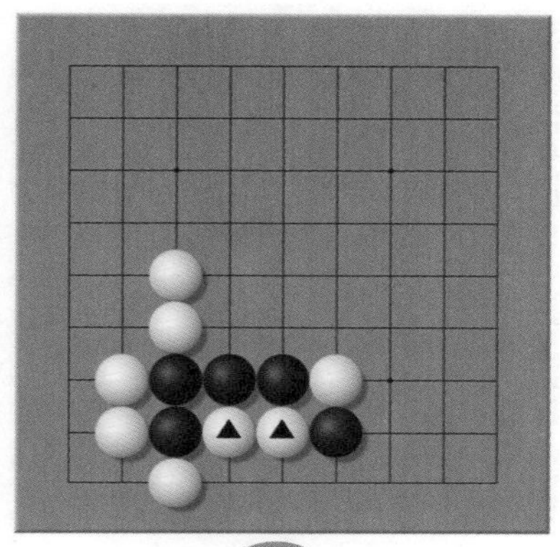
2

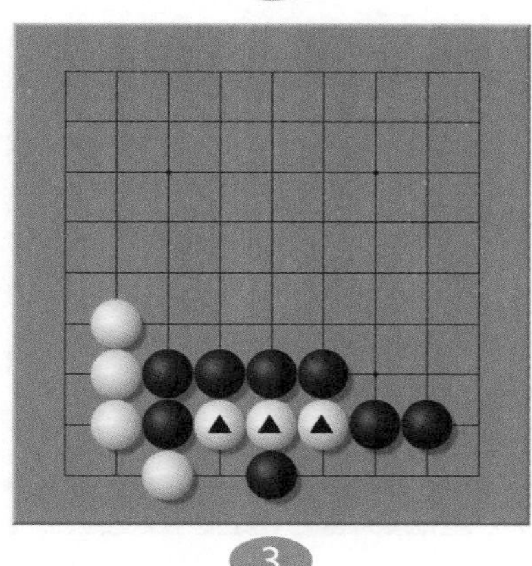
3

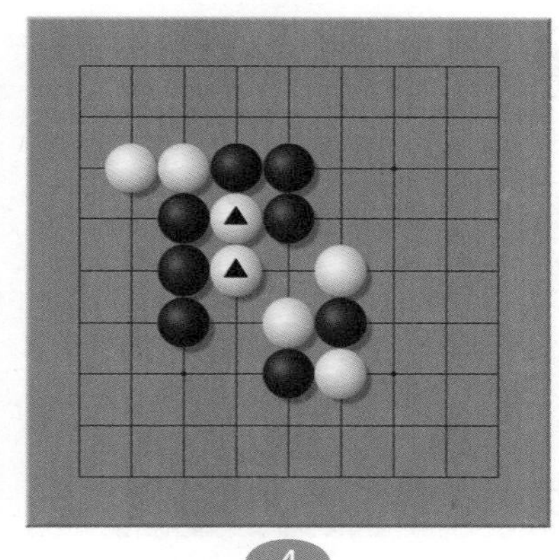
4

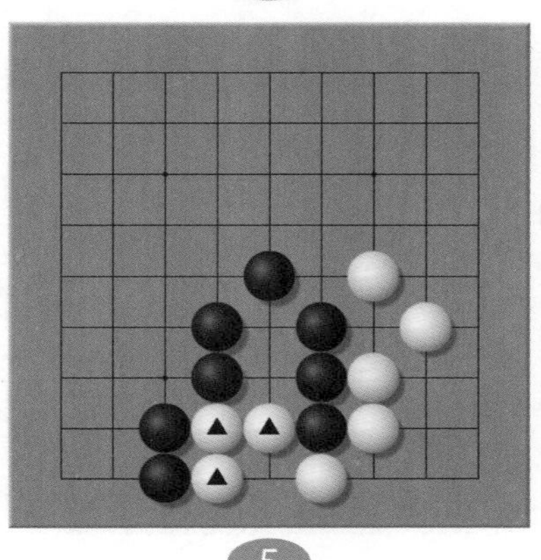
5

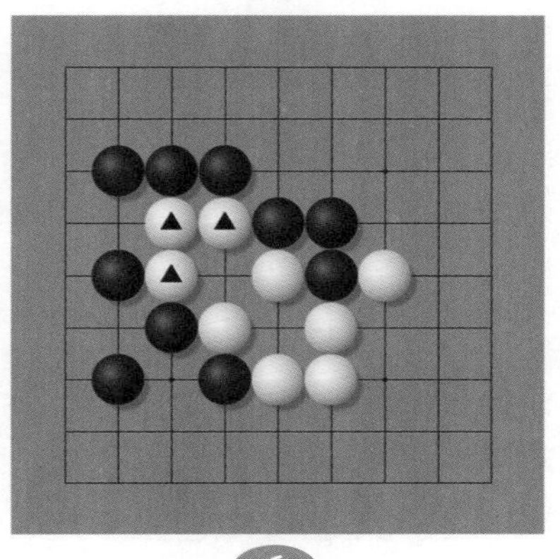
6

## 想一想，试一试

黑先，黑棋怎样才可以吃掉白棋？请用“✗”表示出来。

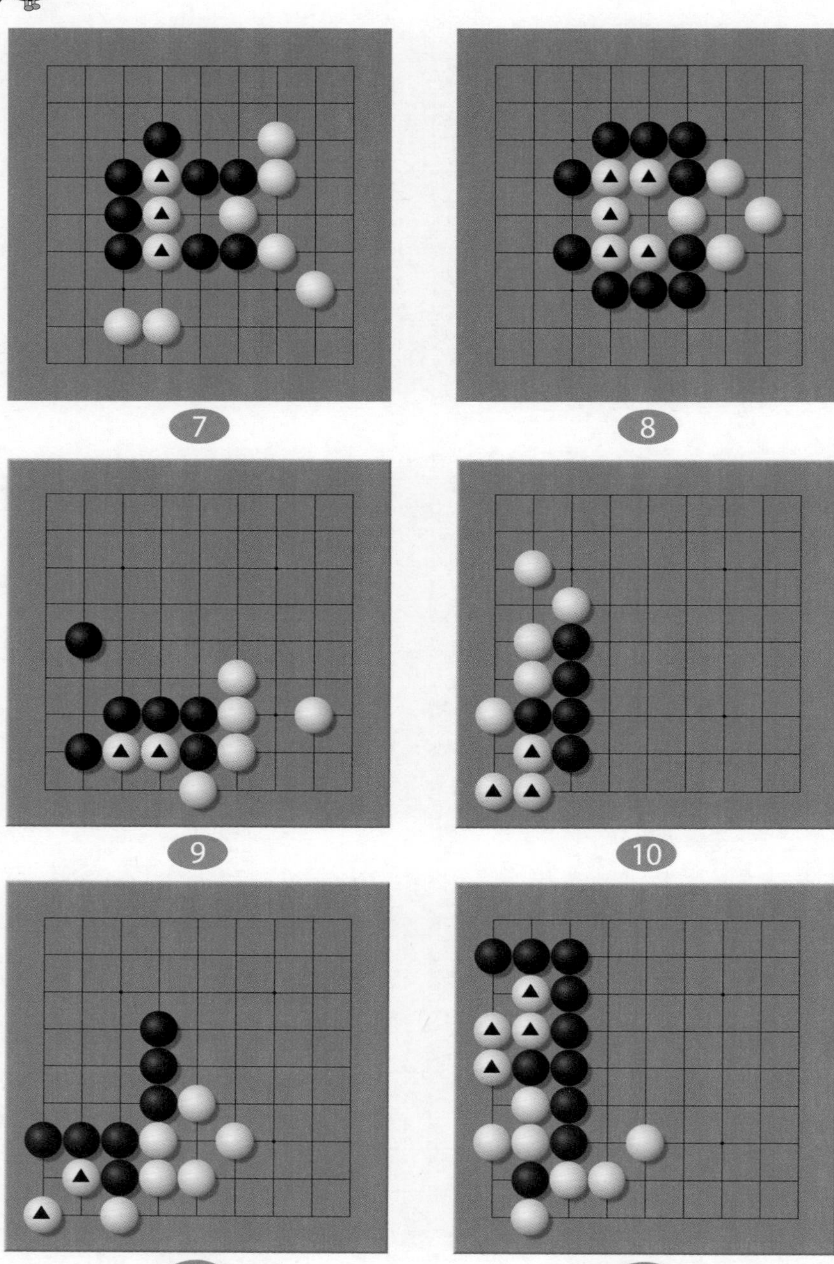

# 第十九课

## 扑与接不归

扑是通过牺牲自己的棋子，来帮助自己吃掉对方的棋子或缩短对方气的招法。

围棋里也可以用牺牲自己棋子的方法吃对方的棋子。

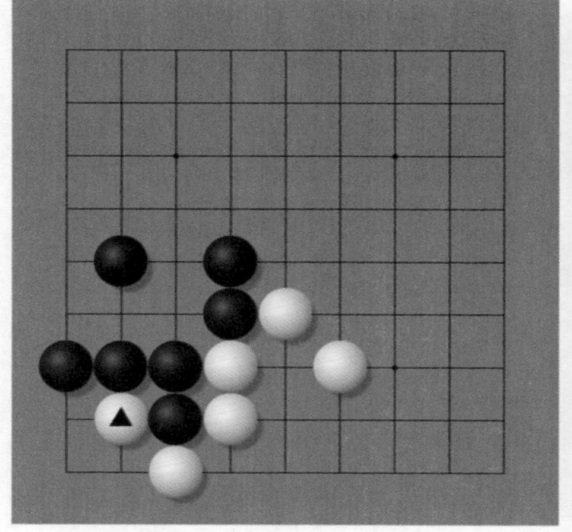

黑棋想吃白棋▲。

黑棋简单于❶位打吃，白棋②连接，黑棋失败。

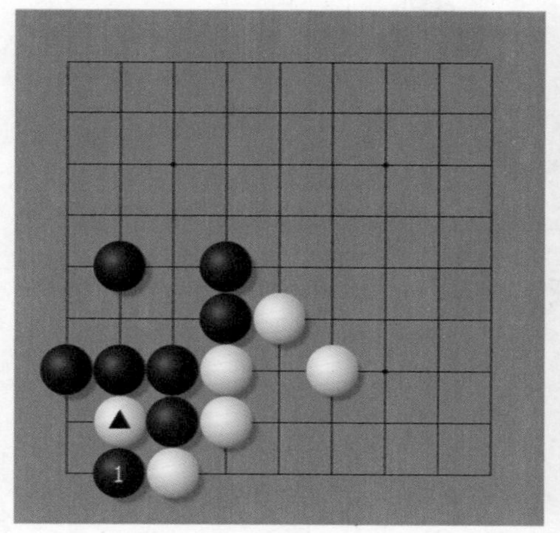

黑棋❶扑送吃，好棋。

白棋①提，黑棋❷打吃，白接不归，如果白棋Ⓐ接上，黑棋Ⓑ就直接提掉白棋。

## 想一想，试一试

黑先，请吃白棋▲，并用“✗”表示出来。

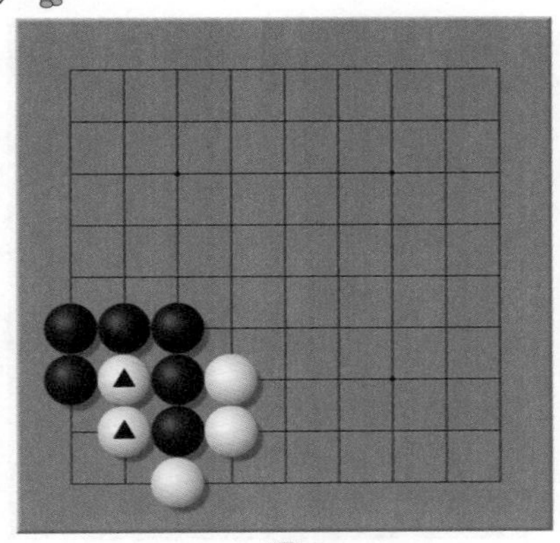

1

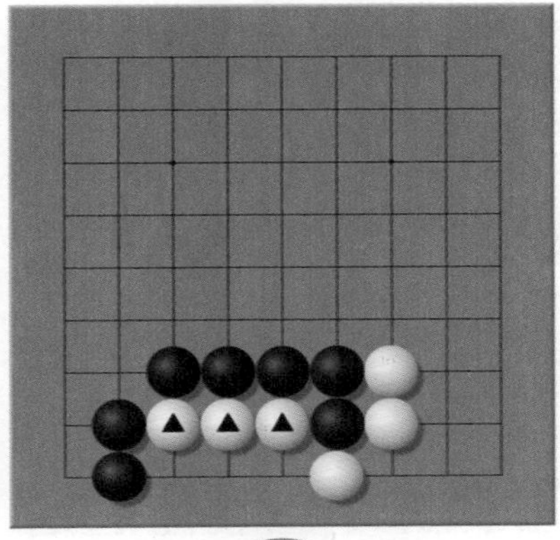

2

3

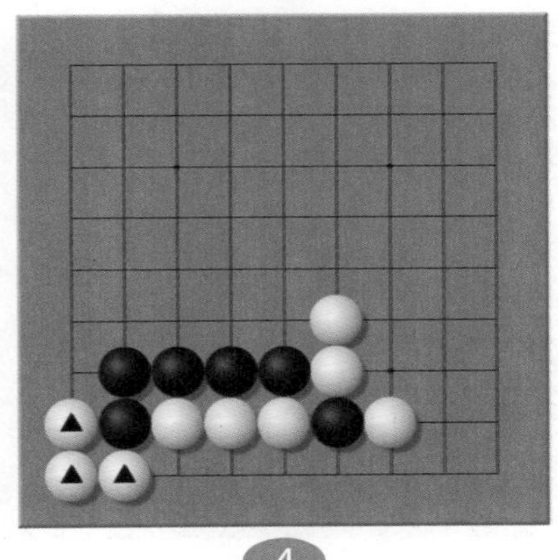

4

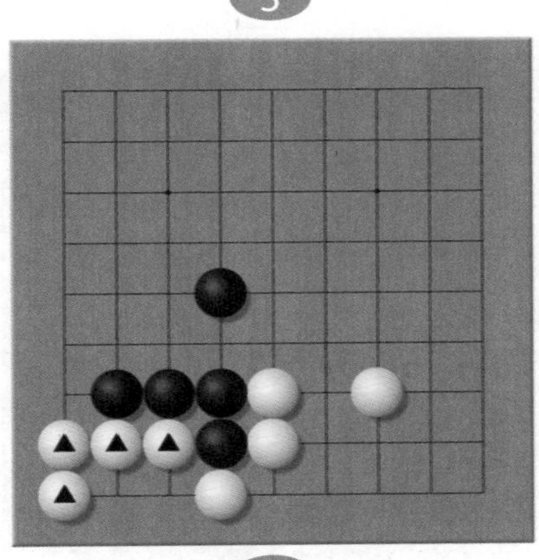

5

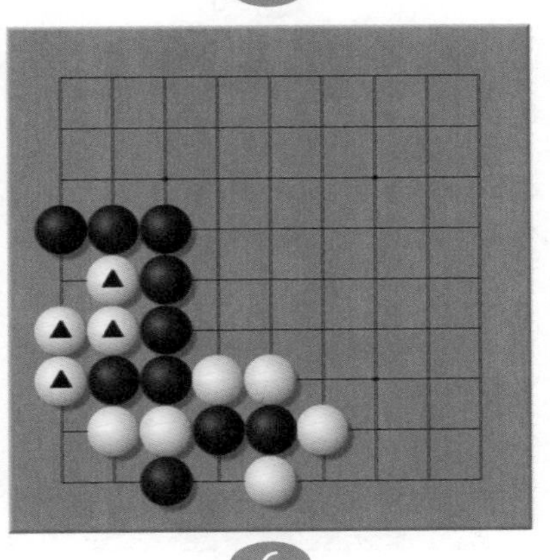

6

想一想，试一试　黑先，请吃白棋▲，并用"✗"表示出来。

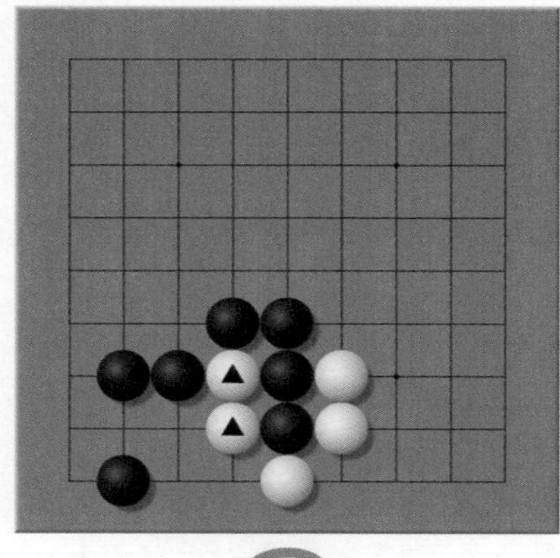

7

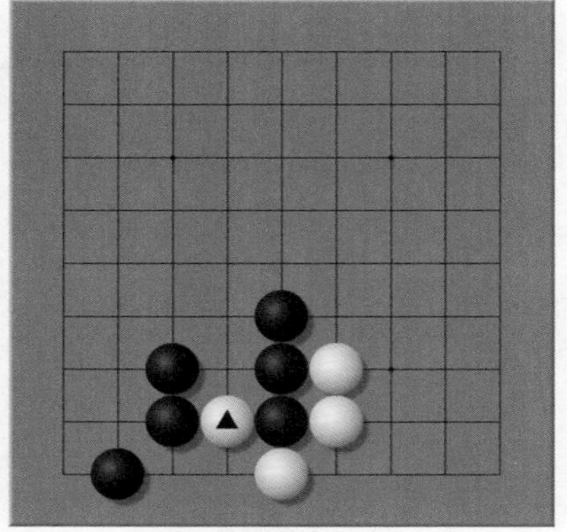

8

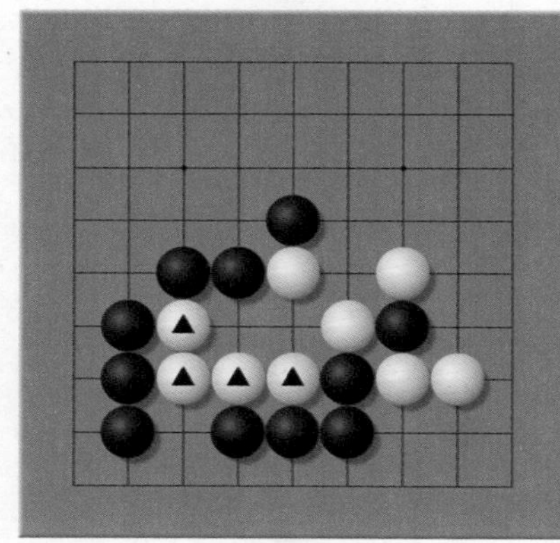

9

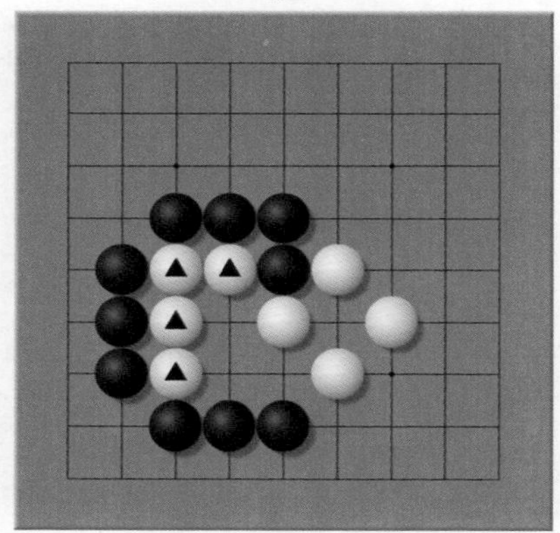

10

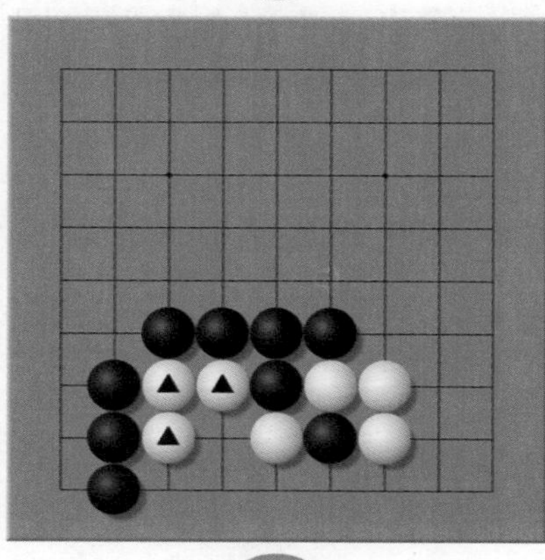

11

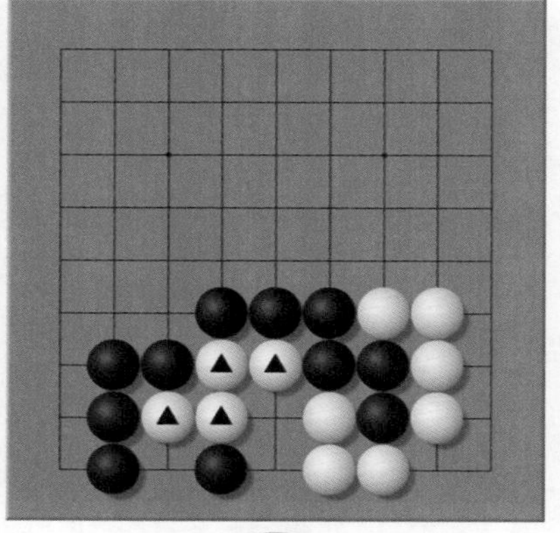

12

# 第二十课

## 吃子的方向

小弈和小智一起去抓鱼吃，它们走着走着，听见远处传来一声“抓老鼠啊”，原来晨晨正在追赶一只大老鼠。小弈和小智马上一起帮忙抓老鼠。来到一个岔路口，一边通往大路，一边通往死胡同，小智堵住了去往大路的路口，老鼠只能跑向死胡同，这样老鼠很快被小弈捉住了。

围棋里也可以用像将老鼠往死胡同赶的方法吃对方的棋子。

如图 1 所示，白棋▲有 A、B 两口气，黑棋怎样吃掉白棋？是在 A 处打吃还是在 B 处打吃呢？

如图 2 所示，如果黑棋在 B 处打吃，那么白棋将在 A 处逃向中央，白棋变成三口气，黑棋就捉不住白棋了。

如图 3 所示，如果黑棋在 A 处打吃，那么白棋就会钻进边上的死胡同，再也跑不掉了。

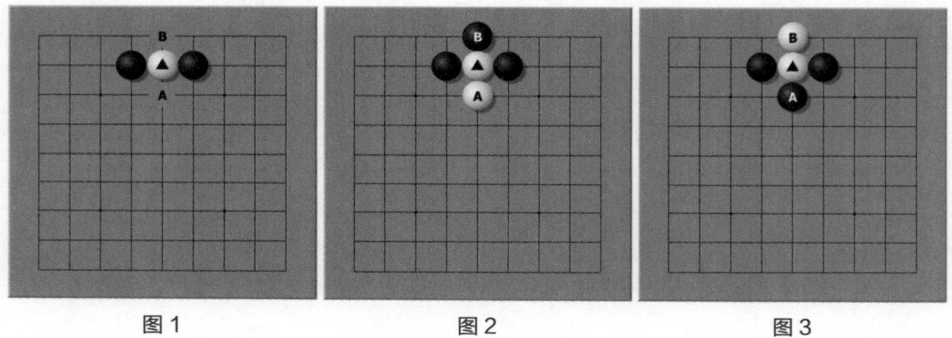


图 1　图 2　图 3

如图 4 所示，白棋▲有 A、B 两口气，A 是通向大路的，B 是通向边上死胡同的，所以如图 5 所示，黑棋应该在 A 处打吃，把大路堵住，把白棋赶到边上去。

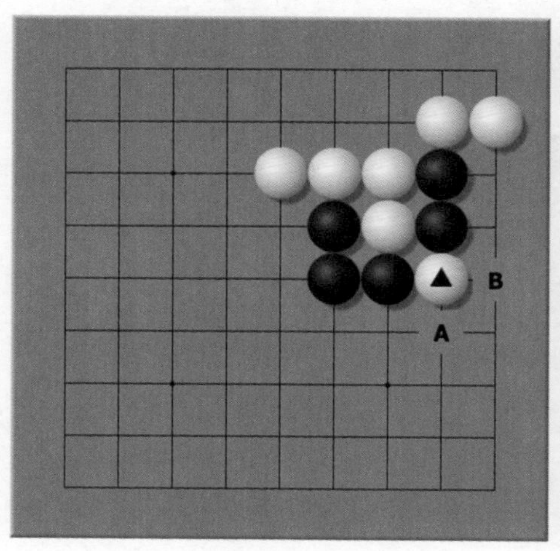


图 4

图 5

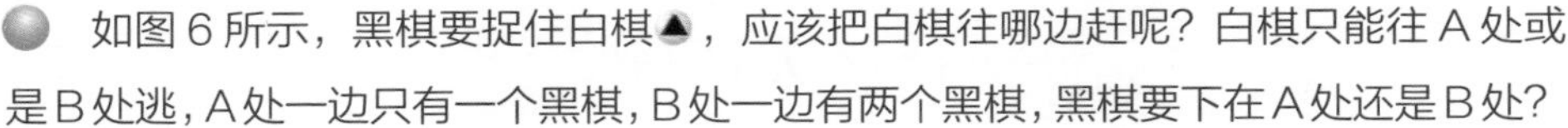

如图 6 所示，黑棋要捉住白棋▲，应该把白棋往哪边赶呢？白棋只能往 A 处或是 B 处逃，A 处一边只有一个黑棋，B 处一边有两个黑棋，黑棋要下在 A 处还是 B 处？

如图 7 所示，如果黑棋下在 A 处，白棋向 B 处逃，然后黑棋在 C 处拦住，白棋▲就再也逃不掉了。

如图 8 所示，如果黑棋下在 B 处，白棋 A 逃出来后，黑棋不能在 C 挡住，因为 D 处是黑棋的断点，白棋在 D 处能做出双打吃 ，这样白棋就能逃出来了。

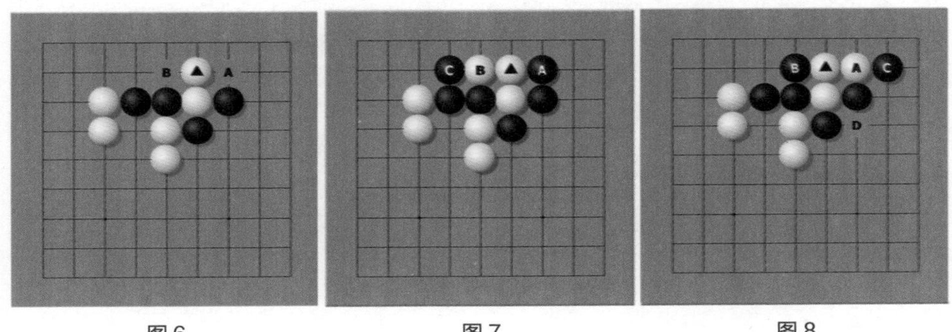


图 6　　图 7　　图 8

如图 9 所示，黑棋△有危险，黑棋要怎样才能吃掉白棋，把黑棋△救出来？

如图 10 所示，如果黑棋下在 A 处，把白棋赶到黑棋棋子少的一边，那么白棋向 B 处逃，黑棋在 C 处挡，白棋 D 打吃，黑棋就跑不掉了。

如图 11 所示，如果黑棋下在 B 处，那么白棋向 A 处逃，黑棋在 C 处挡，白棋就被吃掉，黑棋也就被救出来了。

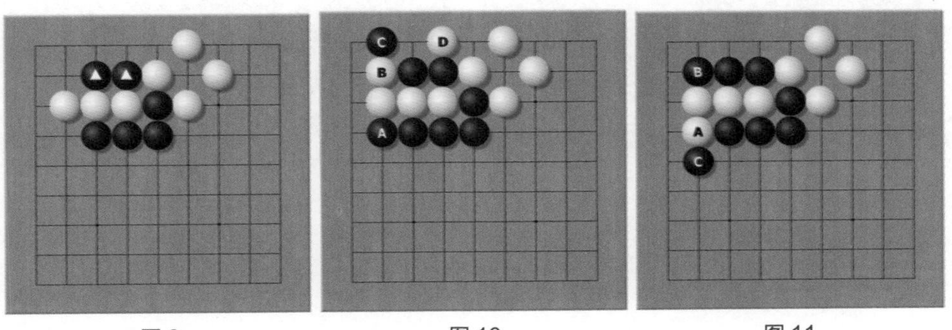


图 9　　图 10　　图 11

## 向己方方向打吃

把对方棋子向己方方向打吃是打吃的要点。

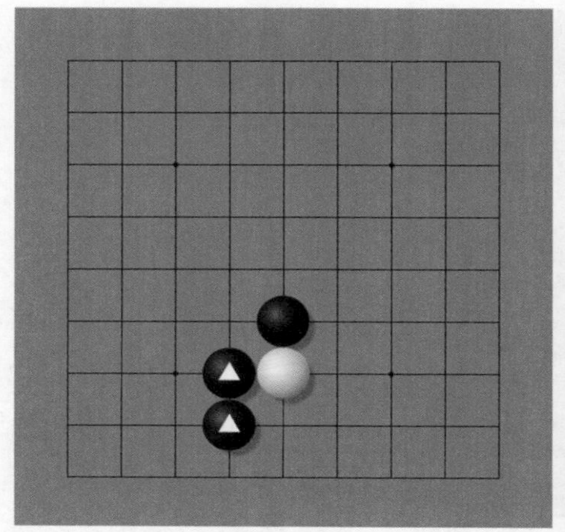

这里黑棋▲两子是黑棋方向的棋。

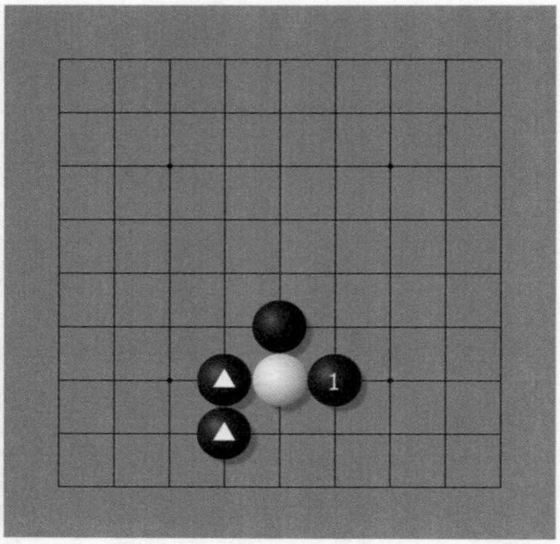

黑棋如果向黑棋▲方向打吃白棋，白棋因无法长气而被吃掉。

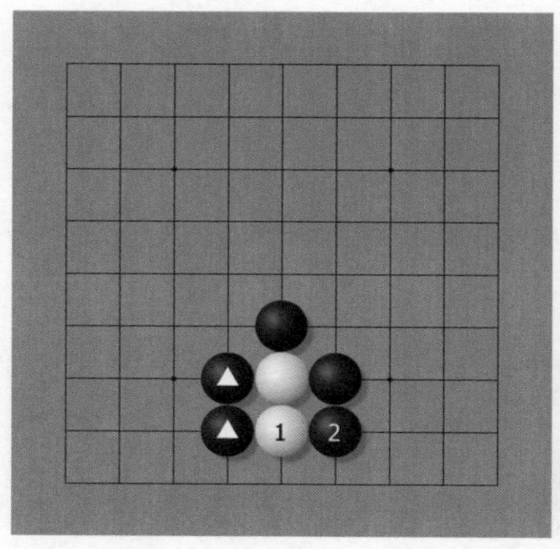

白棋①黑棋❷，白棋无气。

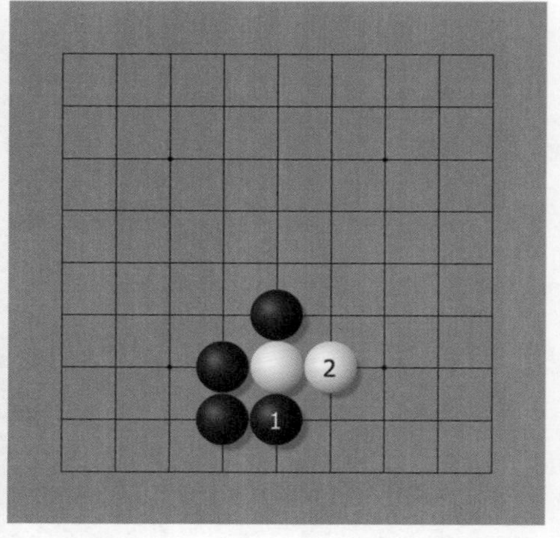

黑棋❶打吃，方向错误，无法吃掉白棋。

想一想，试一试

黑先，将白棋▲向黑棋■方向打吃，请用"✗"表示出来。

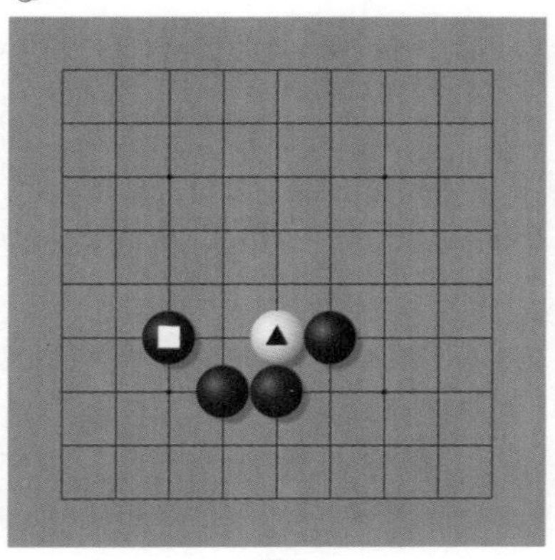

1

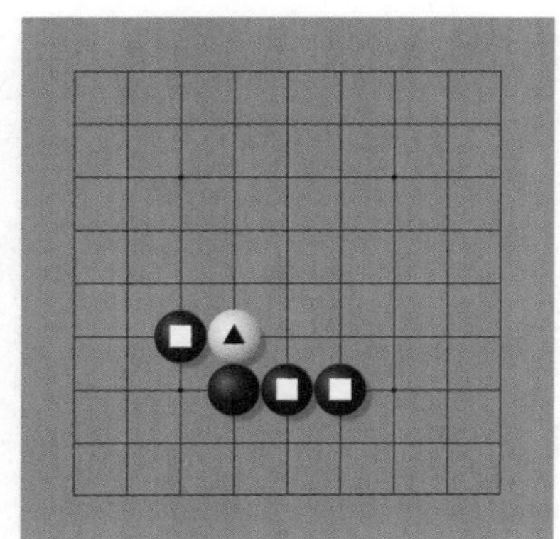

2

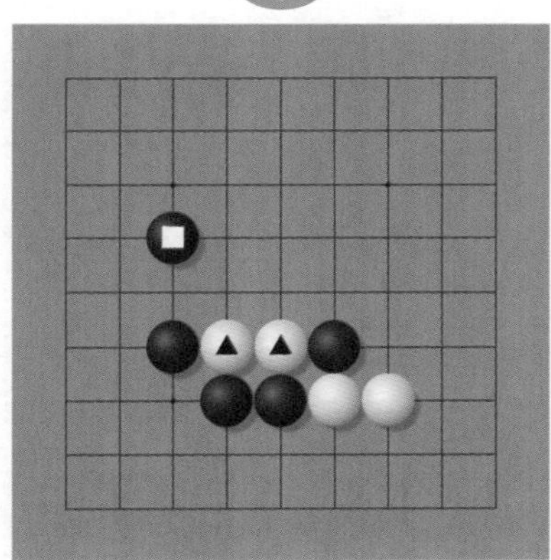

3

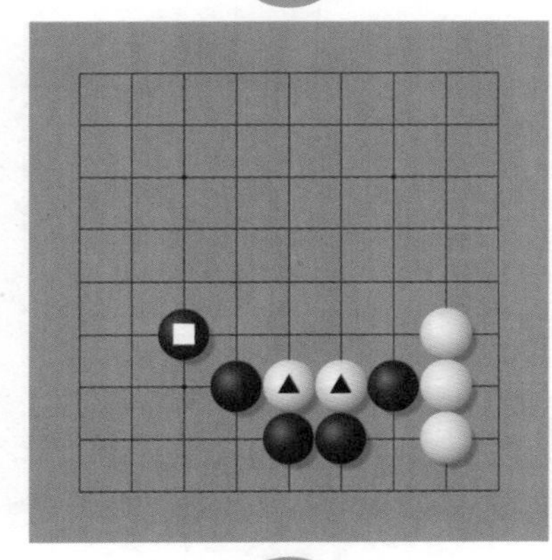

4

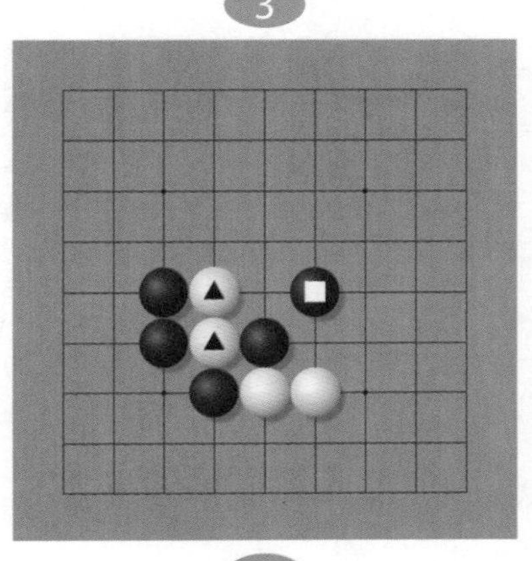

5

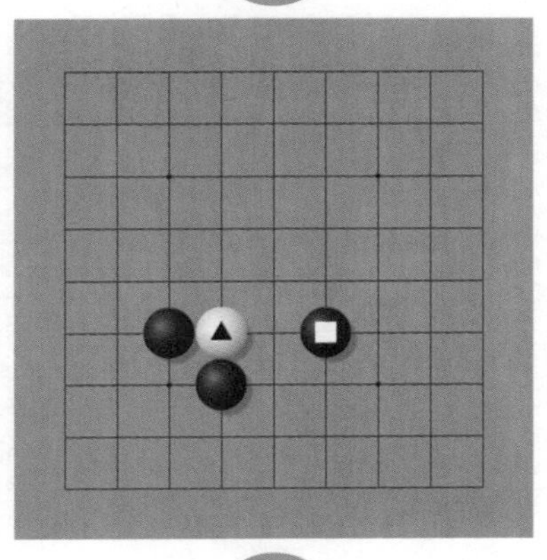

6

## 想一想，试一试

黑先，将白棋▲向黑棋◘方向打吃，请用"✗"表示出来。

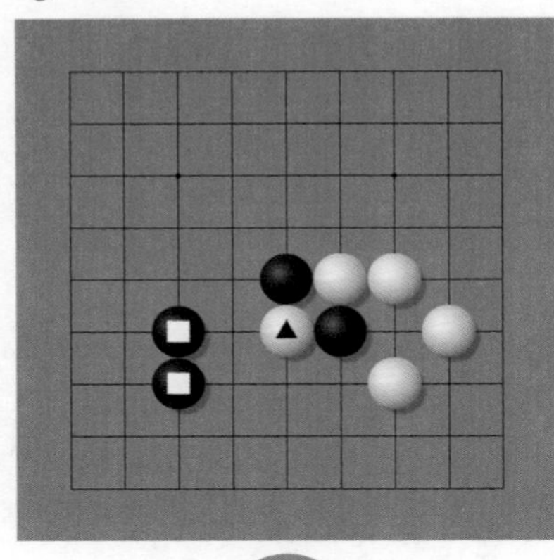

7

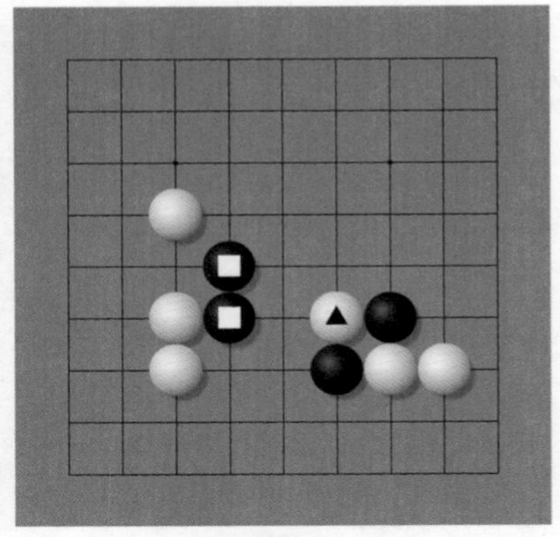

8

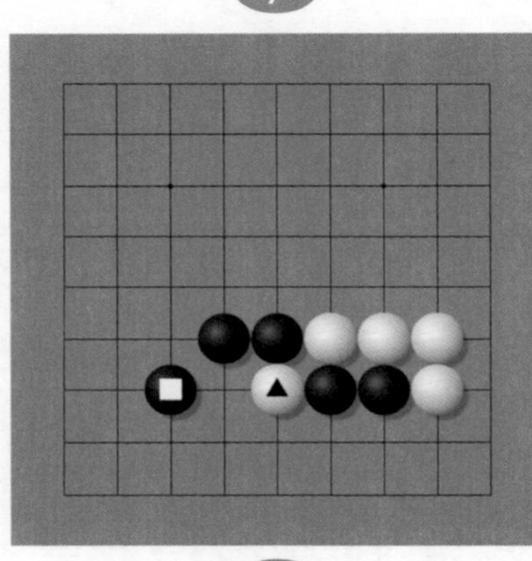

9

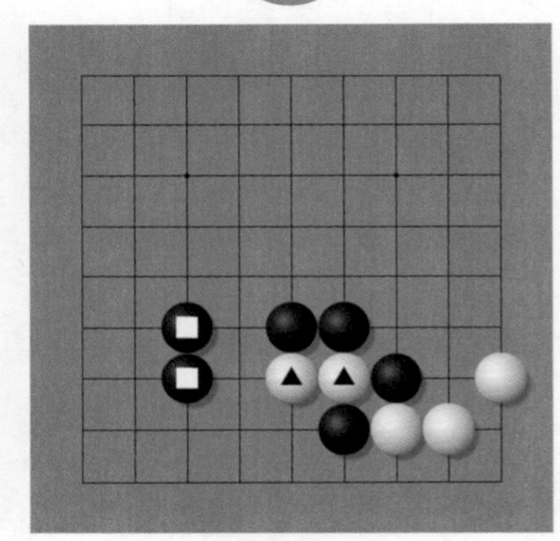

10

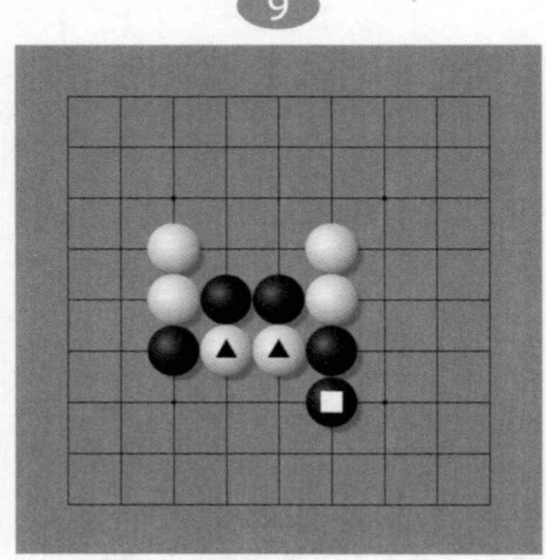

11

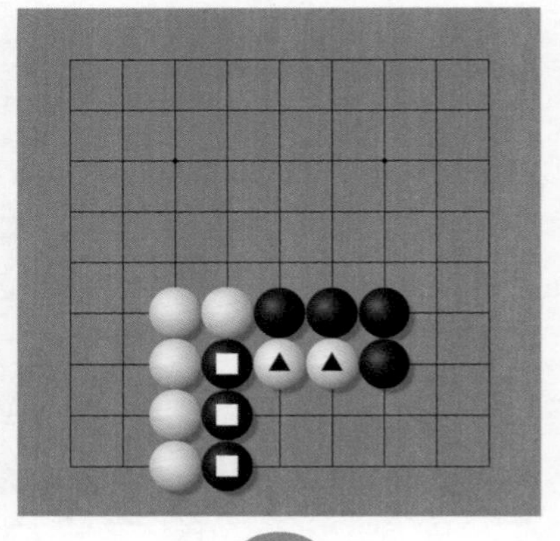

12

想一想，试一试

黑先，将白棋▲向黑棋■方向打吃，请用“✗”表示出来。

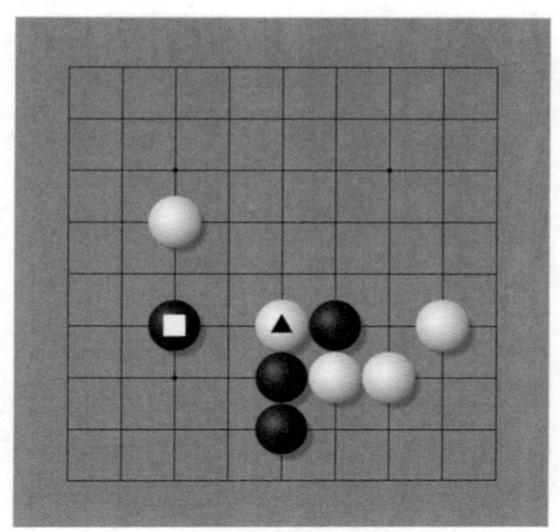

13

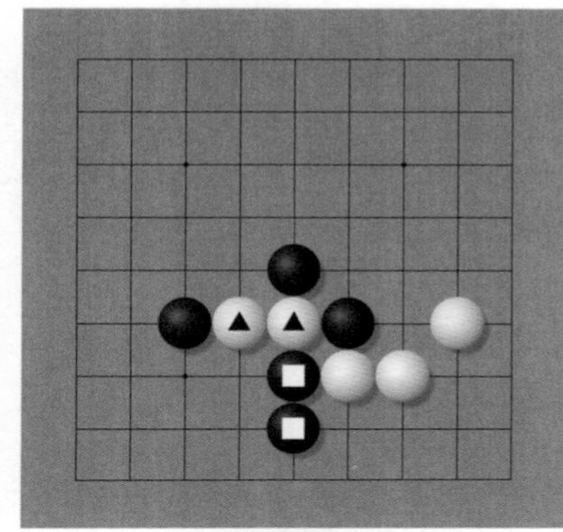

14

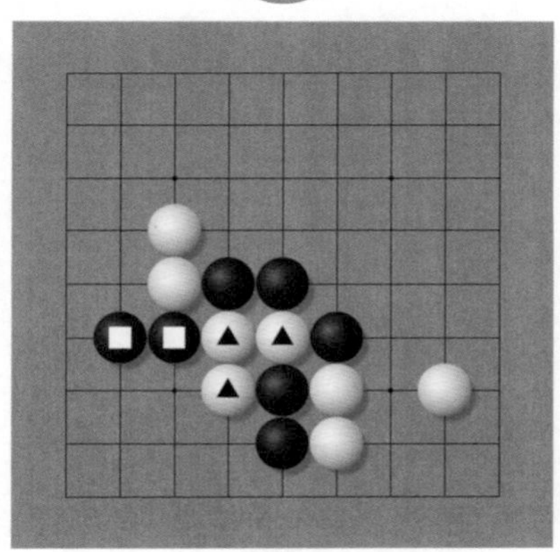

15

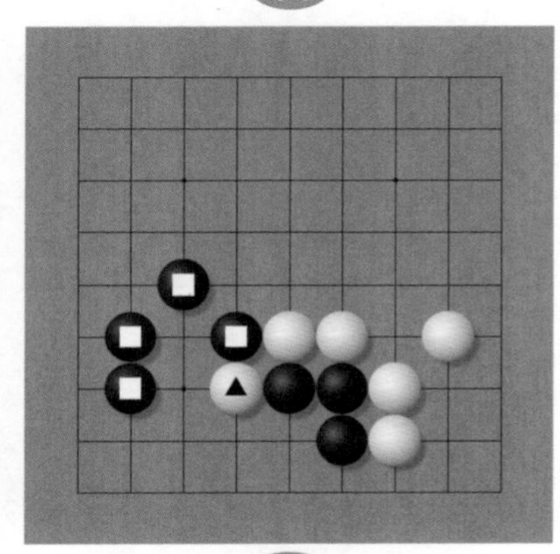

16

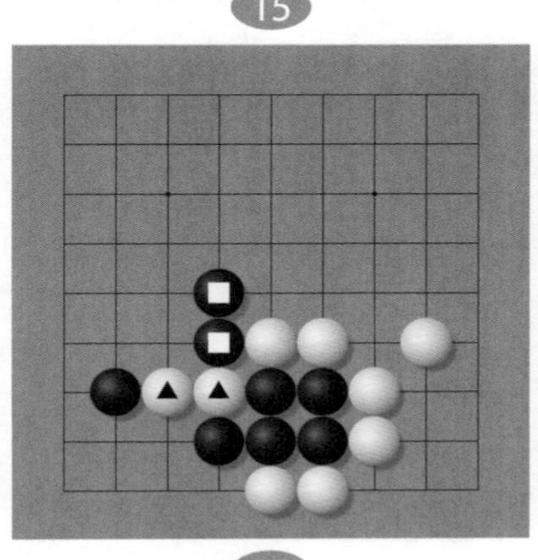

17

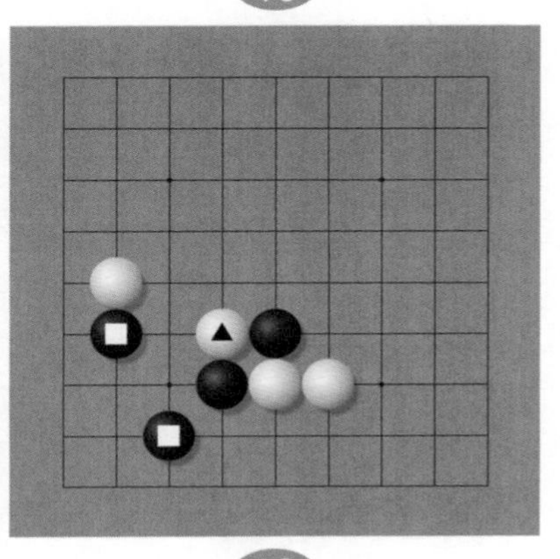

18

## 想一想，试一试

黑先，将白棋▲向黑棋■方向打吃，请用“✗”表示出来。

19

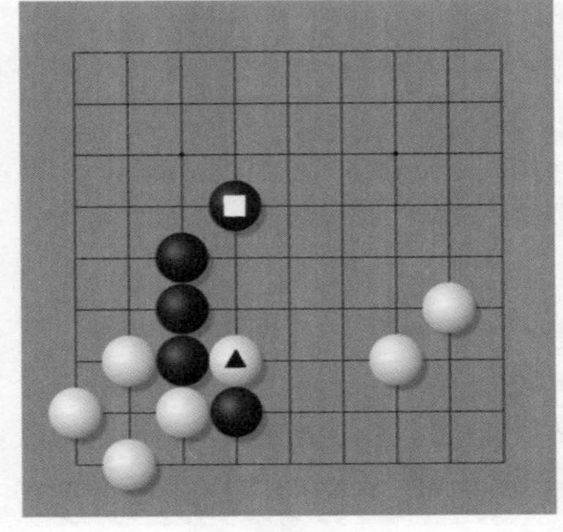

20

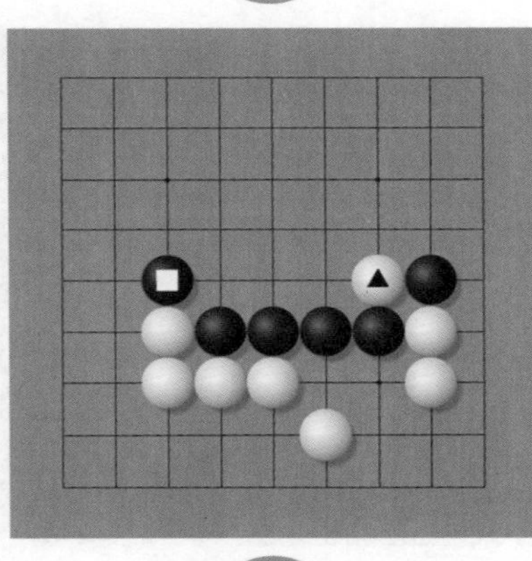

21

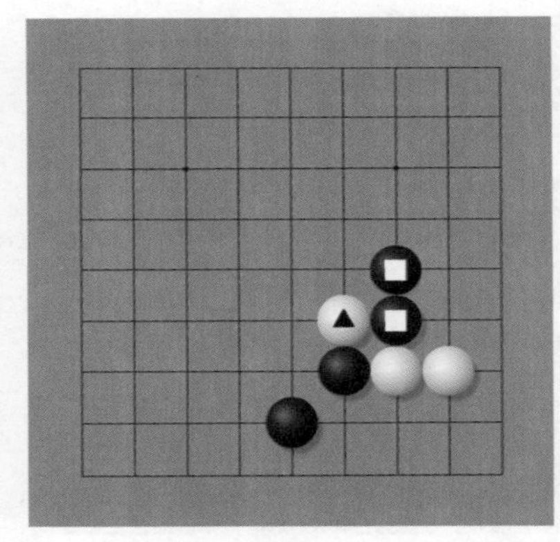

22

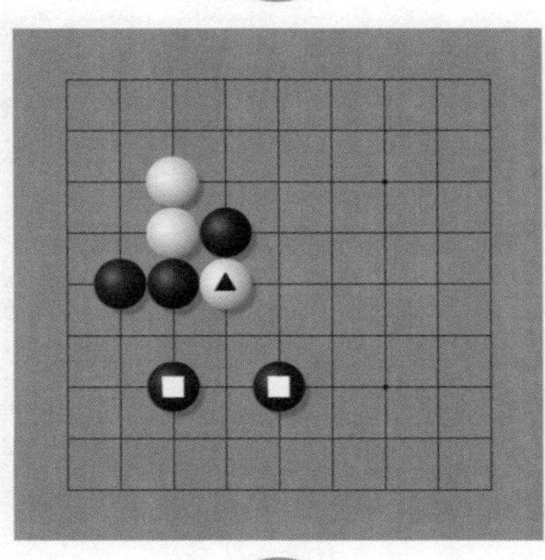

23

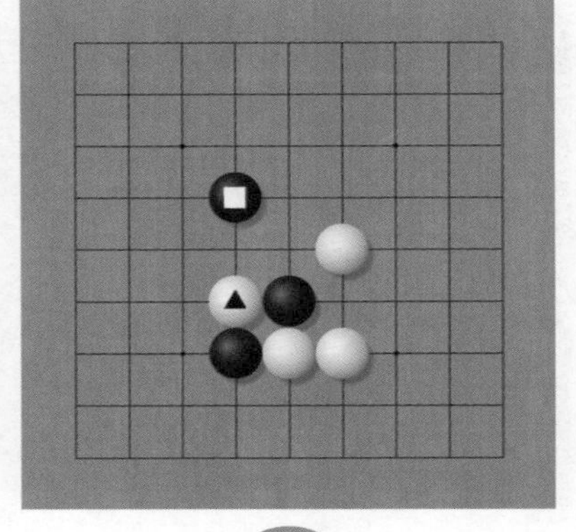

24

黑先，将白棋▲向一线方向打吃，请用“✗”表示出来。

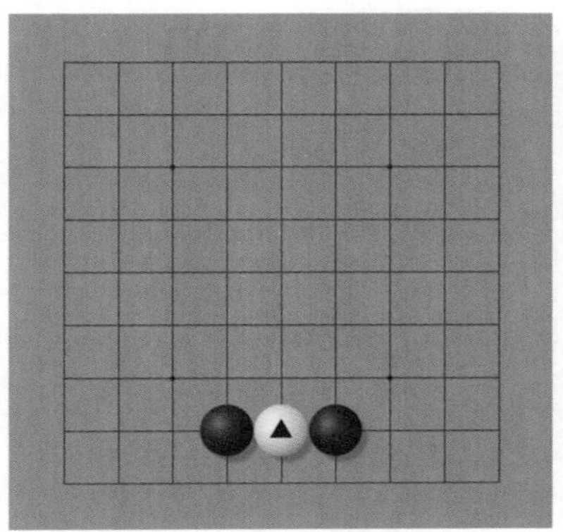

25

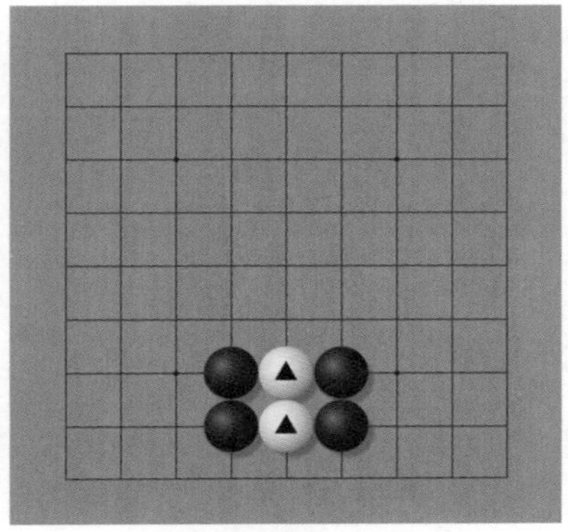

26

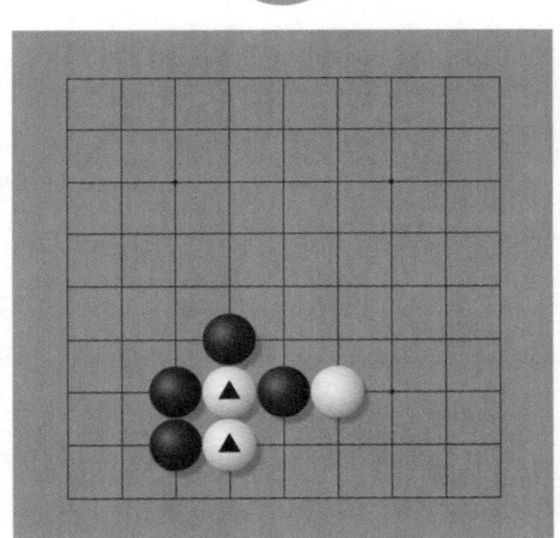

27

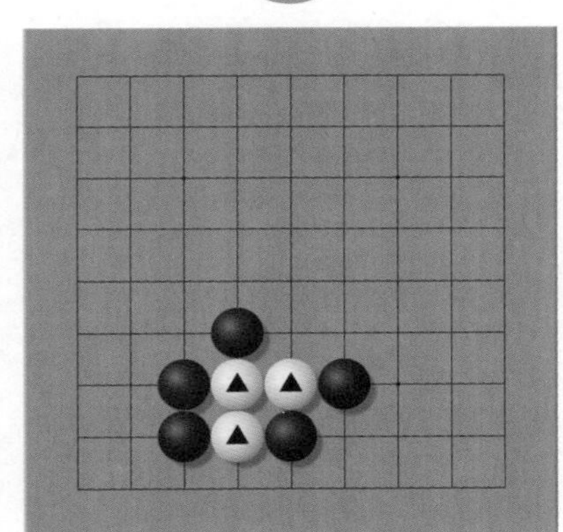

28

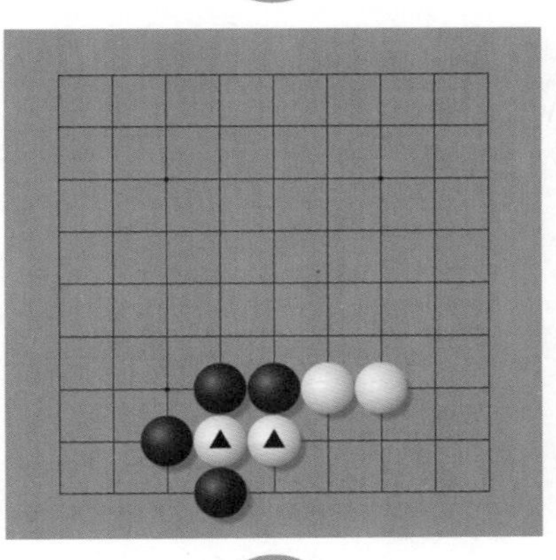

29

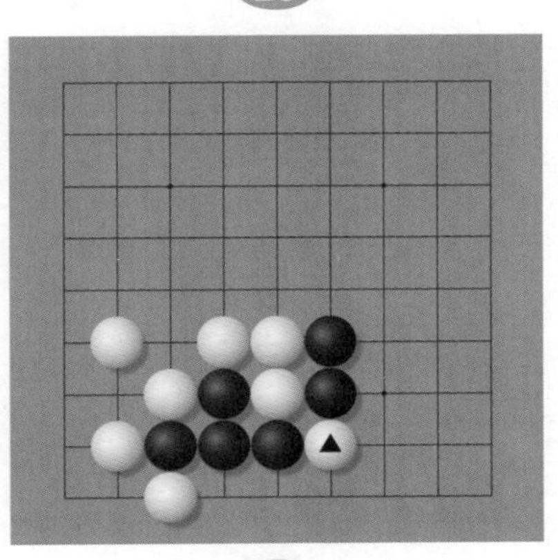

30

## 想一想，试一试

黑先，将白棋▲向一线方向打吃，请用“✗”表示出来。

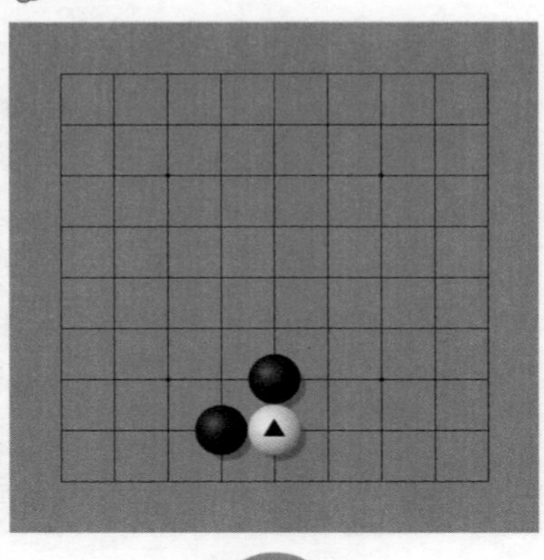

31

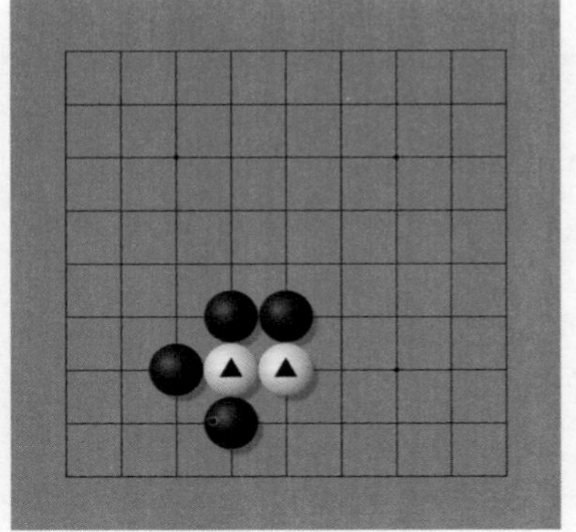

32

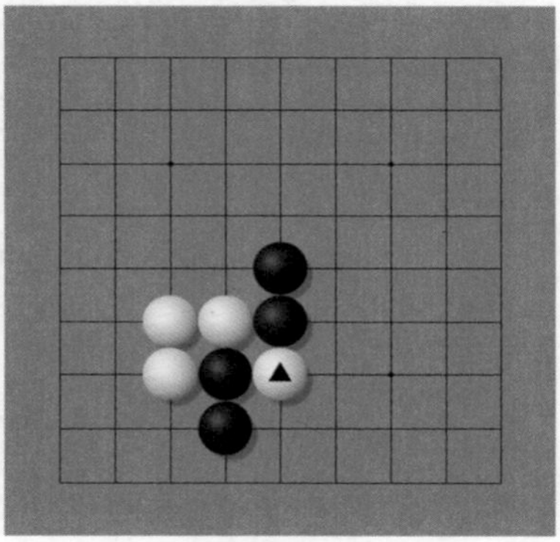

33

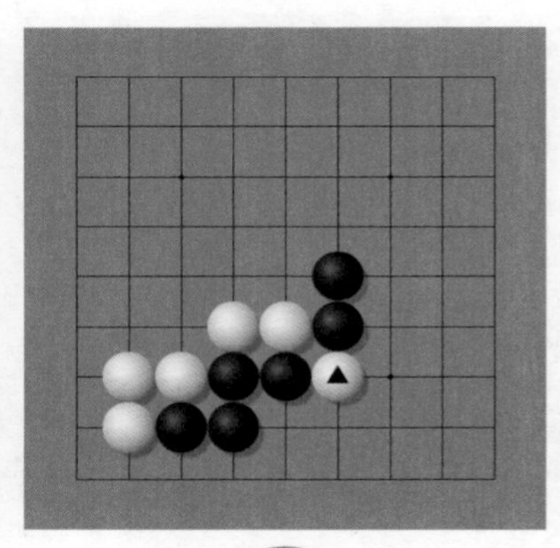

34

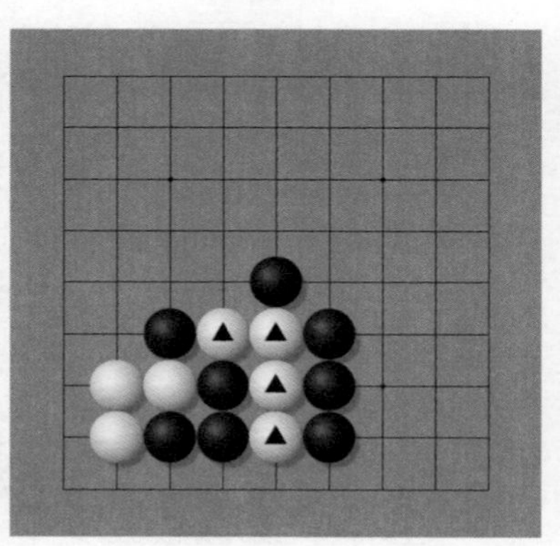

35

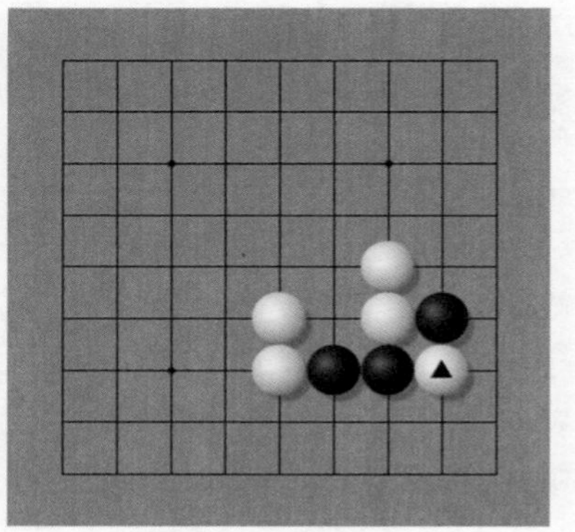

36

**想一想，试一试**

黑先，将白棋▲向一线方向打吃，请用“✗”表示出来。

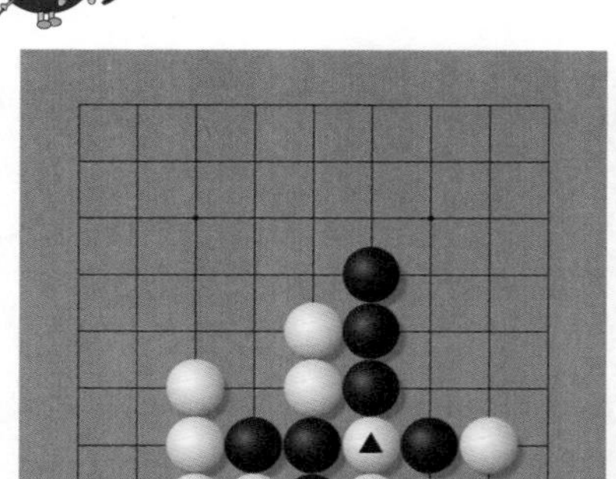

37

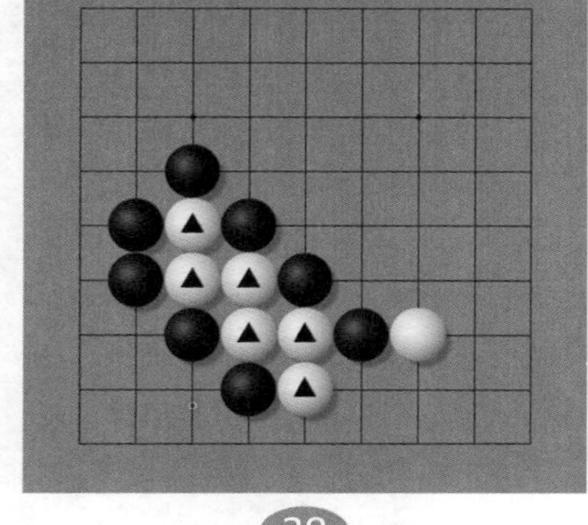

38

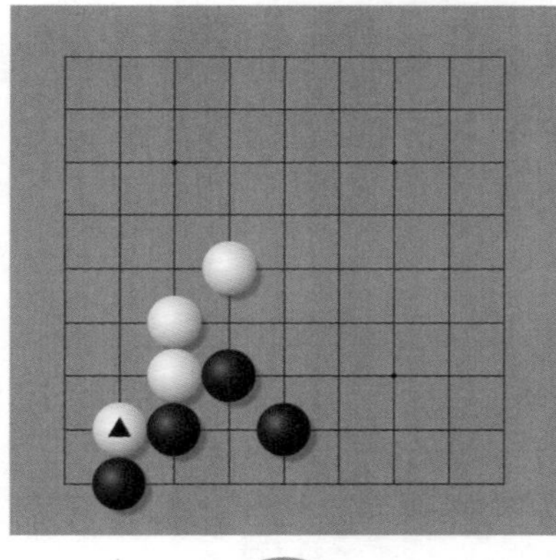

39

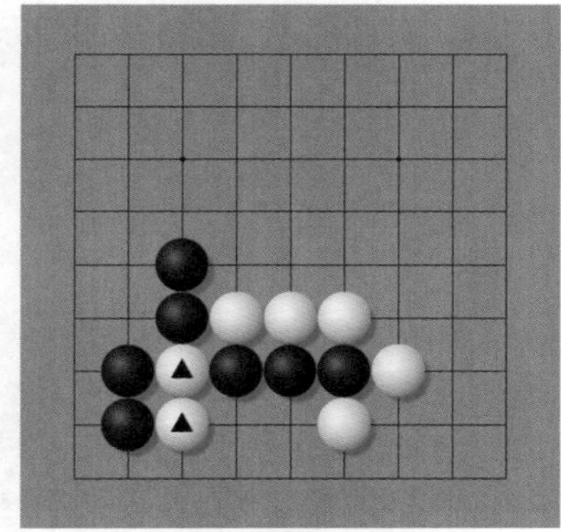

40

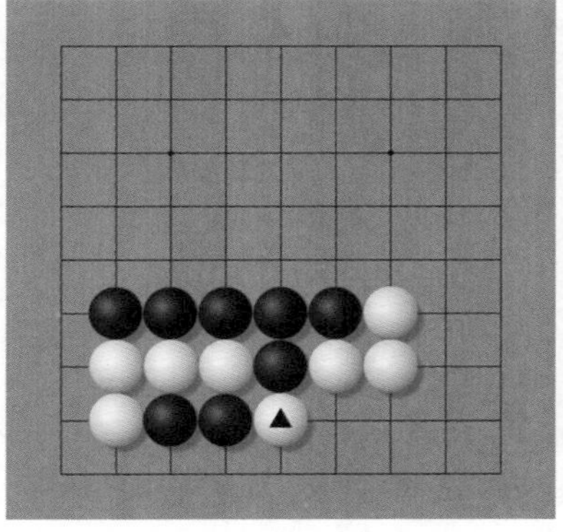

41

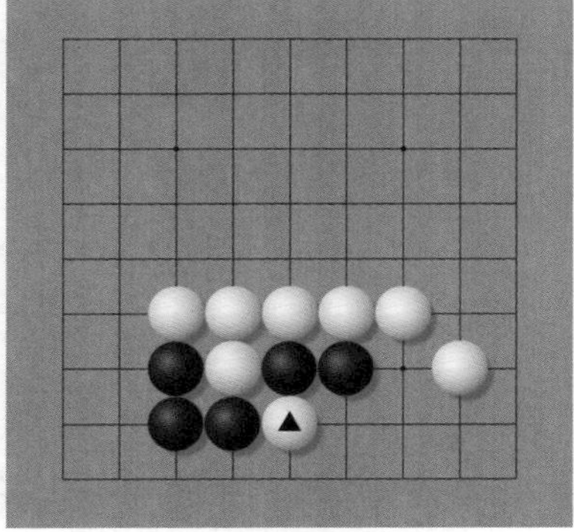

42

**想一想，试一试**

黑先，将白棋▲向一线方向打吃，请用“✗”表示出来。

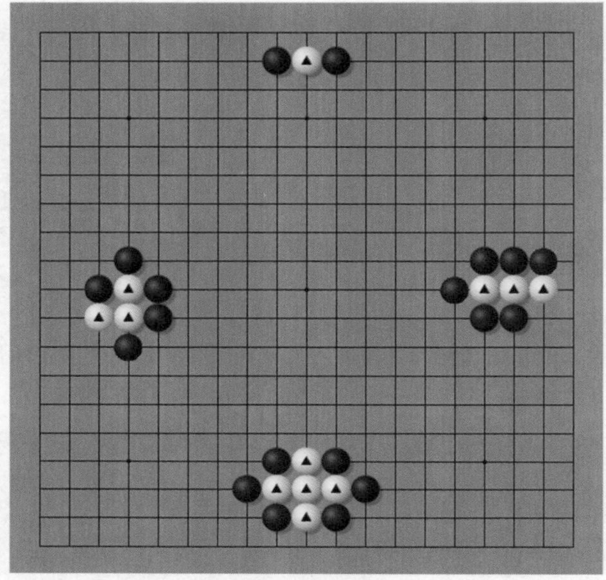

43

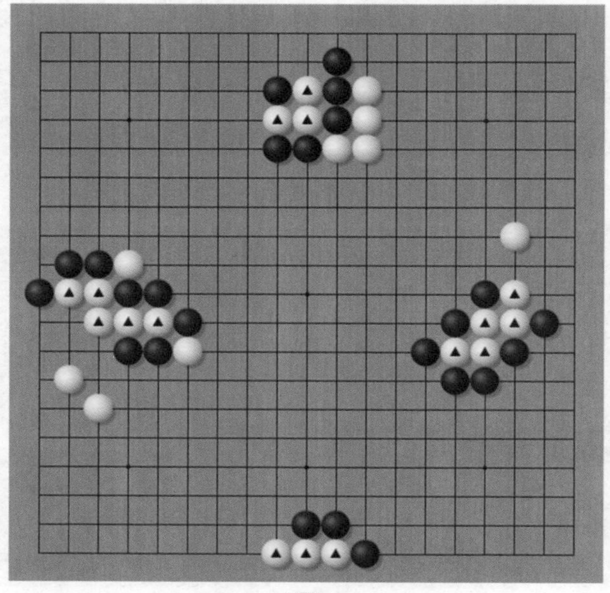

44

# 第二十一课

## 逃子的方向

围棋盘的边和角就像一道墙，棋子到了边或角上就无路可走了。因此，在边或角范围内，应尽可能向边线围逼对方的棋子，这样才有利于作战。

如图 1 所示，黑先，应该怎样围吃上边的两个白棋?

如图 2 所示，黑棋 1 从一路线围白棋不好！白棋 2 向左长，下面的黑棋再也无法吃白棋。

如图 3 所示，黑棋 1 扳，从二路线向一路线围白棋才是正确下法，这样下去就可吃掉这两个白棋了。

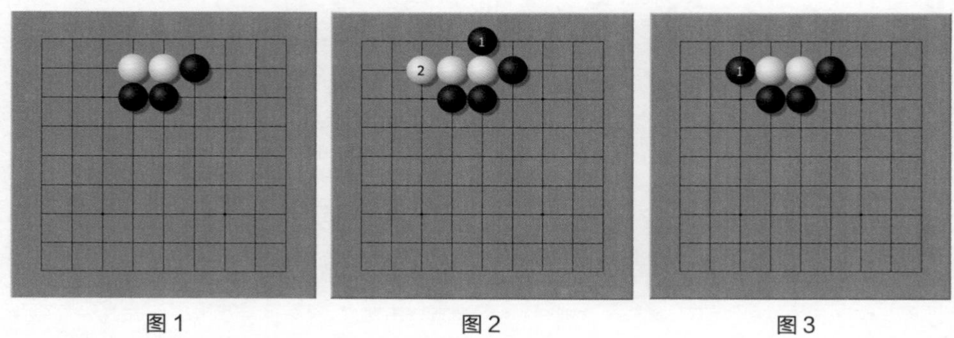

图 1　　图 2　　图 3

如图 4 所示，黑先，应该怎样围逼三路线的两个白棋?

如图 5 所示，黑棋 1 在二路线扳，方向是错误的，白棋 2 长出，黑棋就无法吃白棋了。

如图 6 所示，黑棋 1 从三路线向二路线围逼白棋才是正确的下法，以下至黑棋 7 长，这样就可以使白棋处于困境了。

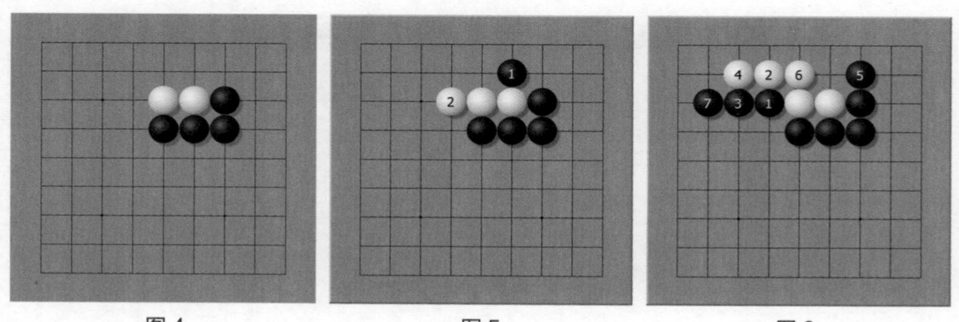

图 4　　图 5　　图 6

如图 7 所示，白棋▲断，黑棋怎样来吃这个子？

如图 8 所示，黑棋 1 从一路线打吃不好，白棋 2 在二路线长之后，黑棋自己在一路线“爬边”，非常难受。

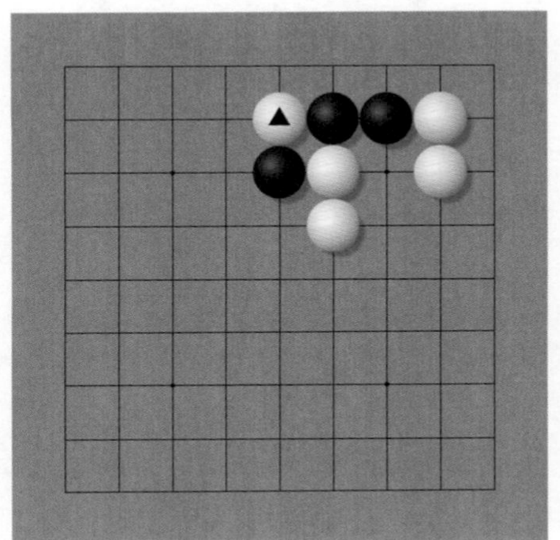

图 7

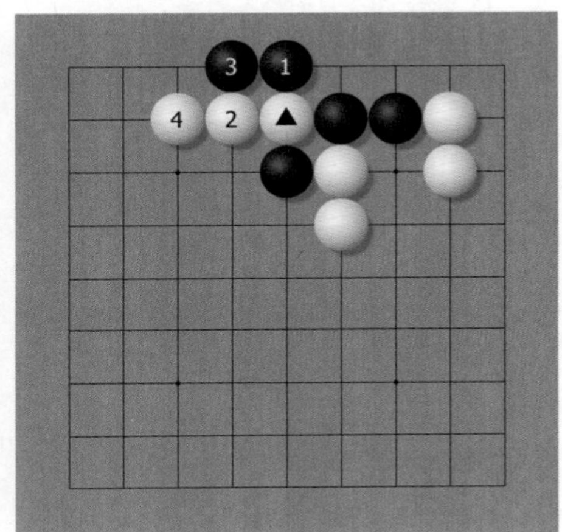

图 8

如图 9 所示，黑棋 1 打吃正确。白棋 2 立，黑棋 3 再挡住，白棋 4 再逃。白棋就剩一口气，这样，黑棋 5 就可以吃掉白棋了。

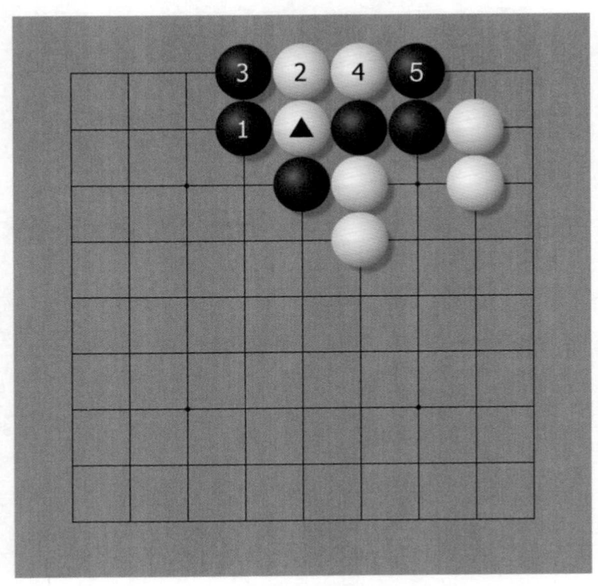

图 9

## 想一想，试一试

黑先，黑棋△如何逃子？请用"✗"表示出来。

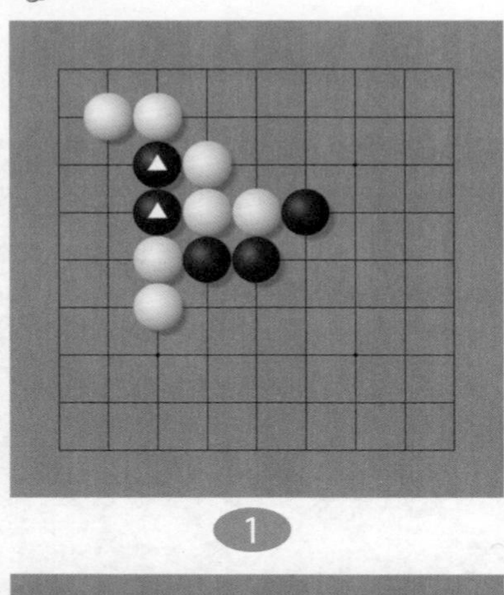

1

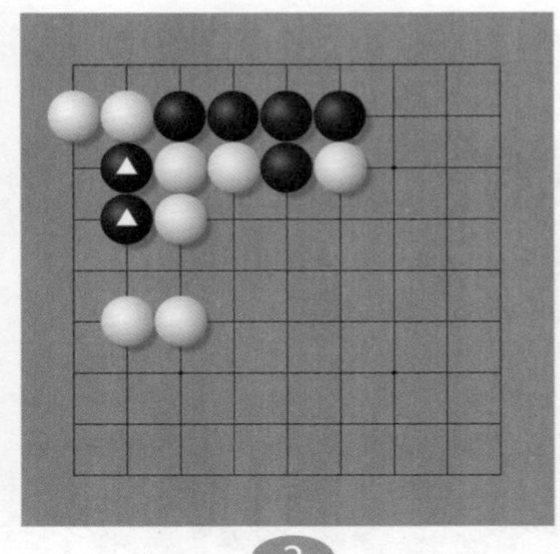

2

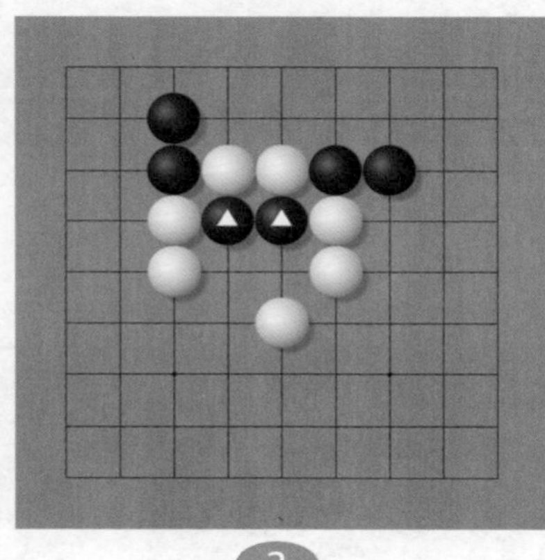

3

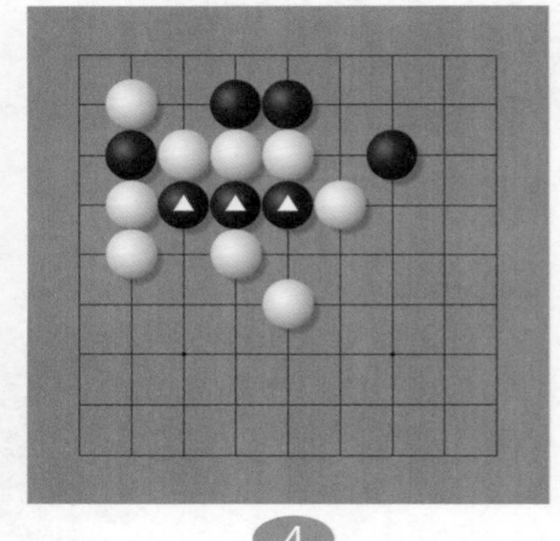

4

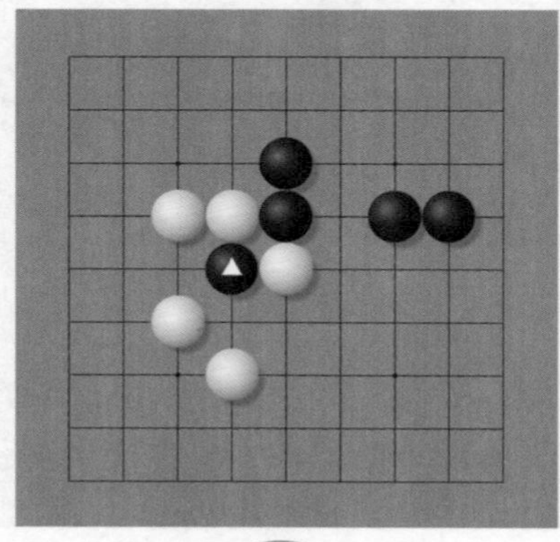

5

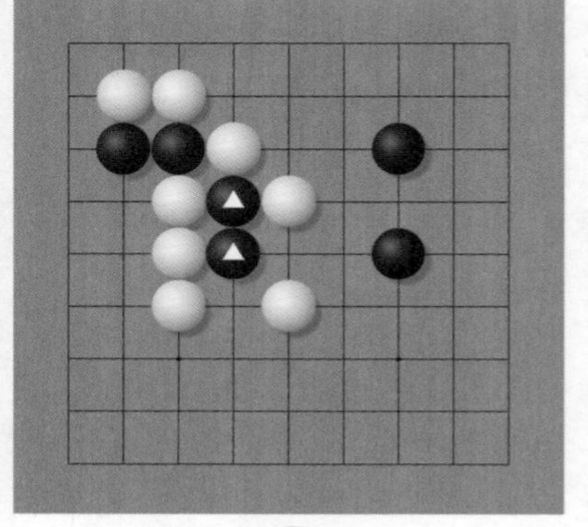

6

想一想，试一试

黑先，黑棋△如何逃子？请用“✗”表示出来。

7

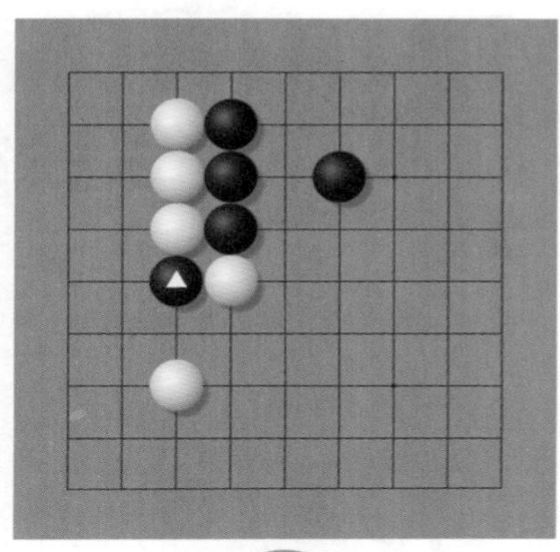

8

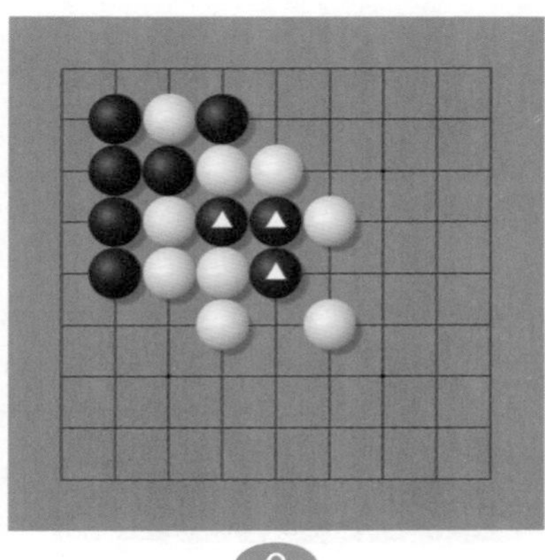

9

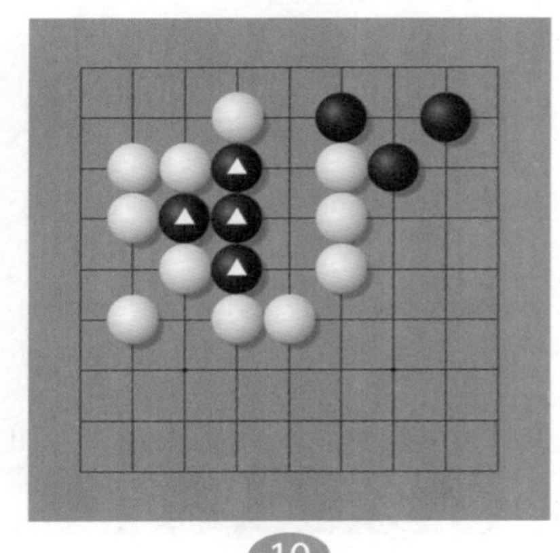

10

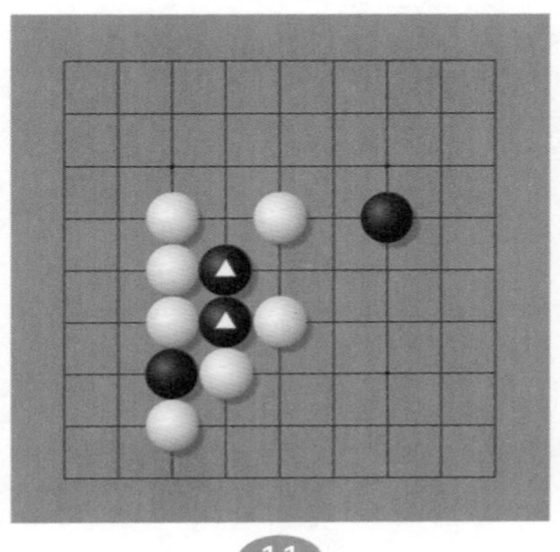

11

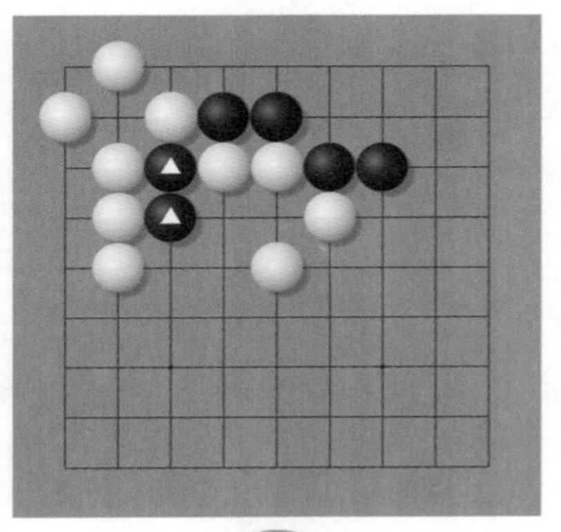

12

气

在盘中黑棋的气点上打✘。

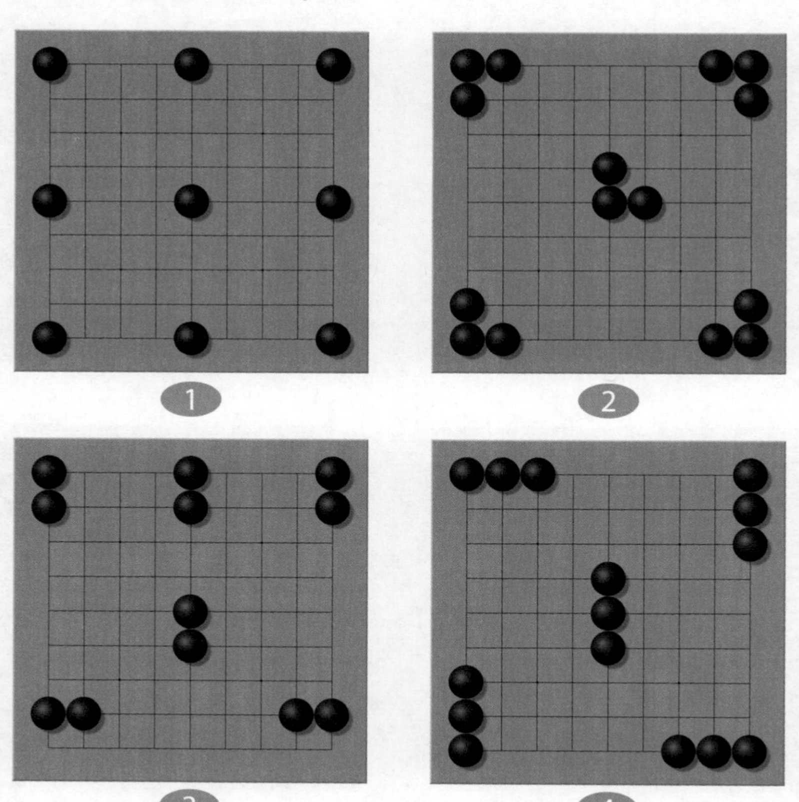

在盘中黑棋的气点上打。

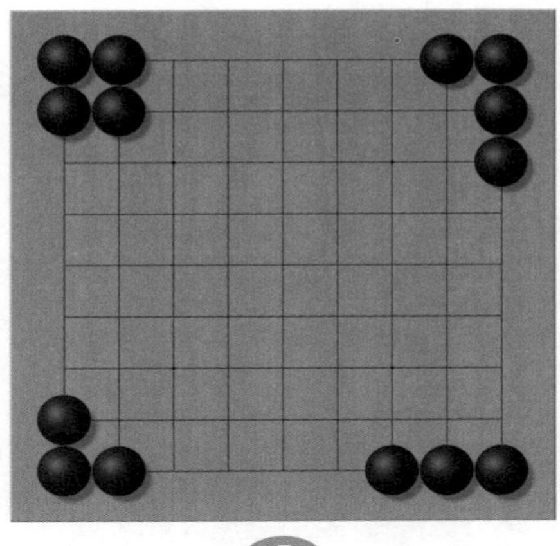

5

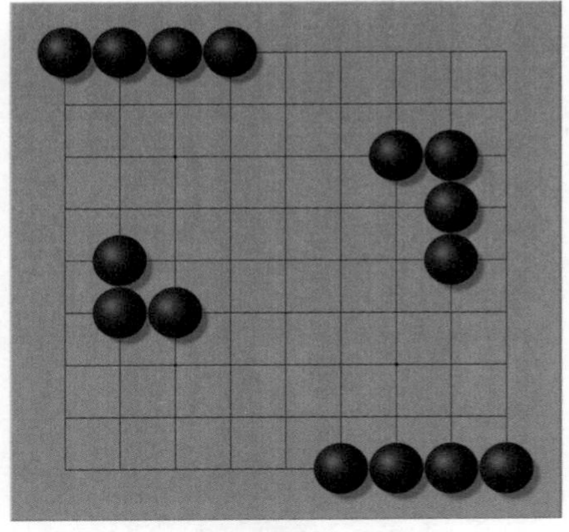

6

7

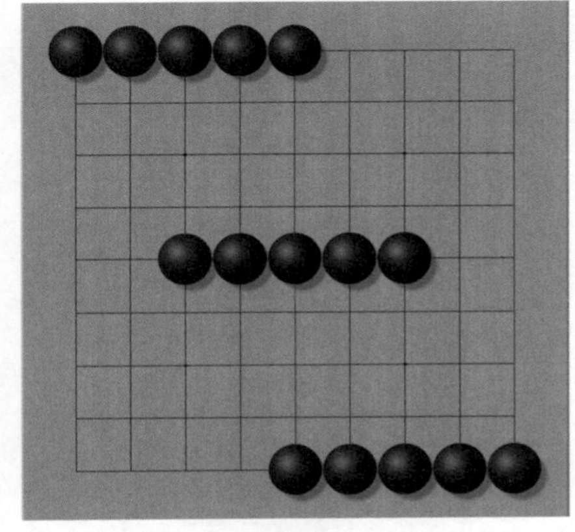

8

9

10

## 二 提

要提白棋▲，黑棋下在哪儿？

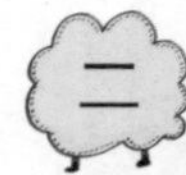

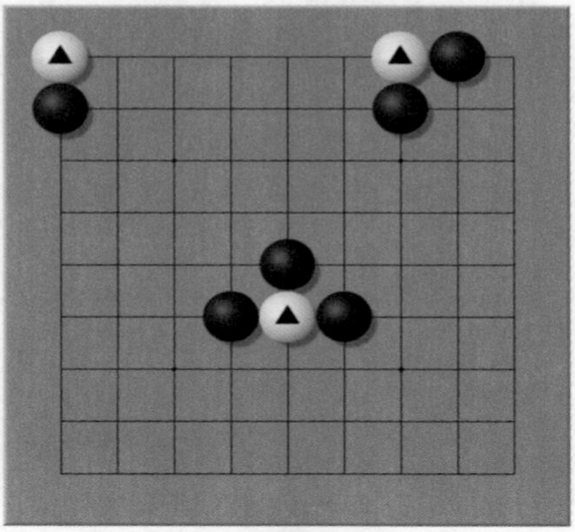

11

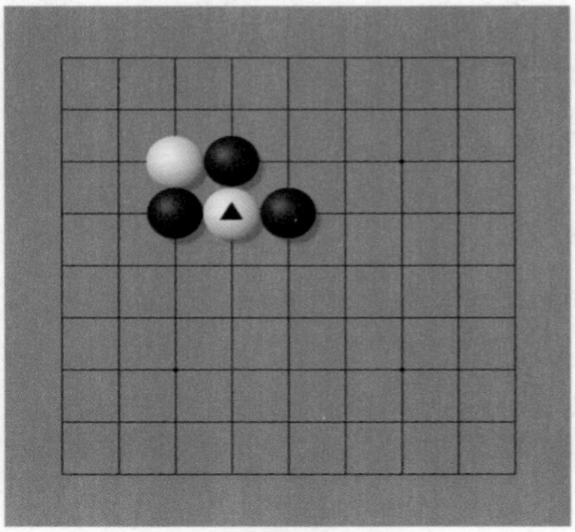

12

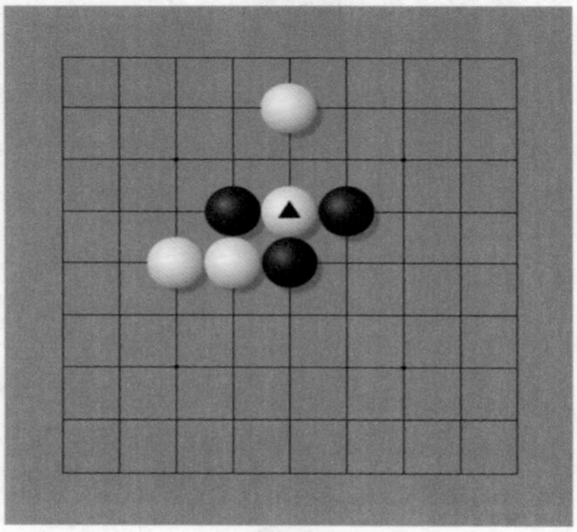

13

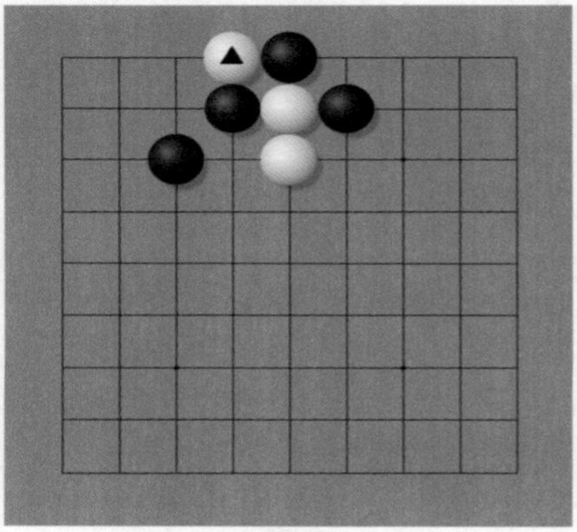

14

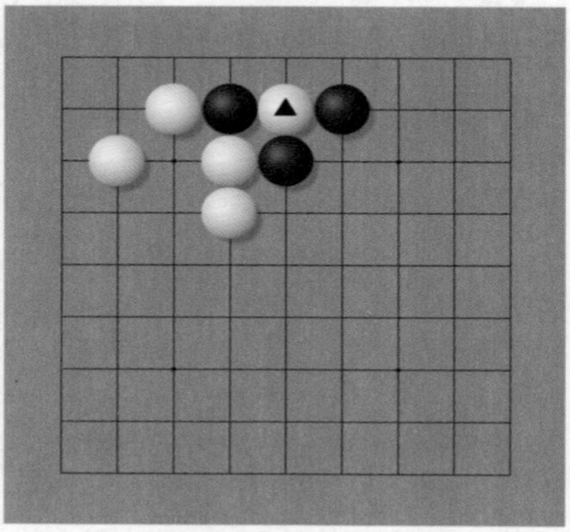

15

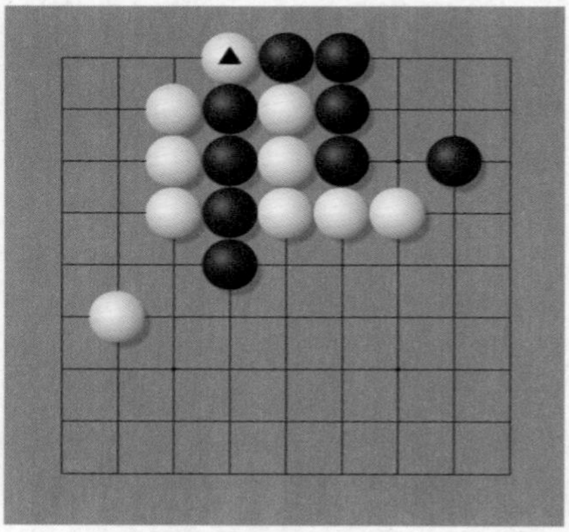

16

要提白棋▲，黑棋下在哪儿？

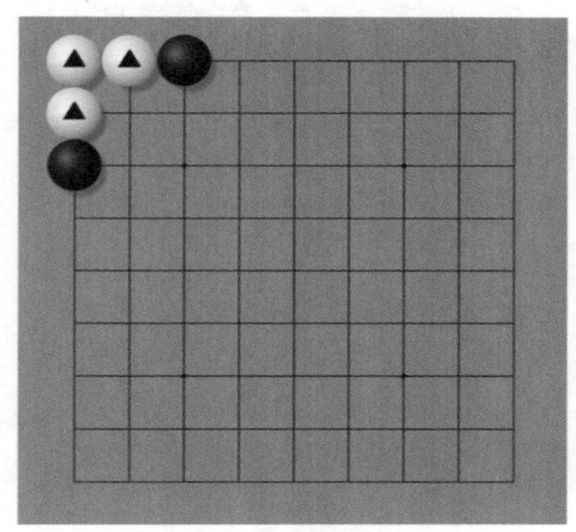

17

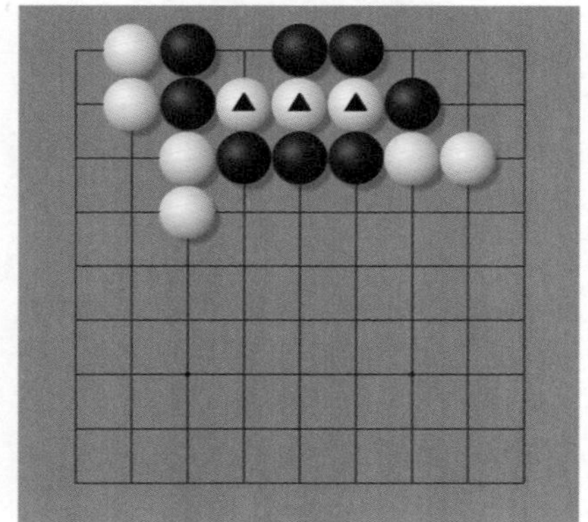

18

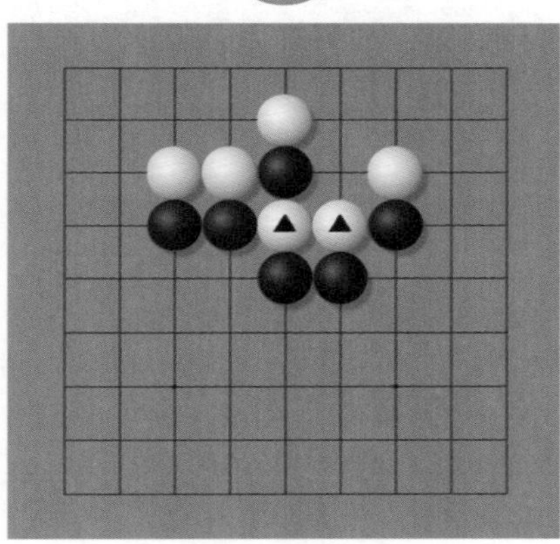

19

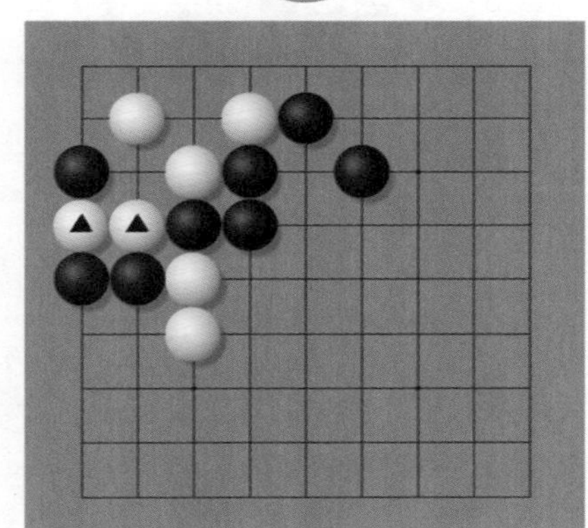

20

21

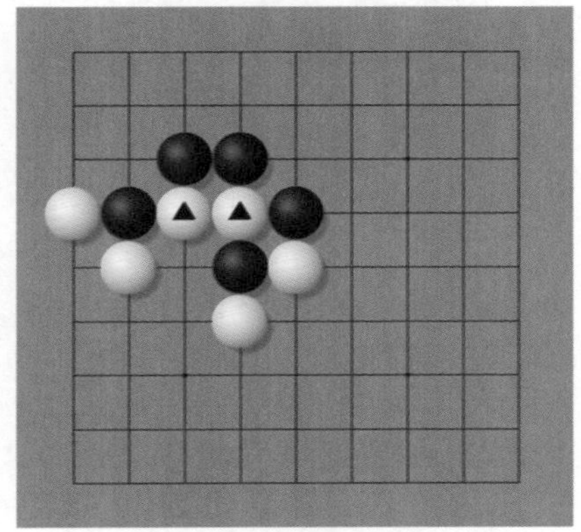

22

要提白棋▲，黑棋下在哪儿？

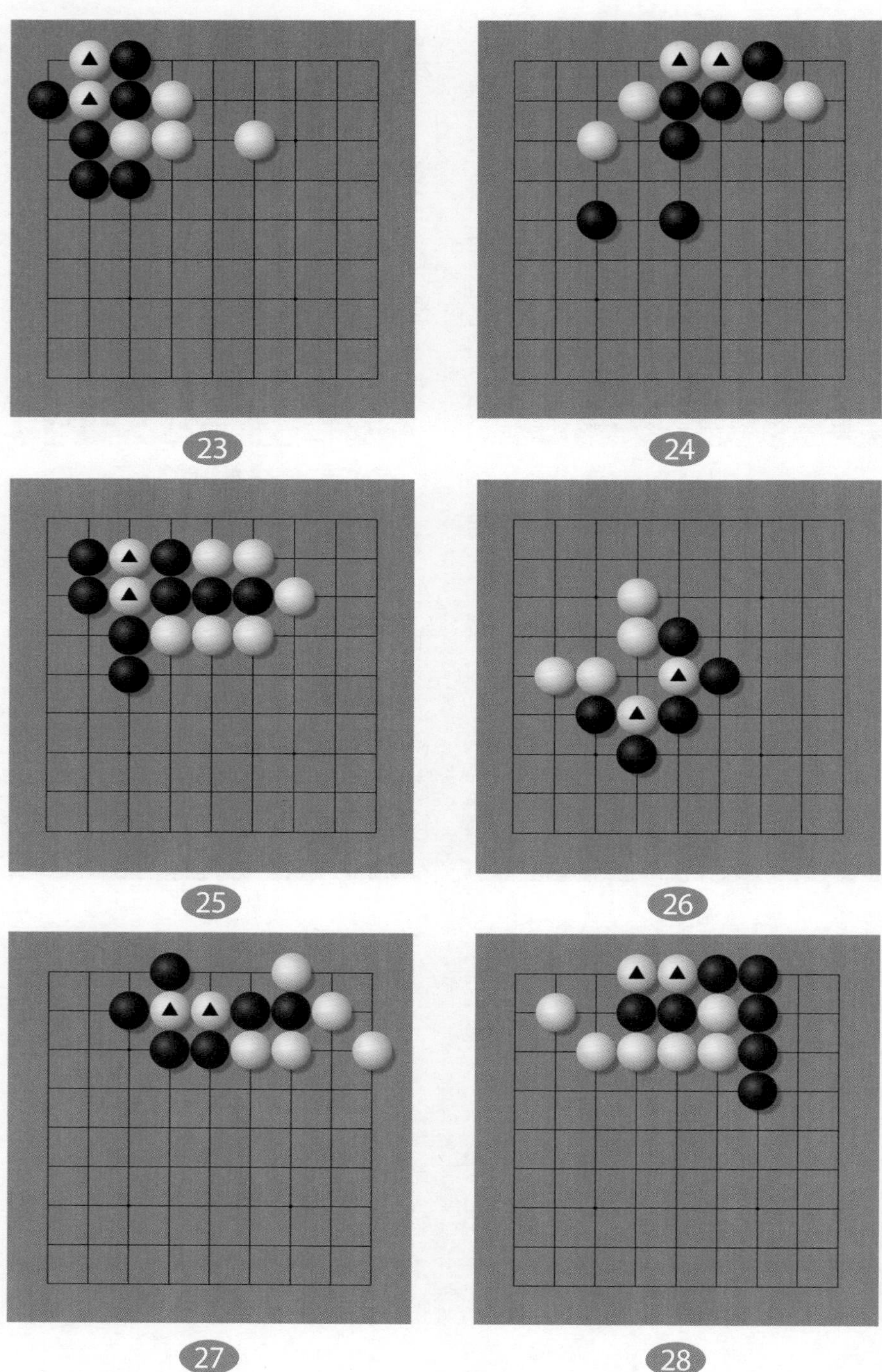

要提白棋▲，黑棋下在哪儿？

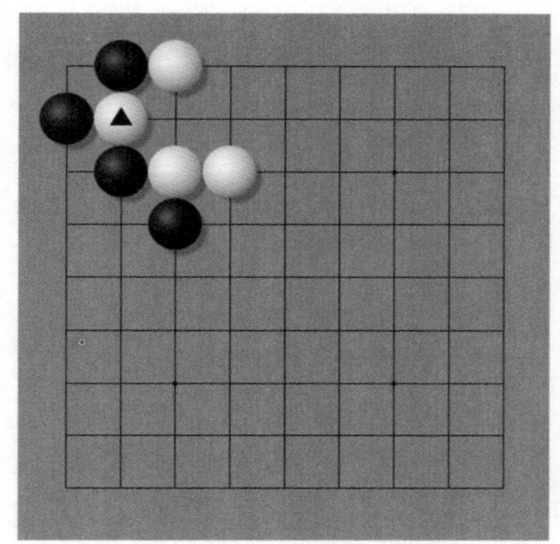

29

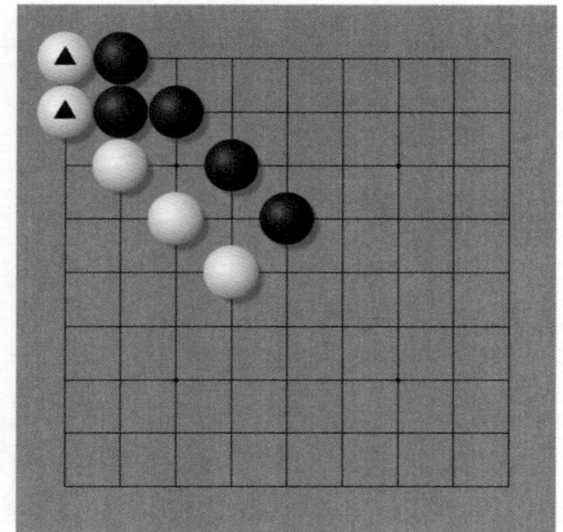

30

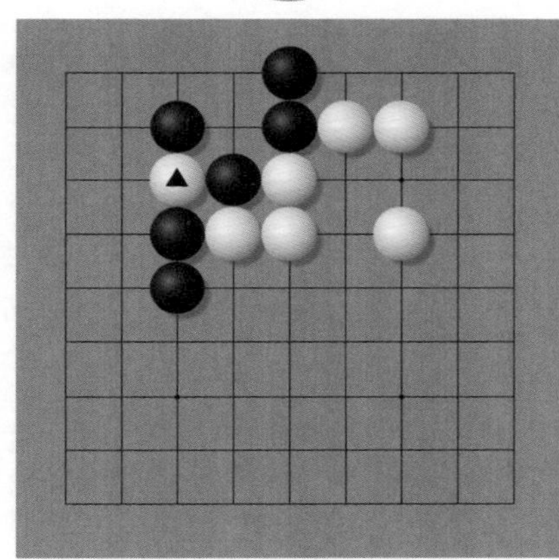

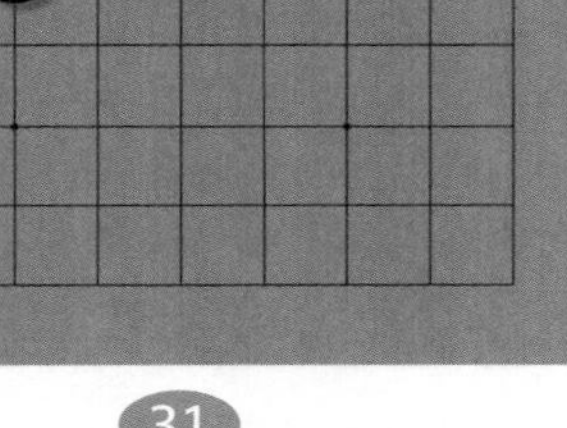

31

32

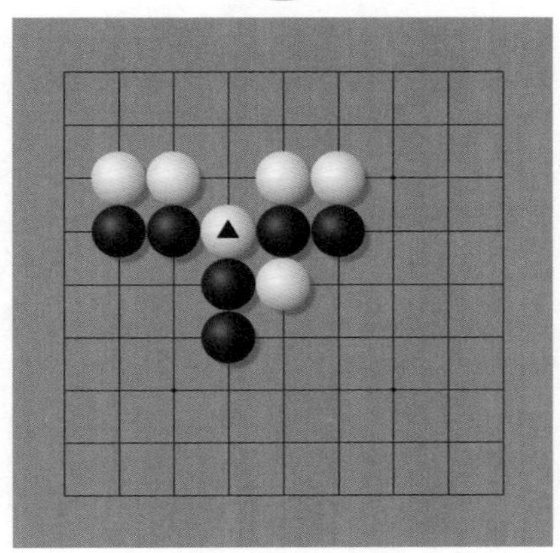

33

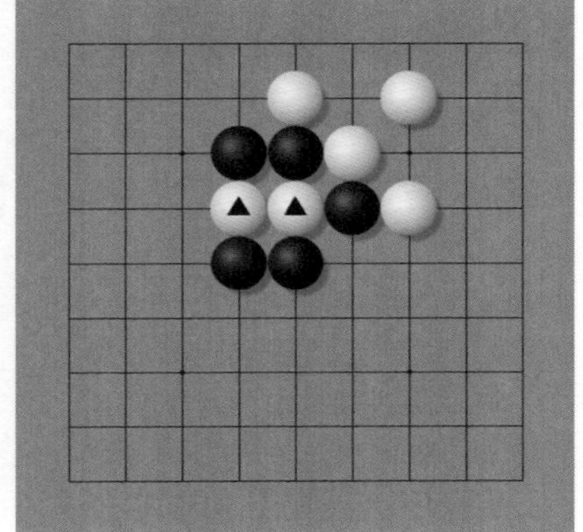

34

要提白棋▲，黑棋下在哪儿？

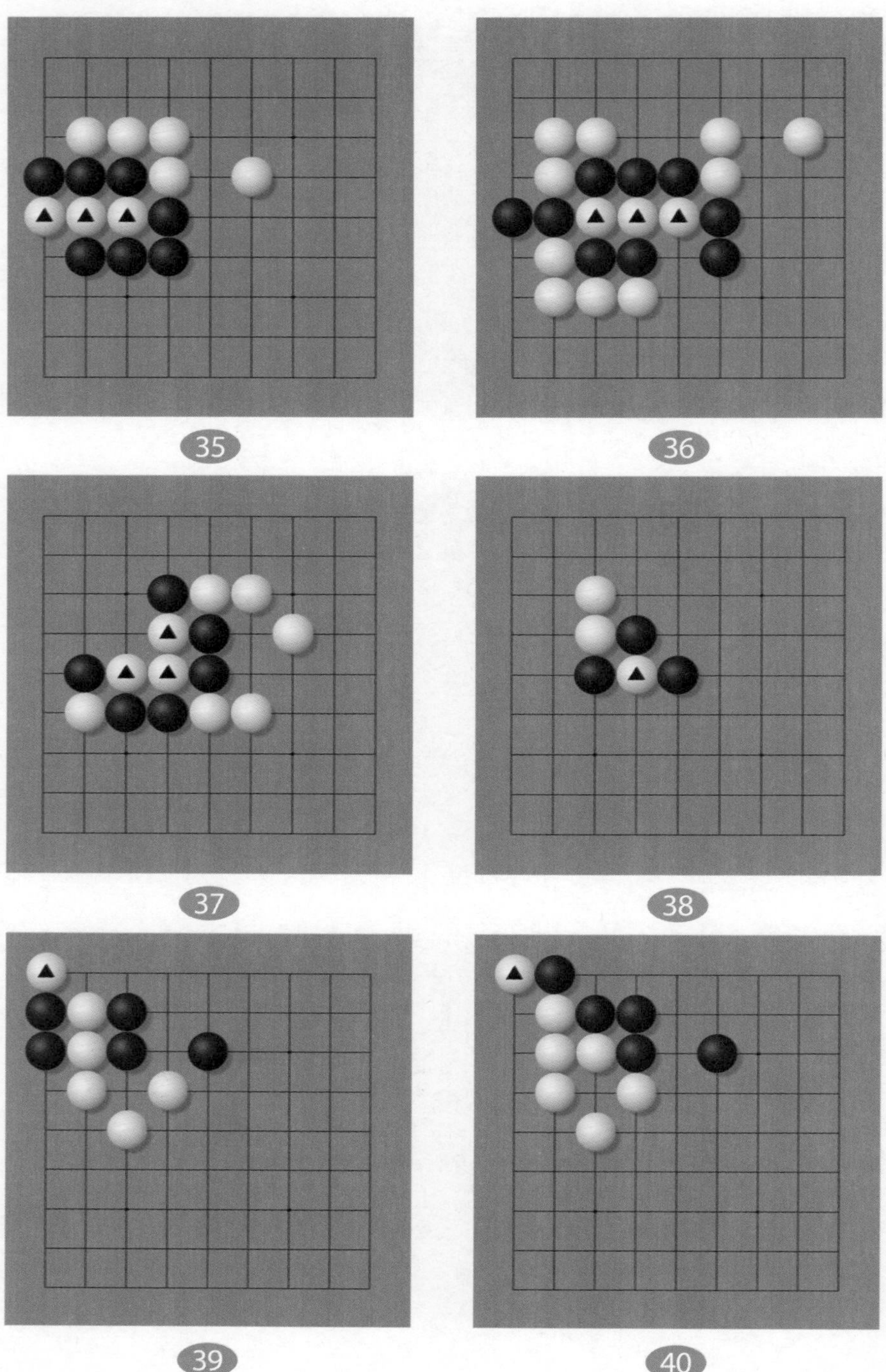

要提白棋▲，黑棋下在哪儿？

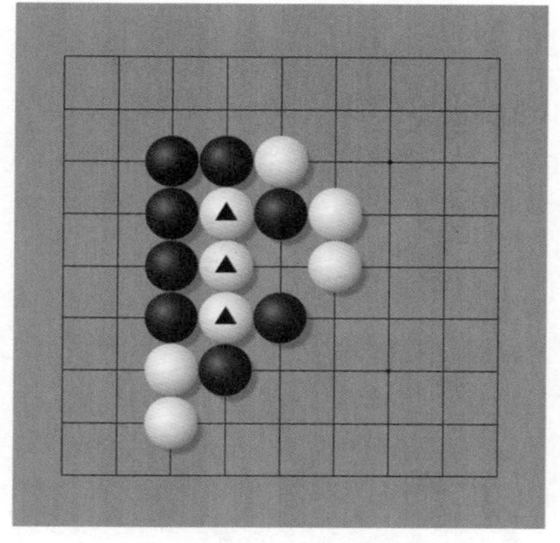
41

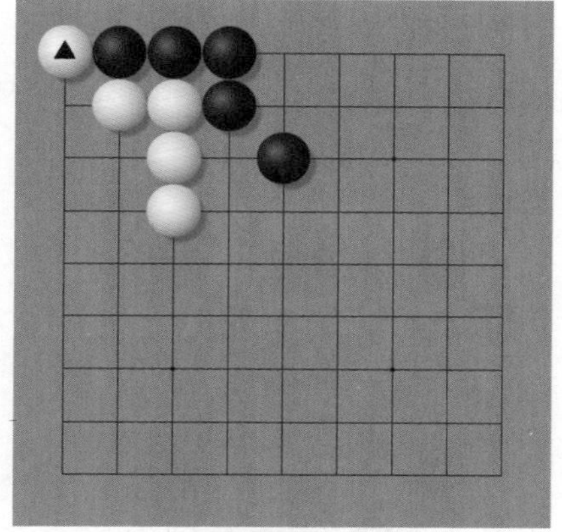
42

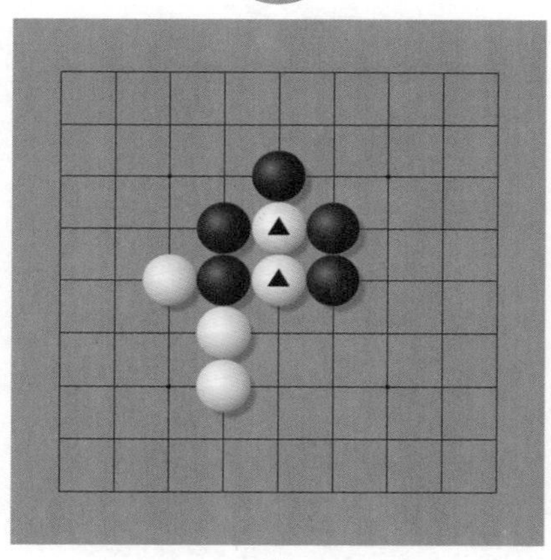
43

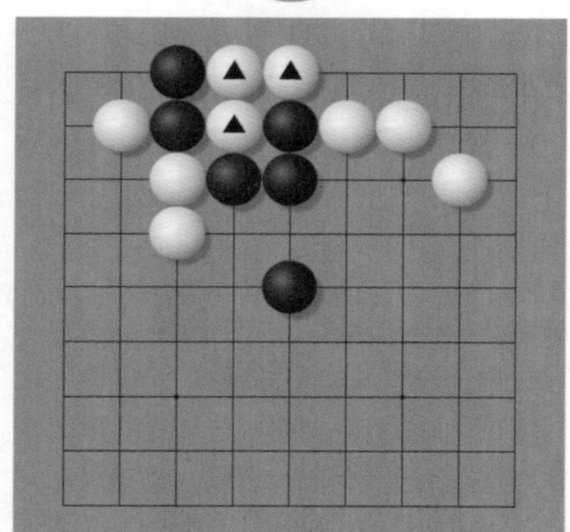
44

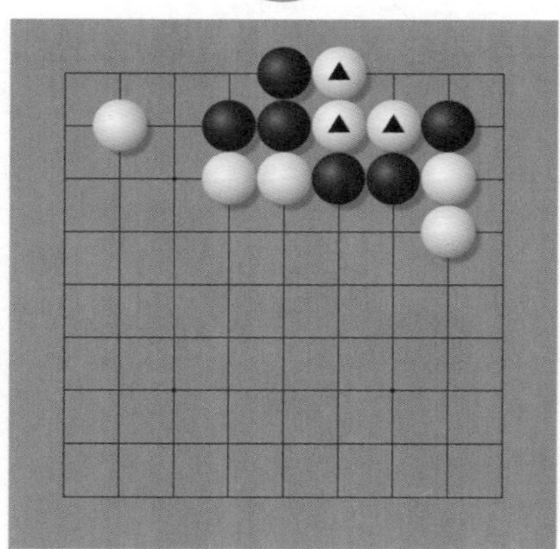
45

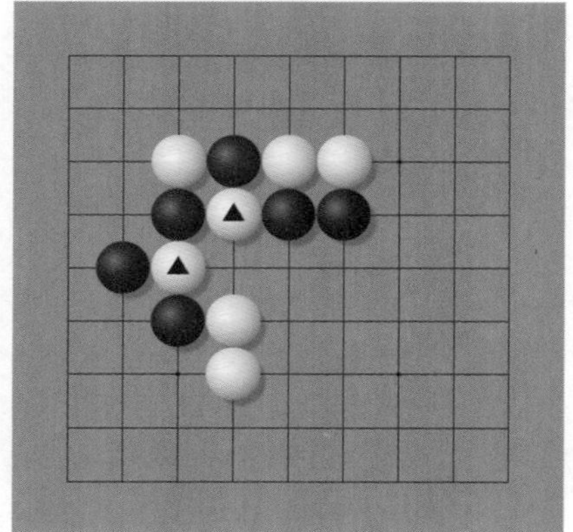
46

要提白棋▲，黑棋下在哪儿？

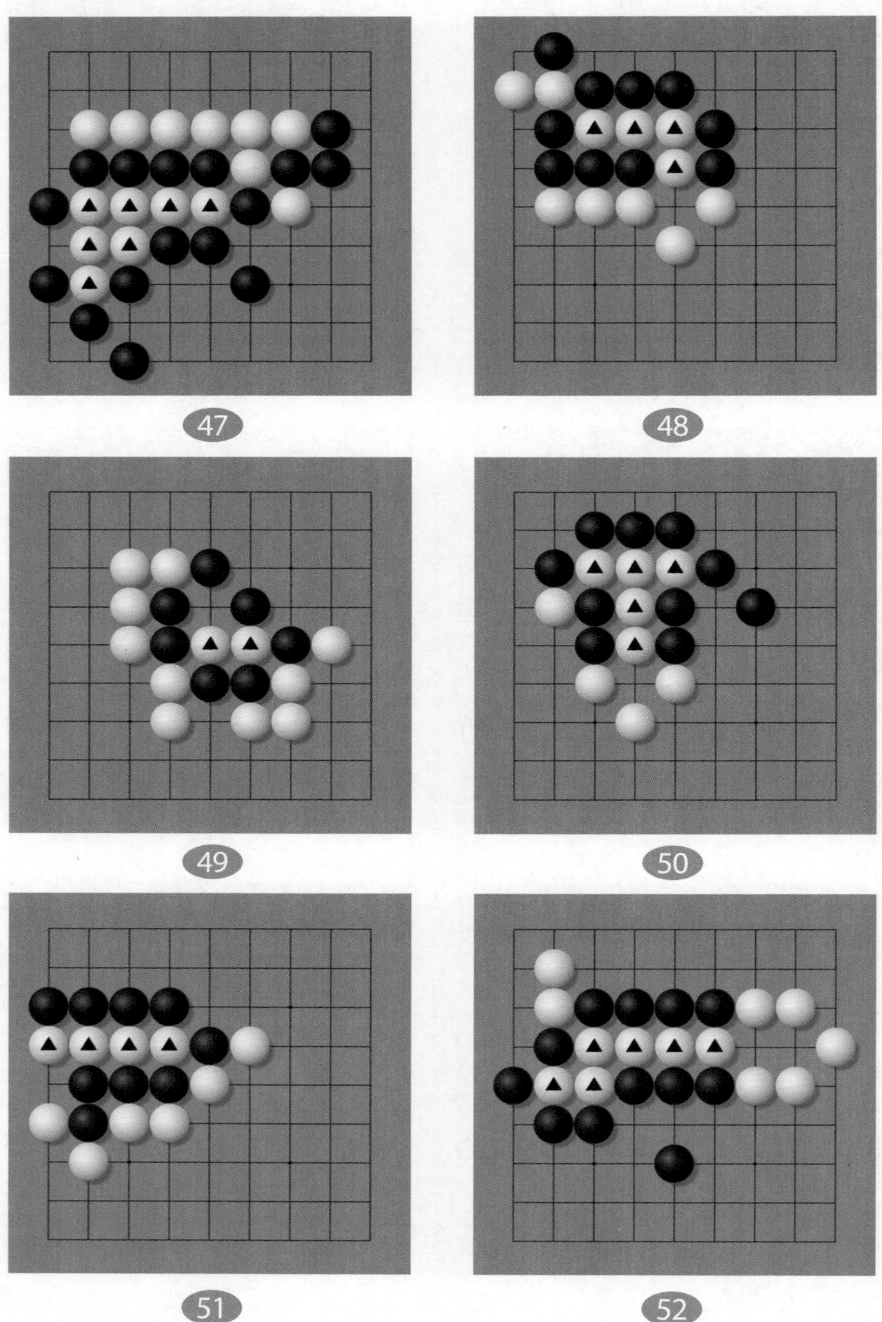

## 三 禁入点

在黑棋禁入点写 a，在白棋禁入点写 b。

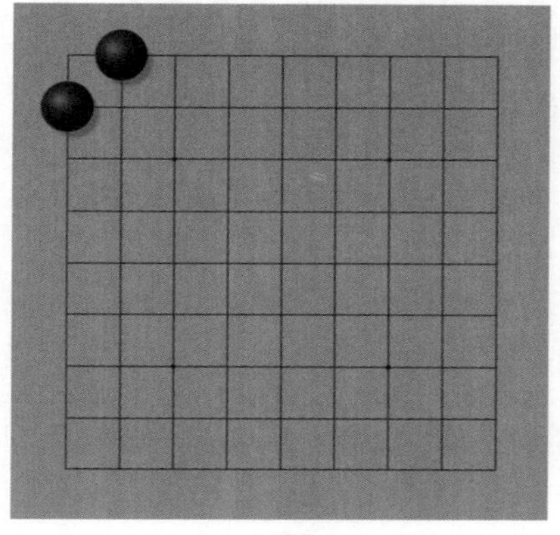
53

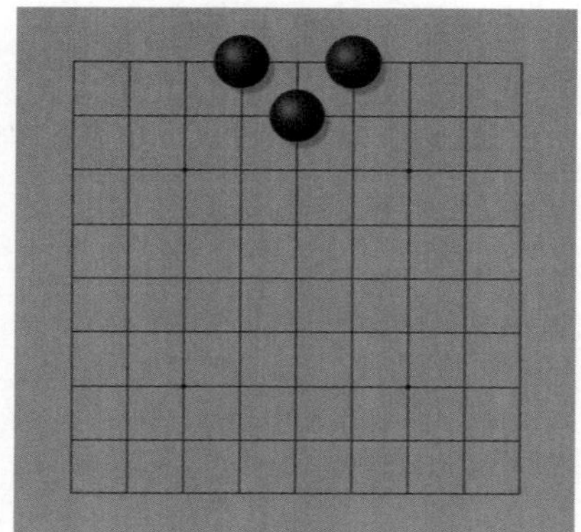
54

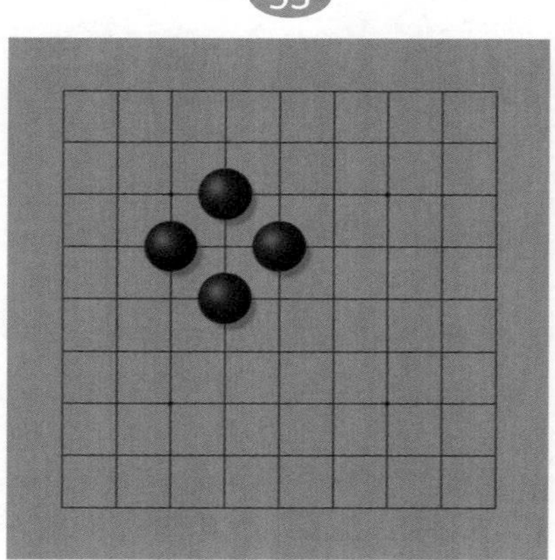
55

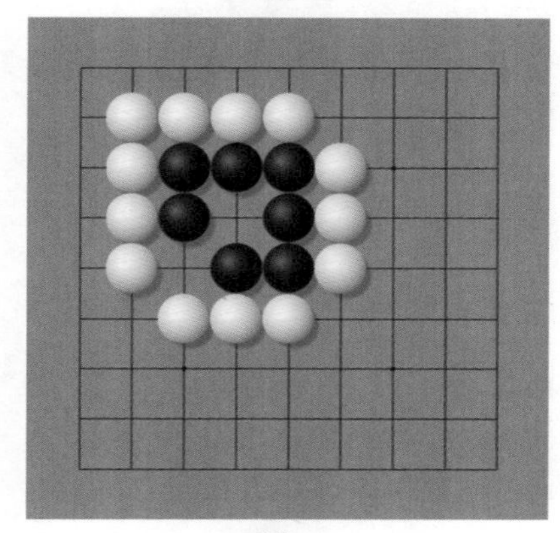
56

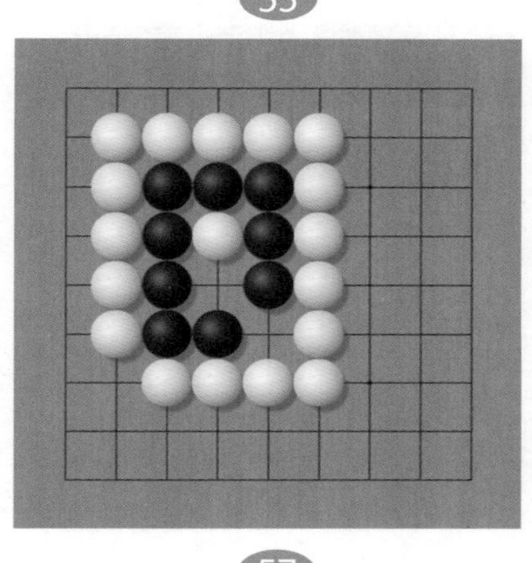
57

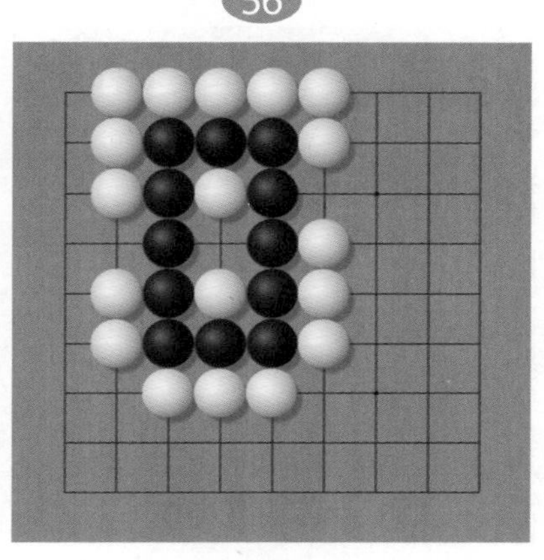
58

在黑棋禁入点写 a，在白棋禁入点写 b。

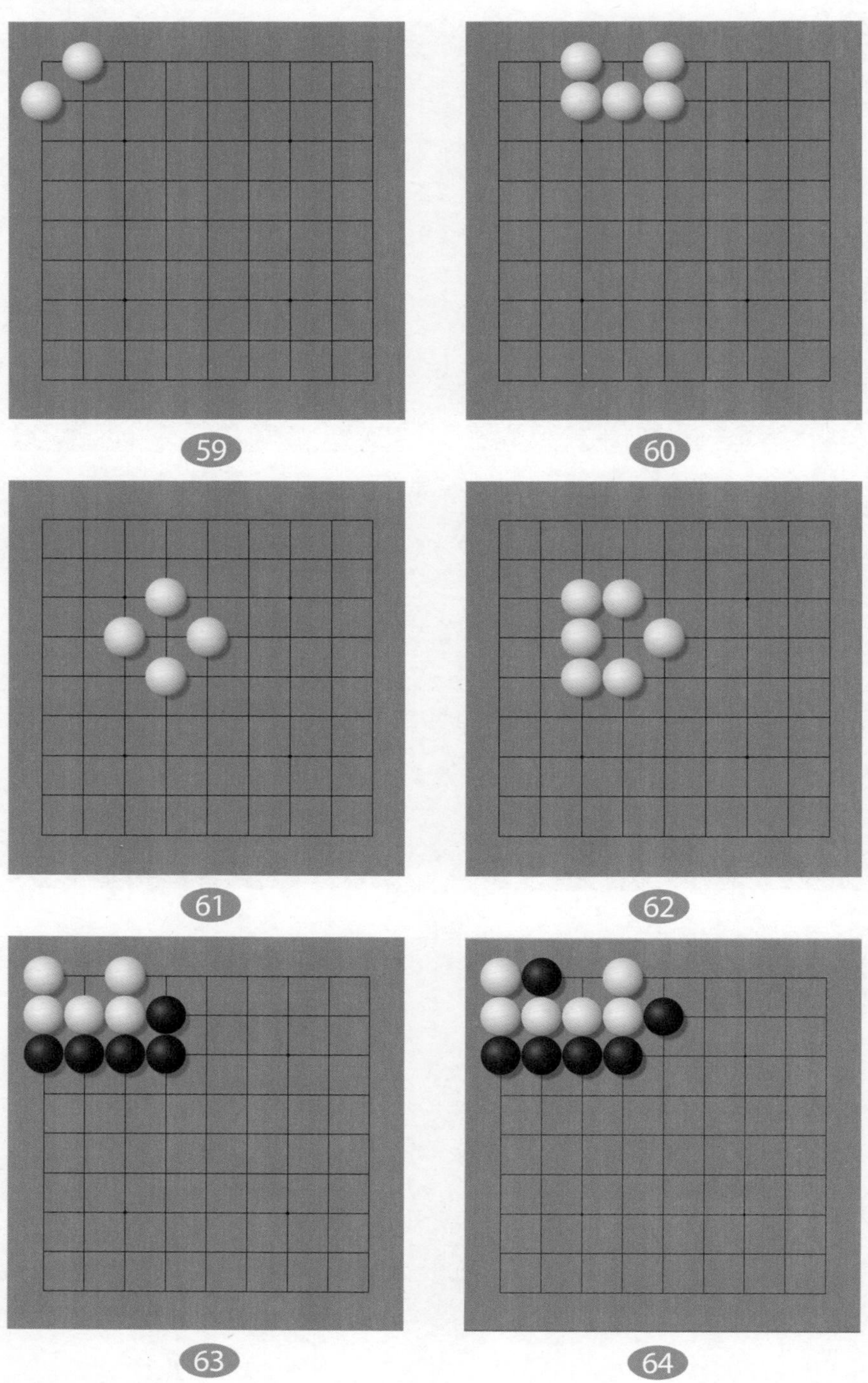

在黑棋禁入点写 a，在白棋禁入点写 b。

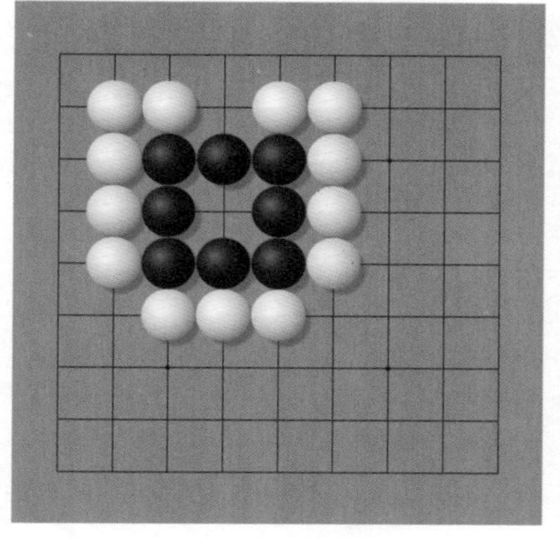

65

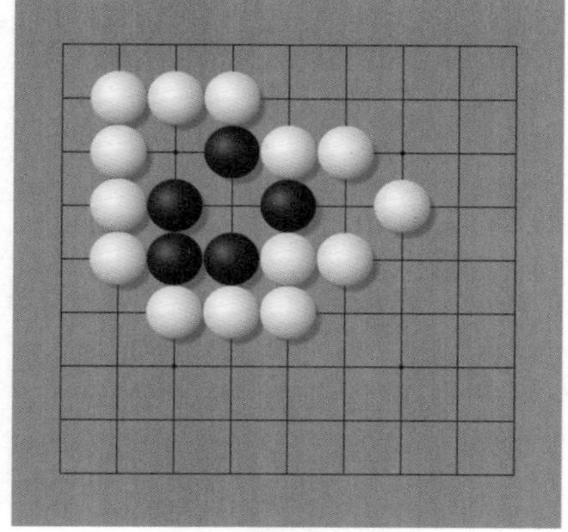

66

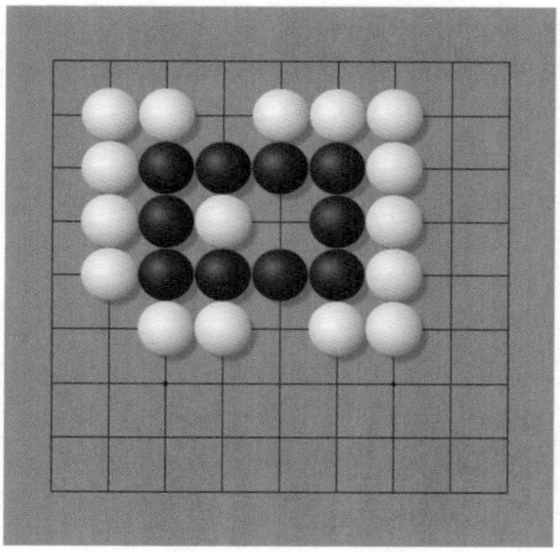

67

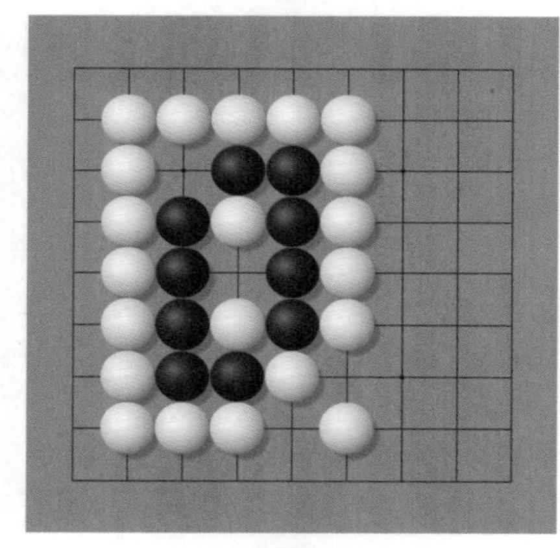

68

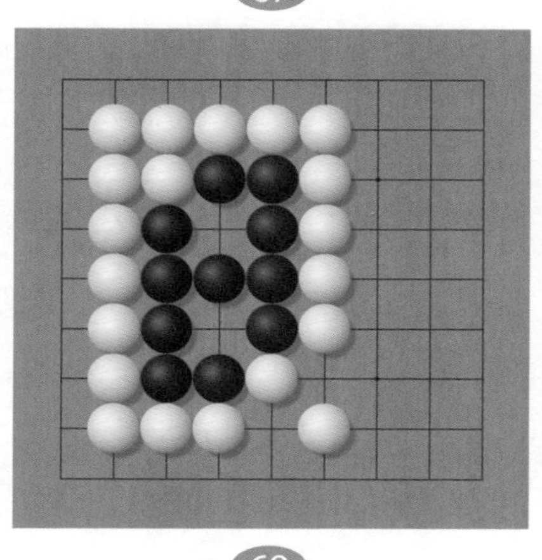

69

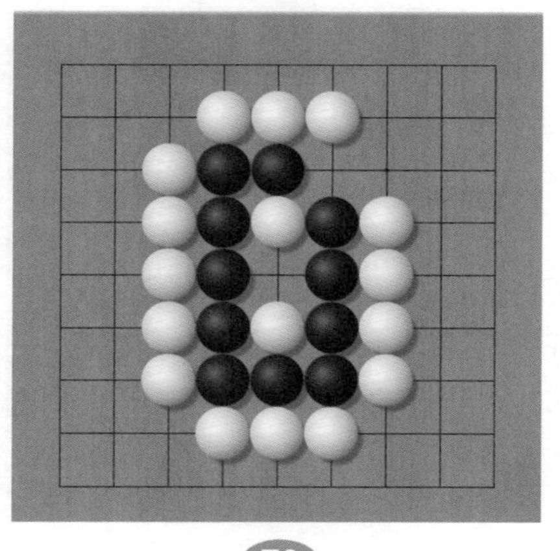

70

在黑棋禁入点写 a，在白棋禁入点写 b。

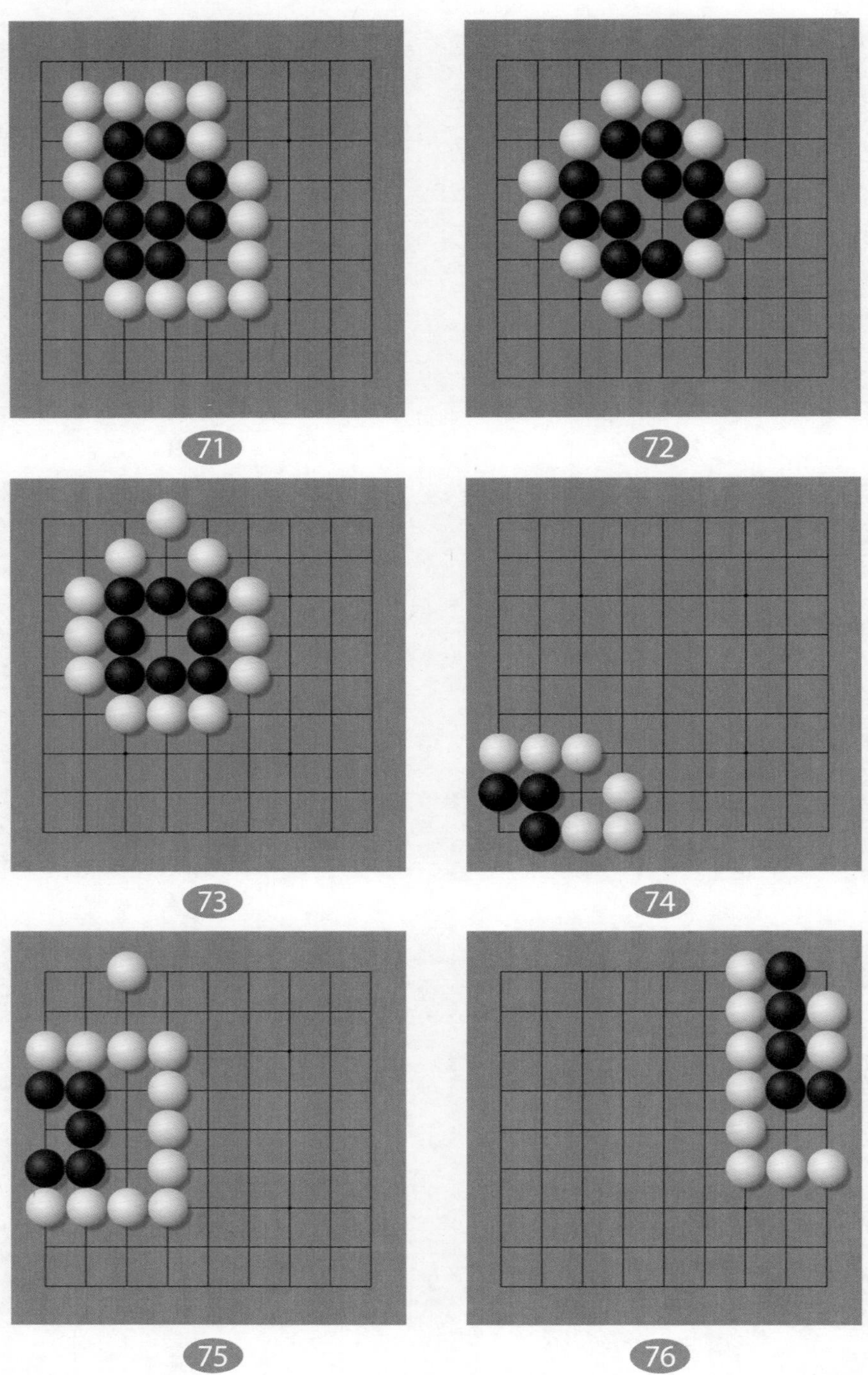

在黑棋禁入点写 a，在白棋禁入点写 b。

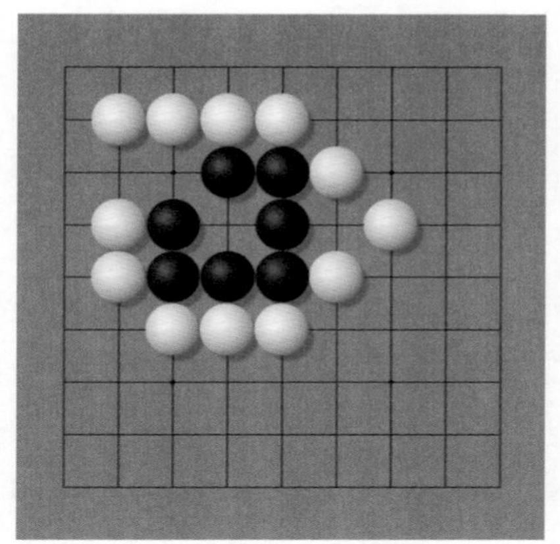

77

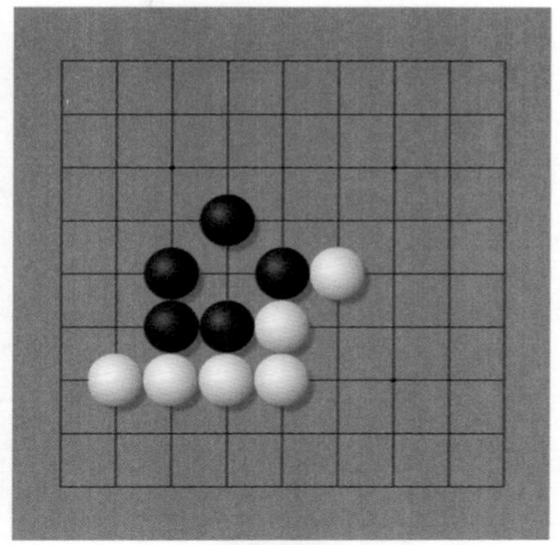

78

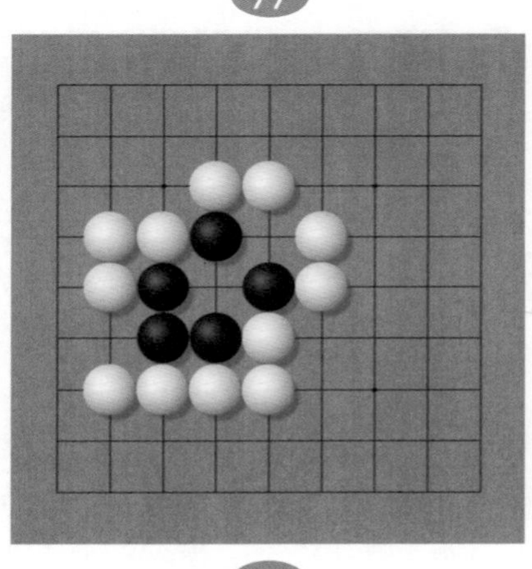

79

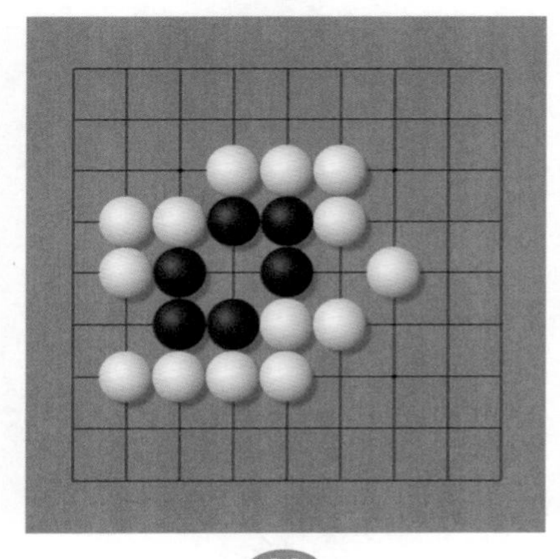

80

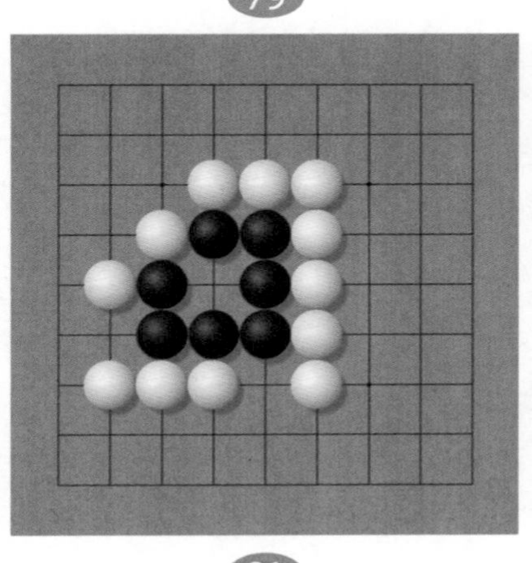

81

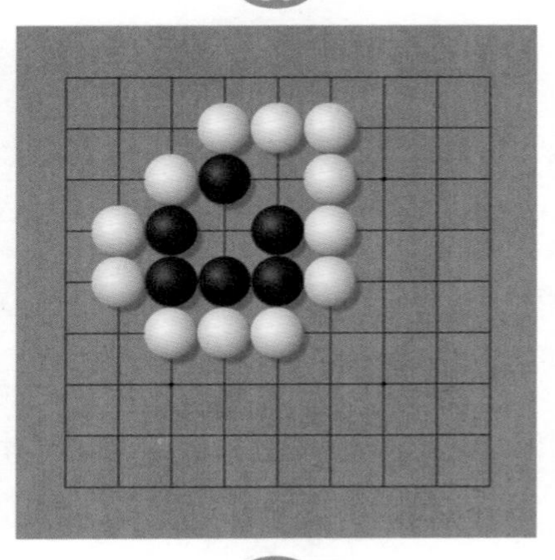

82

在黑棋禁入点写 a，在白棋禁入点写 b。

83 84 85 86 87 88

在黑棋禁入点写 a，在白棋禁入点写 b。

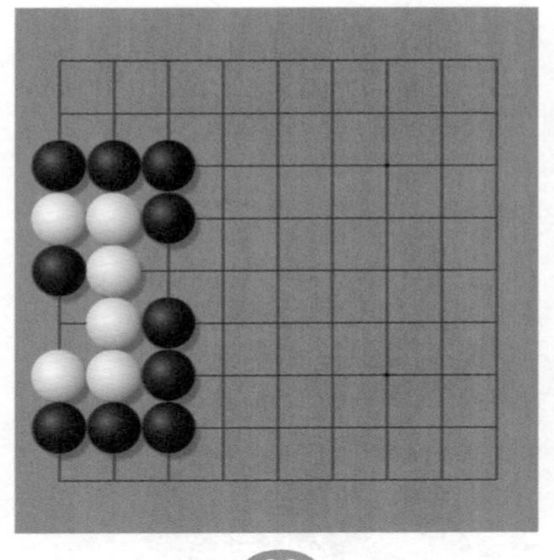
89

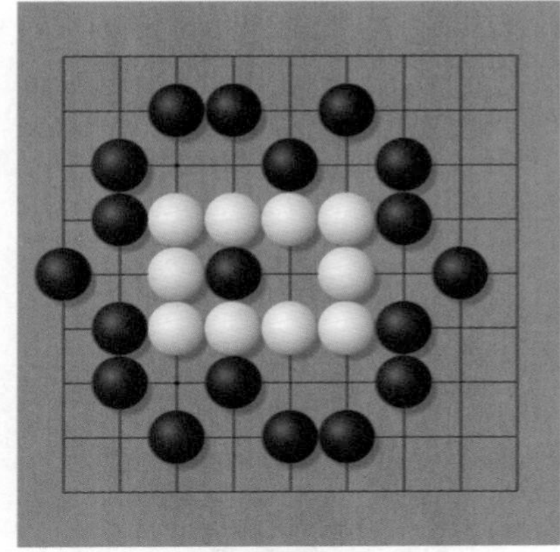
90

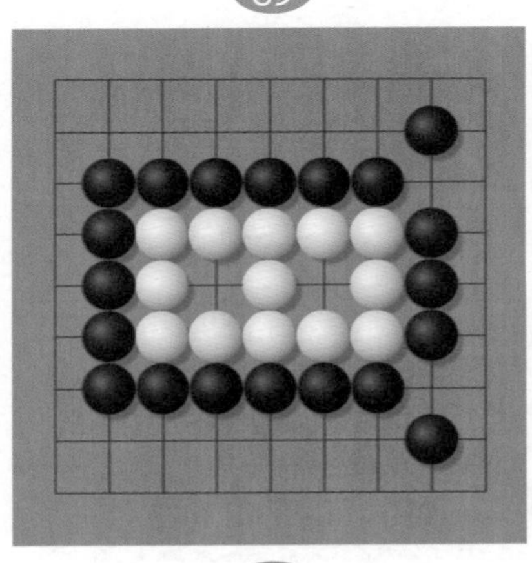
91

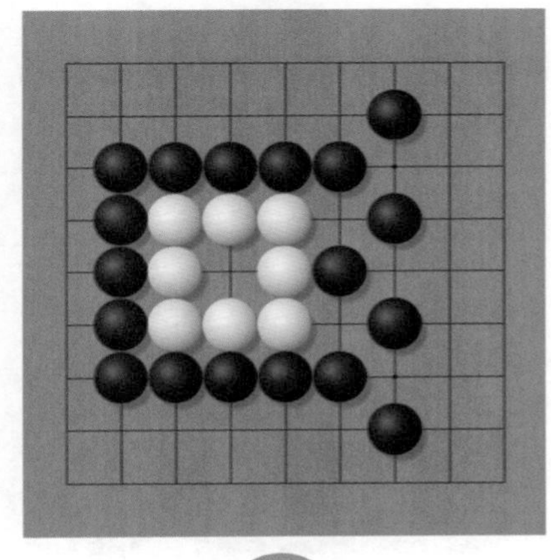
92

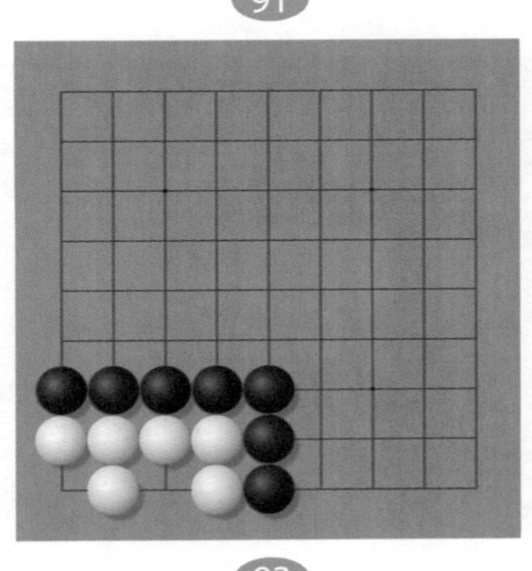
93

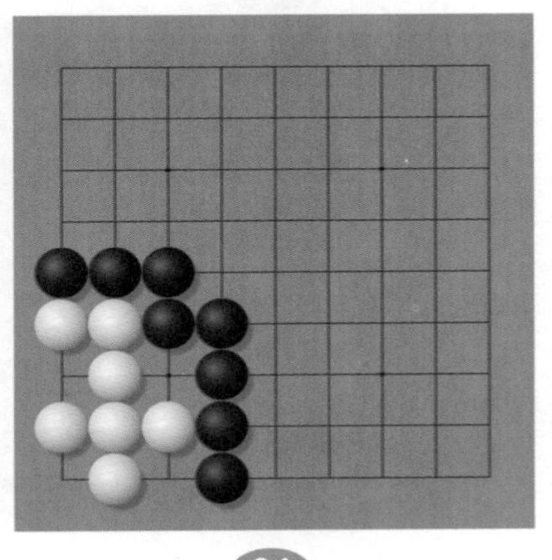
94

在黑棋禁入点写 a，在白棋禁入点写 b。

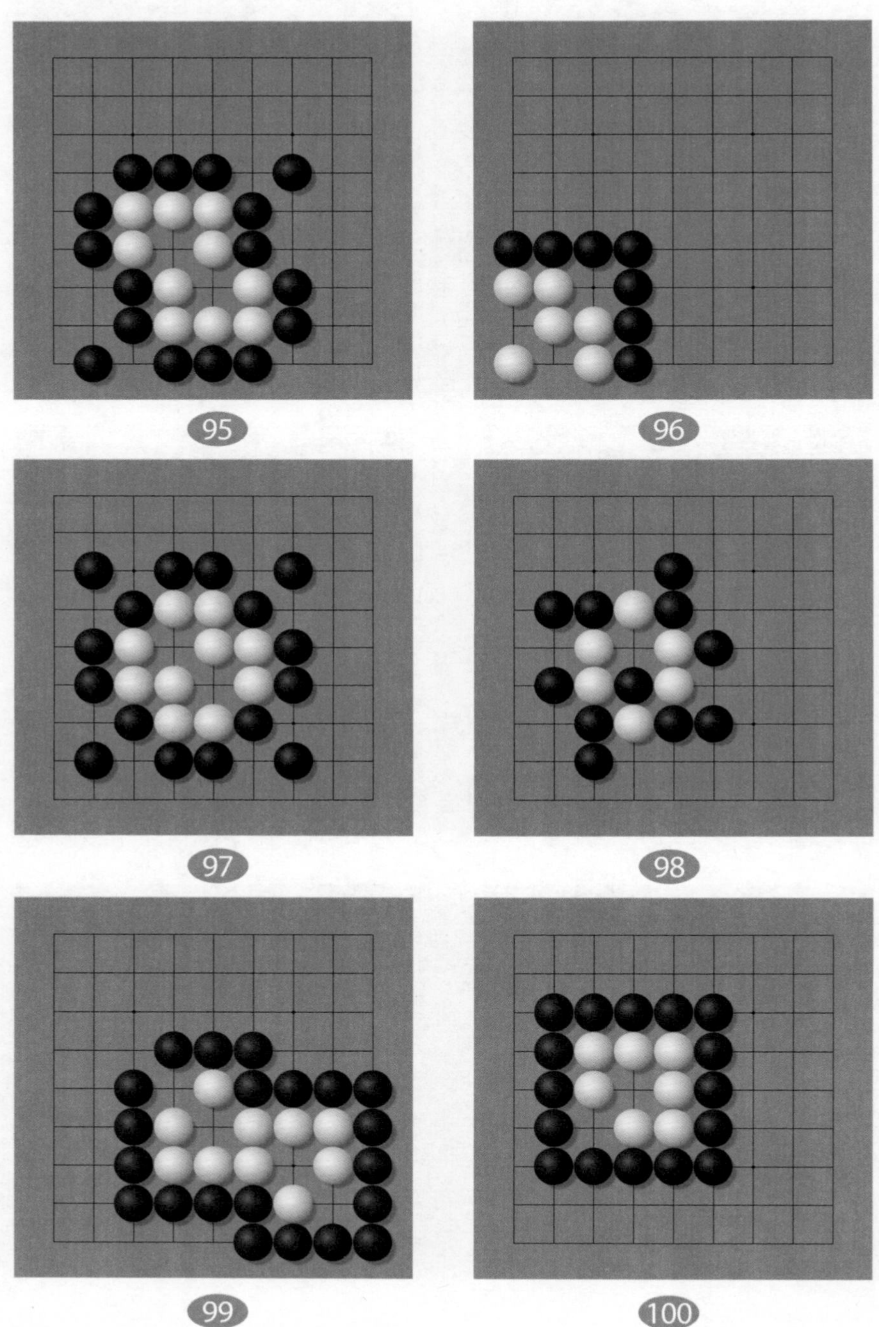

## 四 打吃

黑先，打吃白棋▲，请用"✗"表示出来。

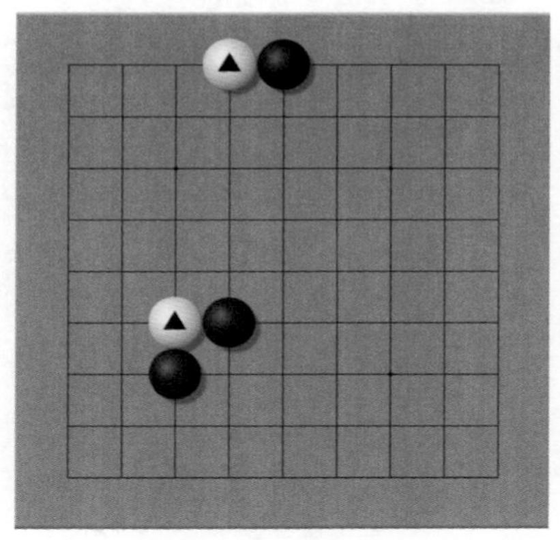

101

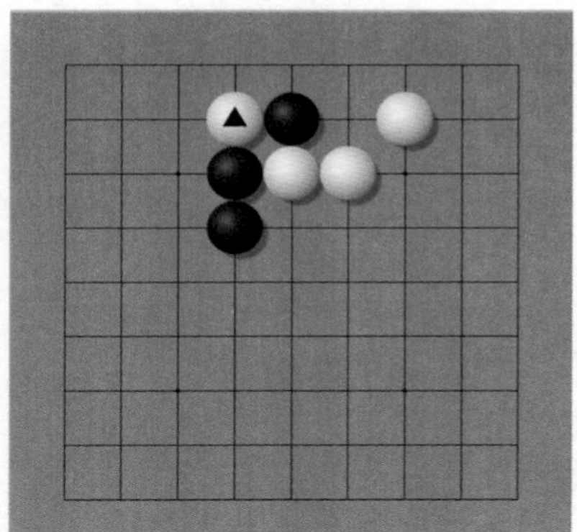

102

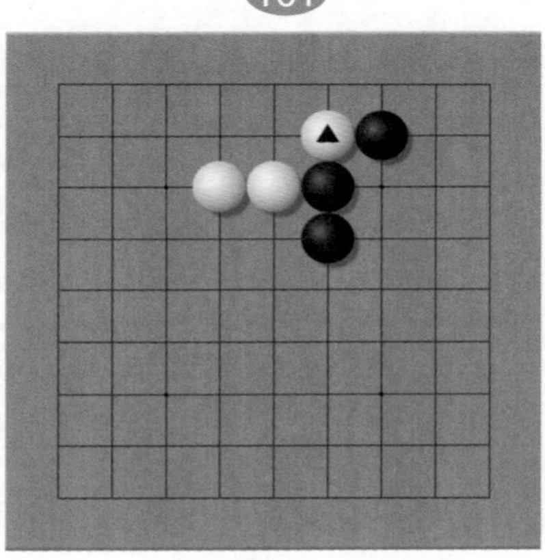

103

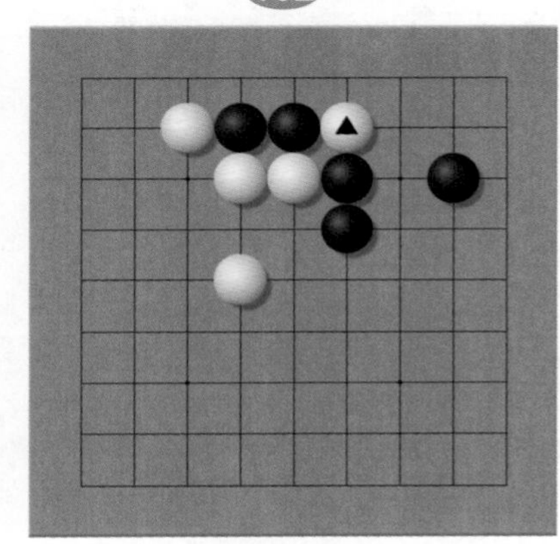

104

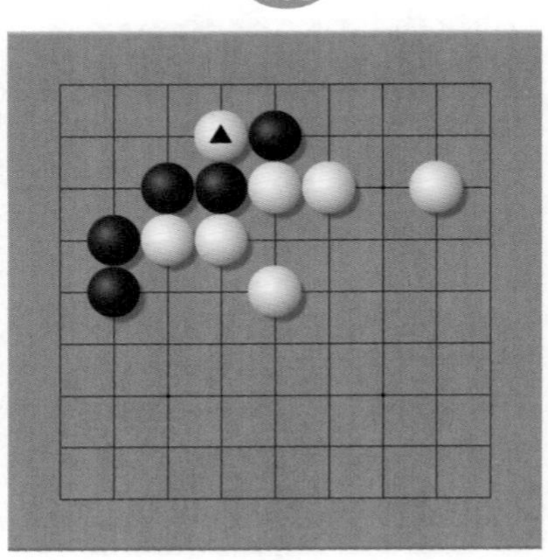

105

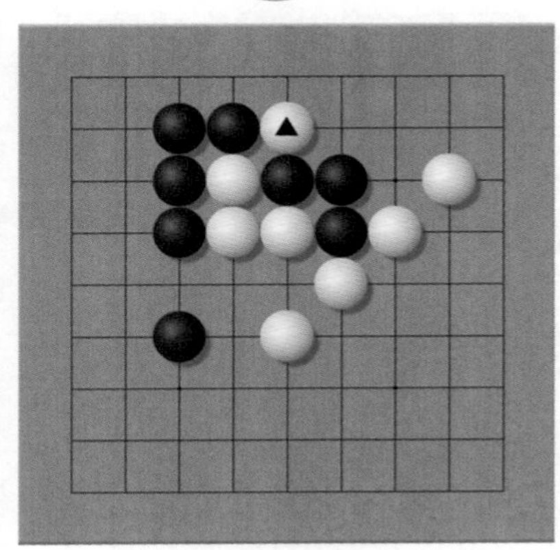

106

黑先，打吃白棋▲，请用“✗”表示出来。

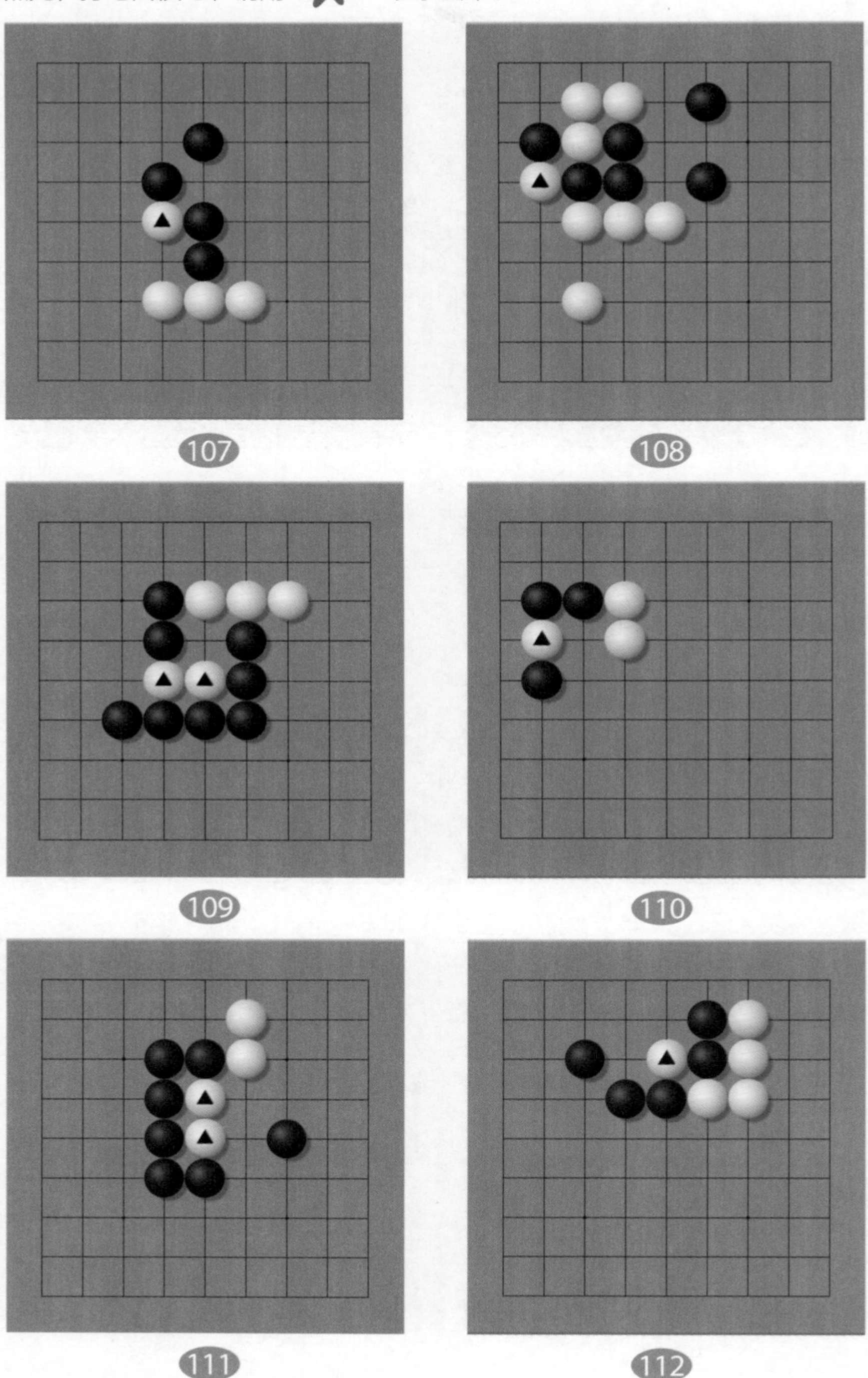

黑先，打吃白棋▲，请用"✗"表示出来。

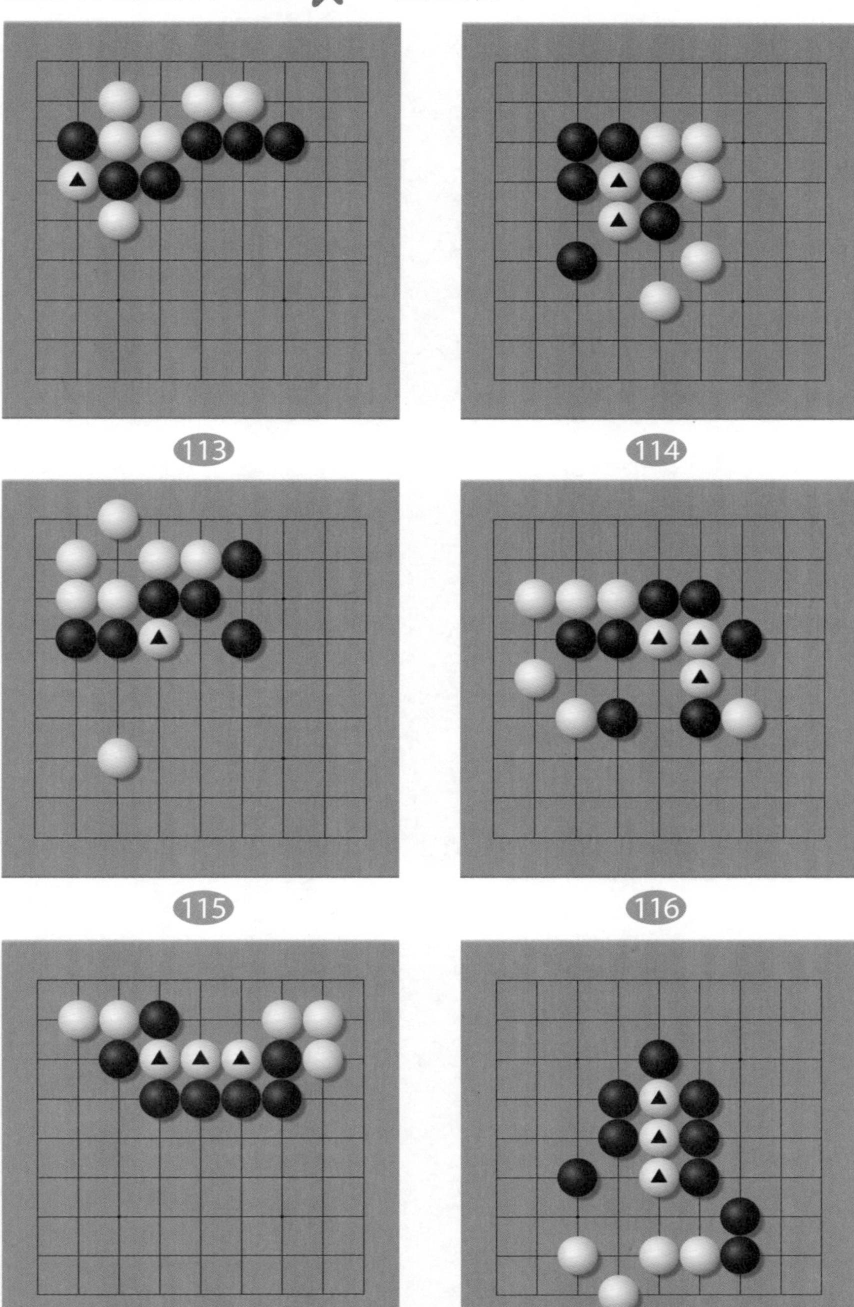

黑先，打吃白棋▲，请用"✗"表示出来。

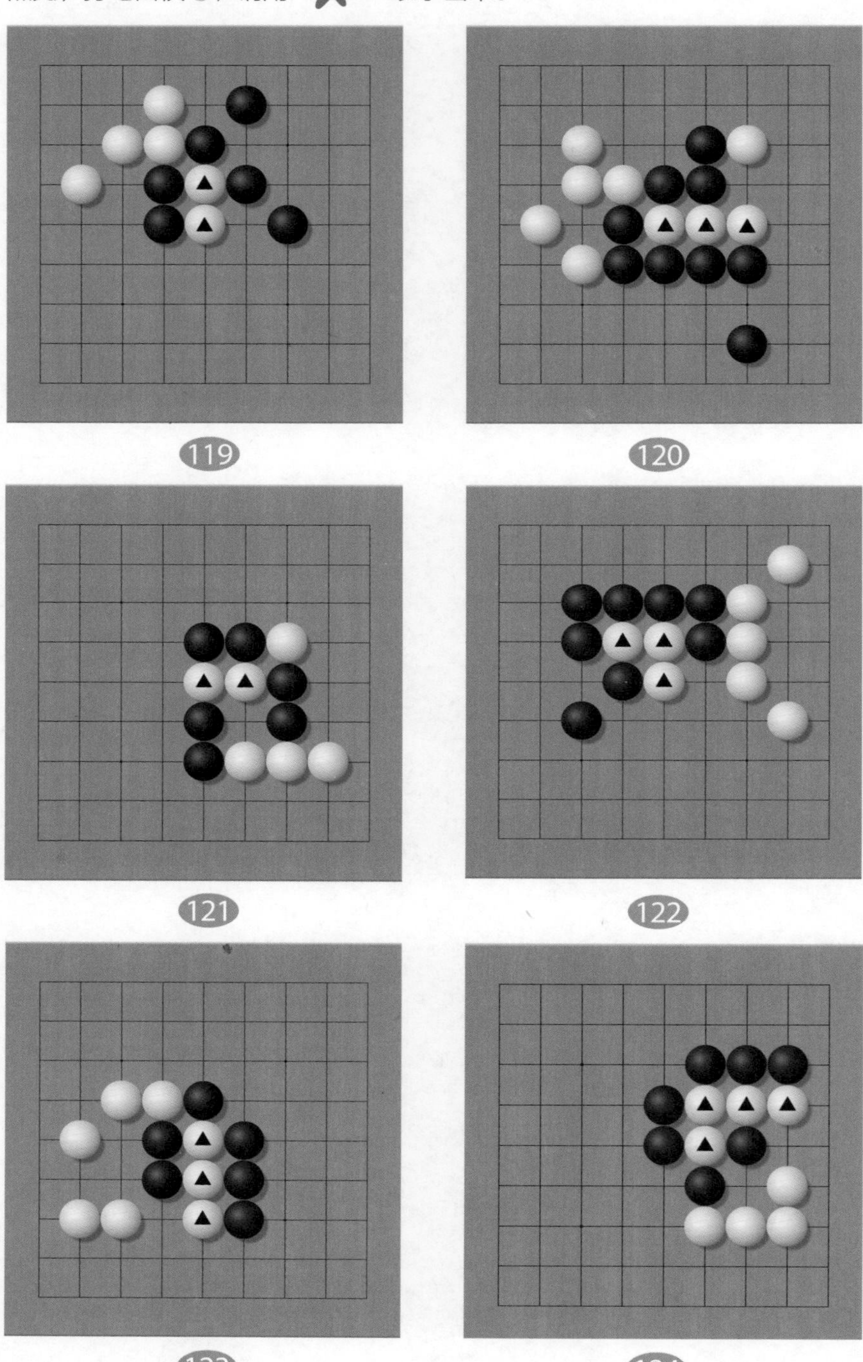

119　120　121　122　123　124

黑先，打吃白棋▲，请用“✗”表示出来。

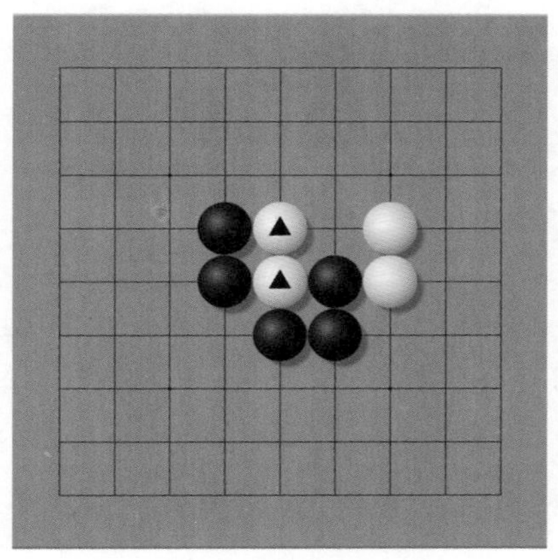

125

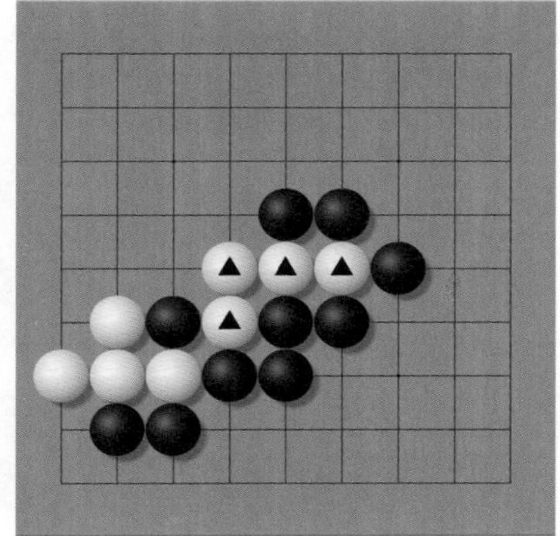
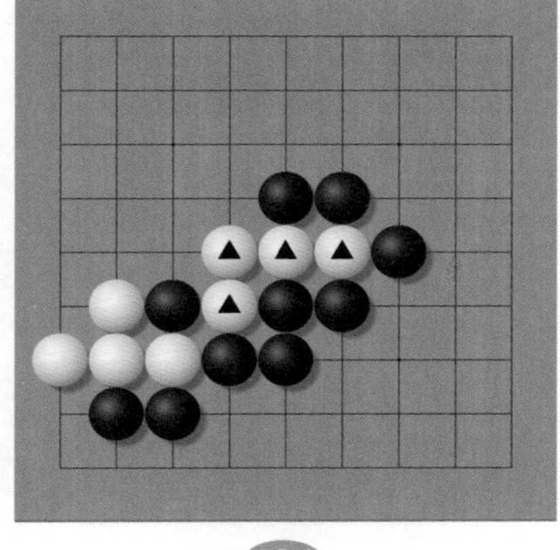

126

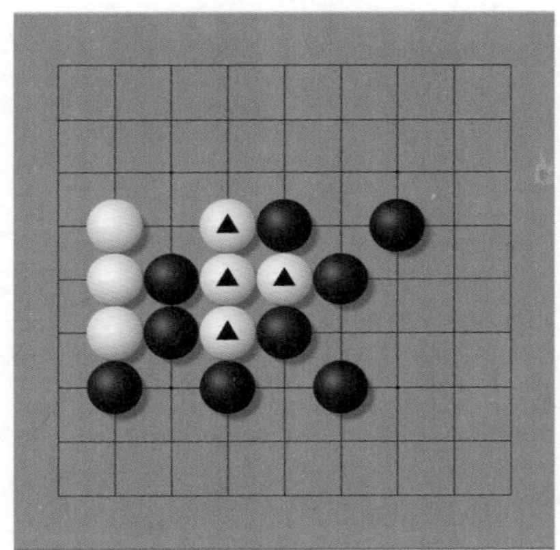

127

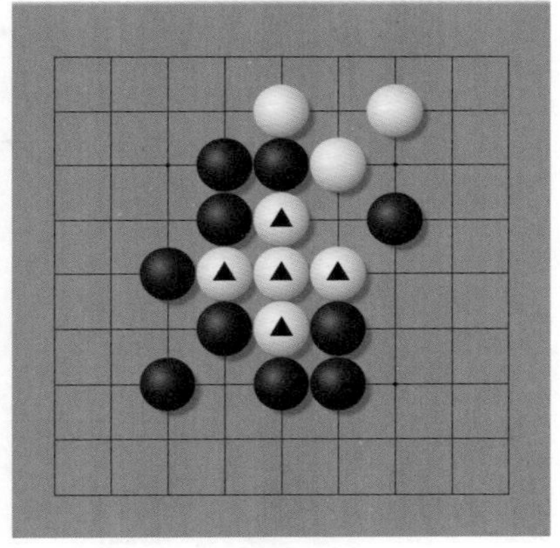

128

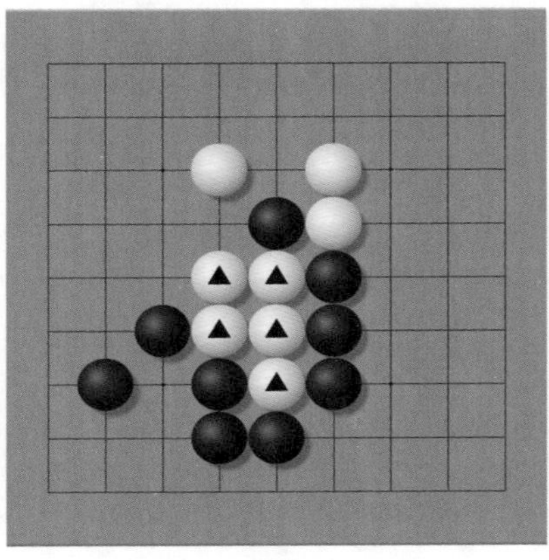

129

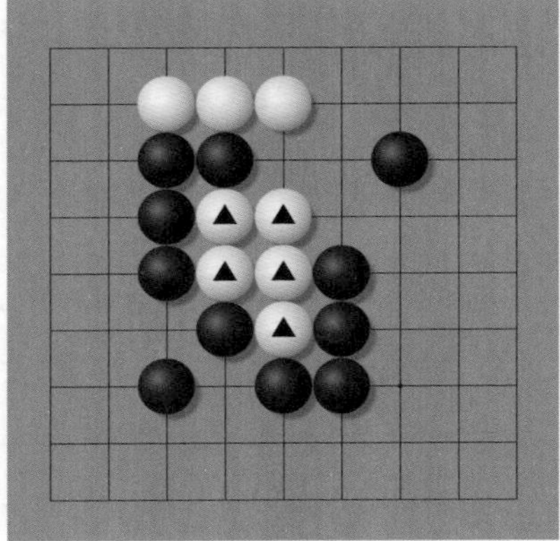

130

黑先，打吃白棋▲，请用“✗”表示出来。

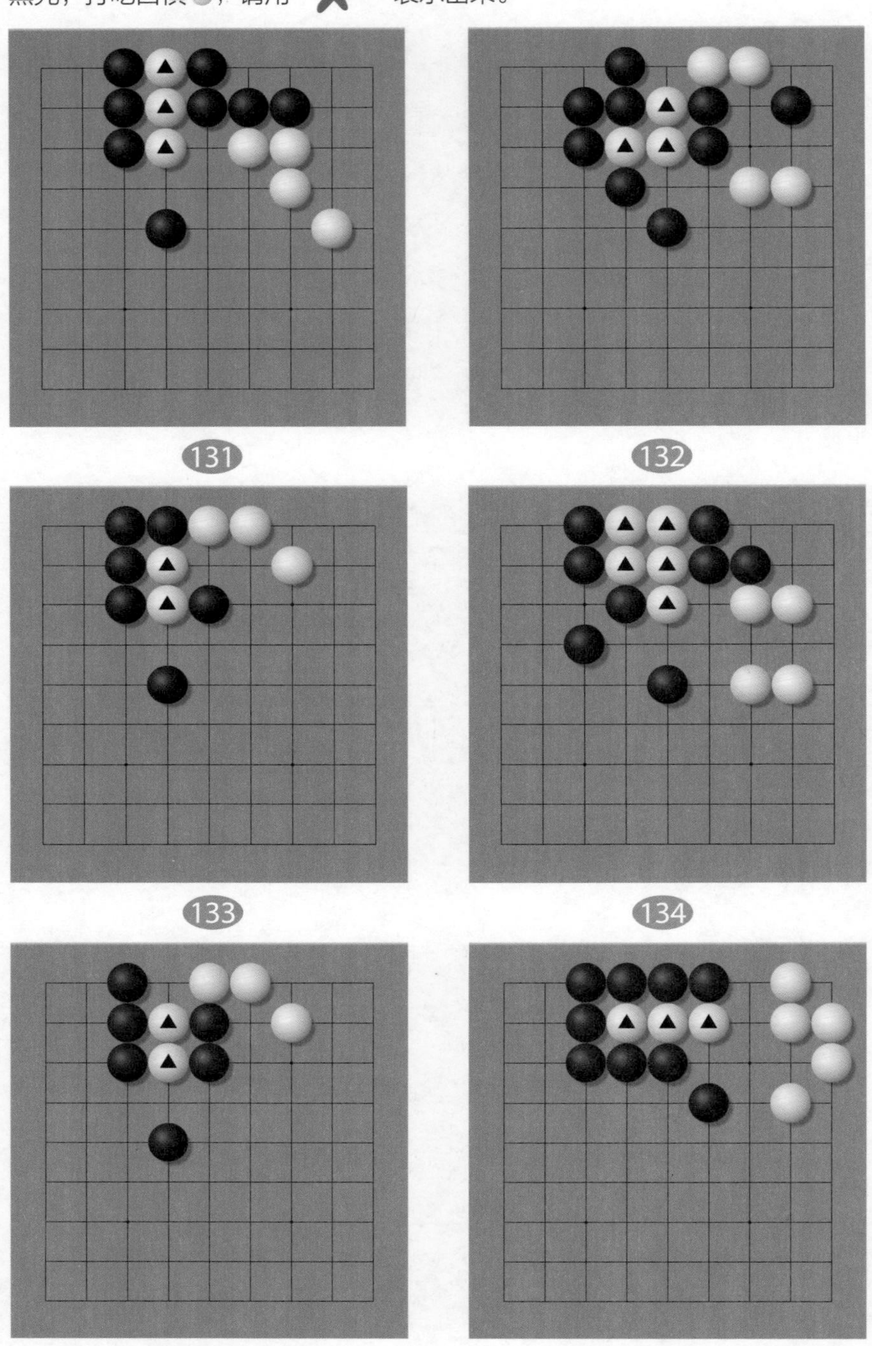

黑先，打吃白棋▲，请用“✗”表示出来。

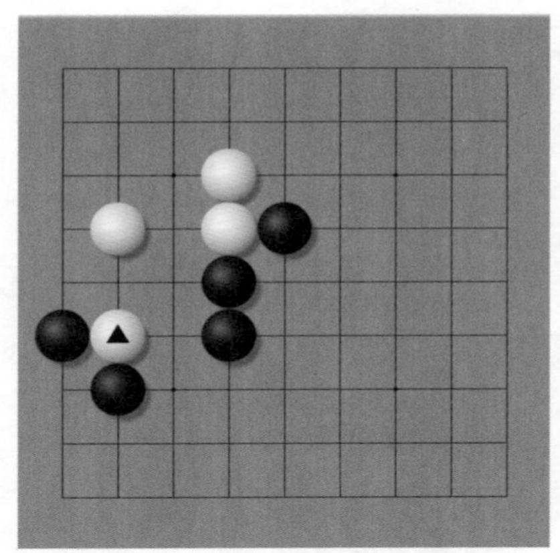

137

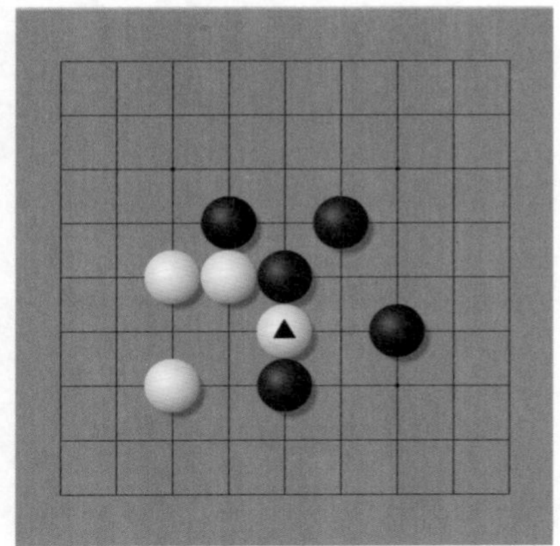

138

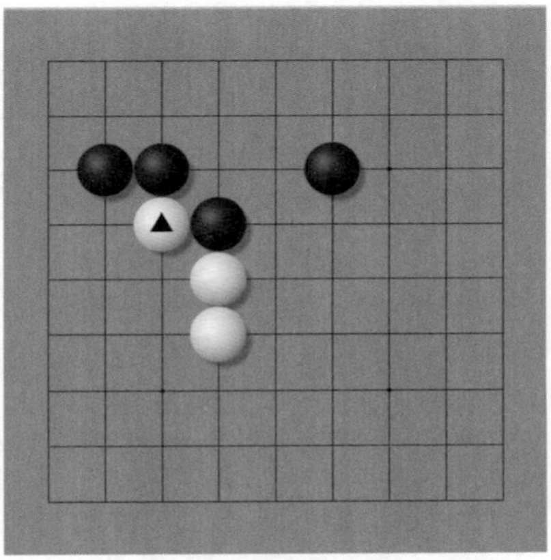

139

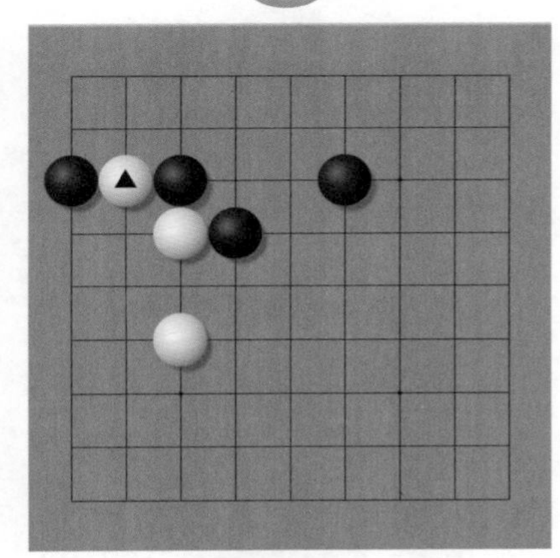

140

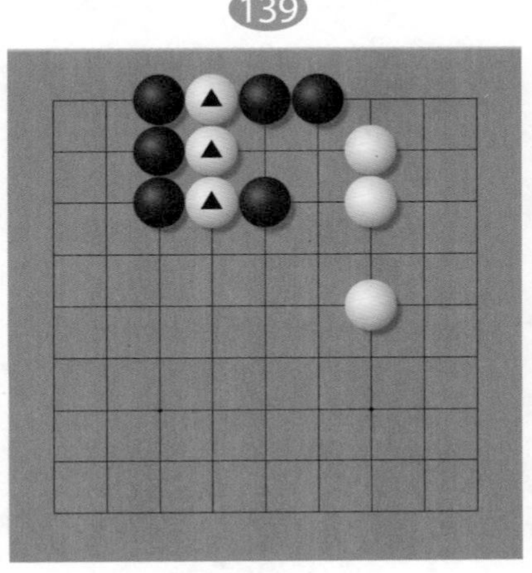

141

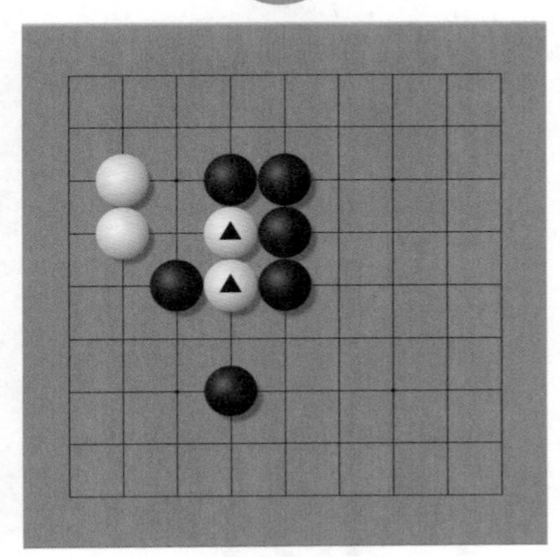

142

黑先，打吃白棋▲，请用"✗"表示出来。

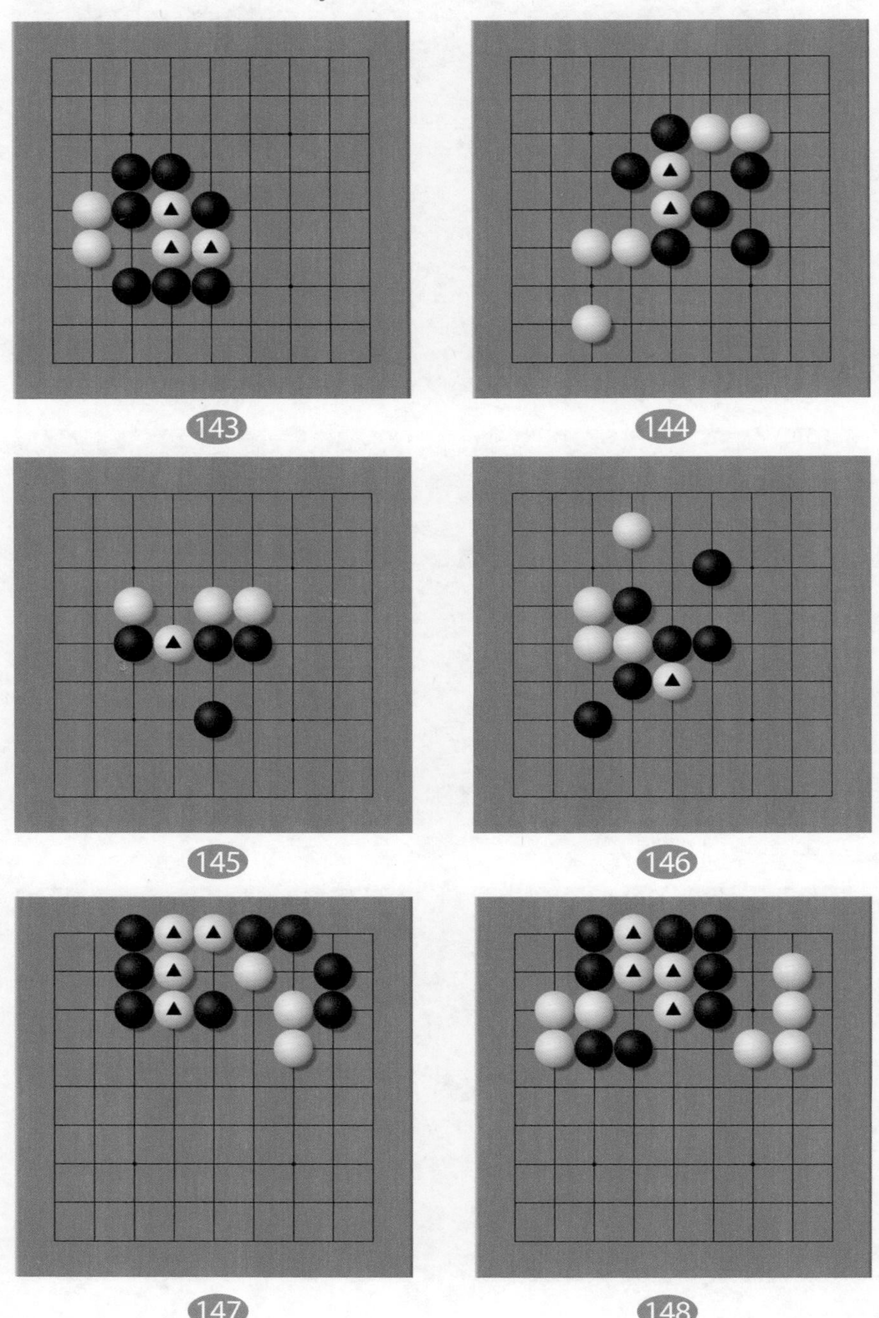

## 粘、长

白先，用粘、长逃出白棋▲，请用“✗”表示出来。

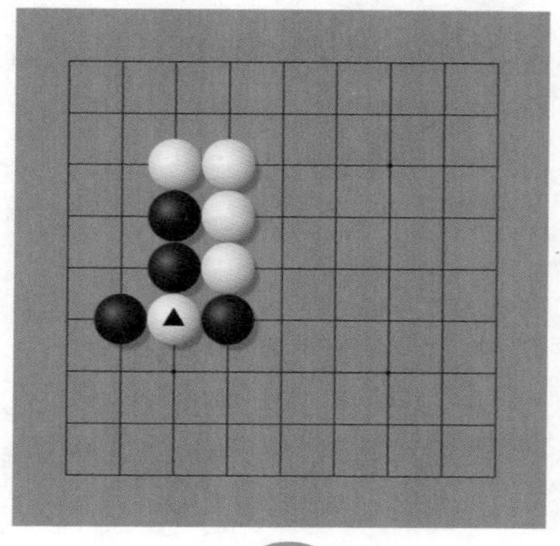

149

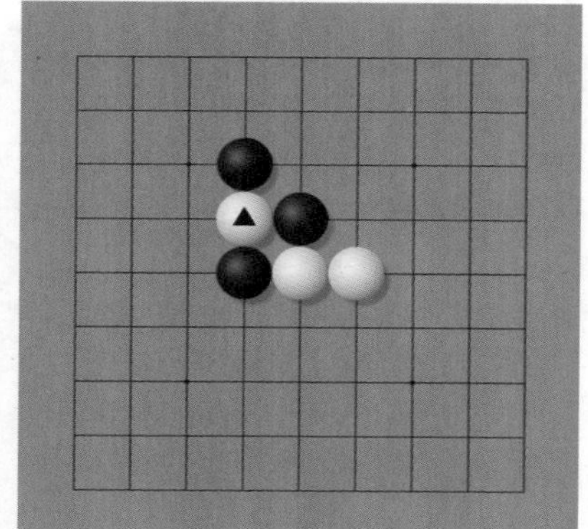

150

151

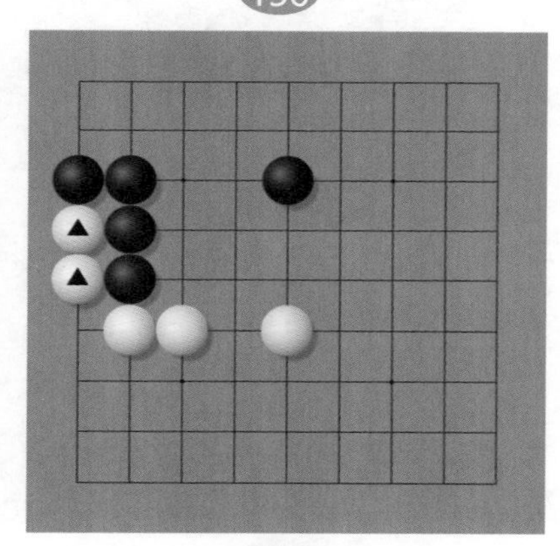

152

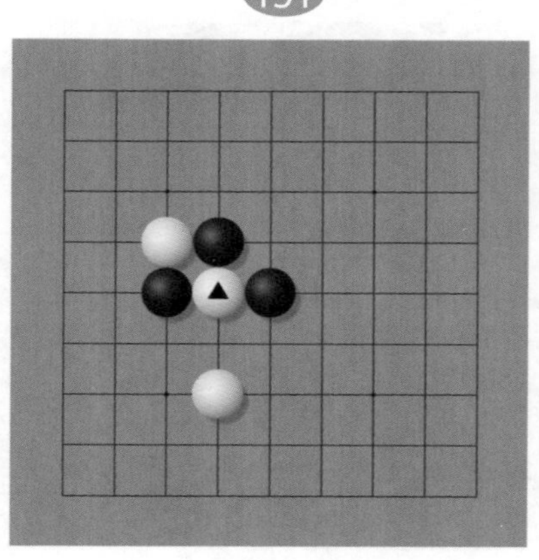

153

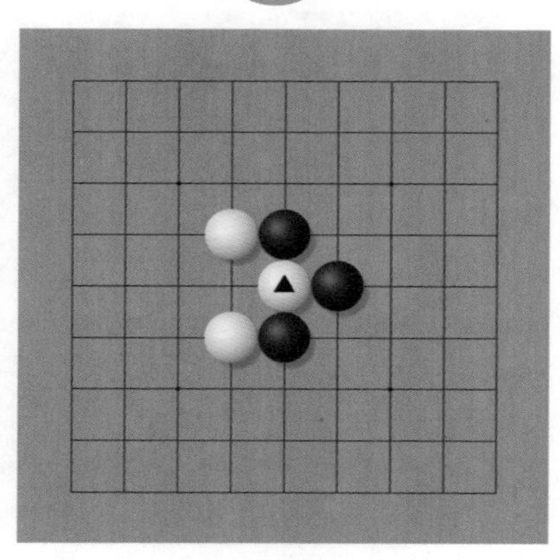

154

白先，用粘、长逃出白棋▲，请用"✗"表示出来。

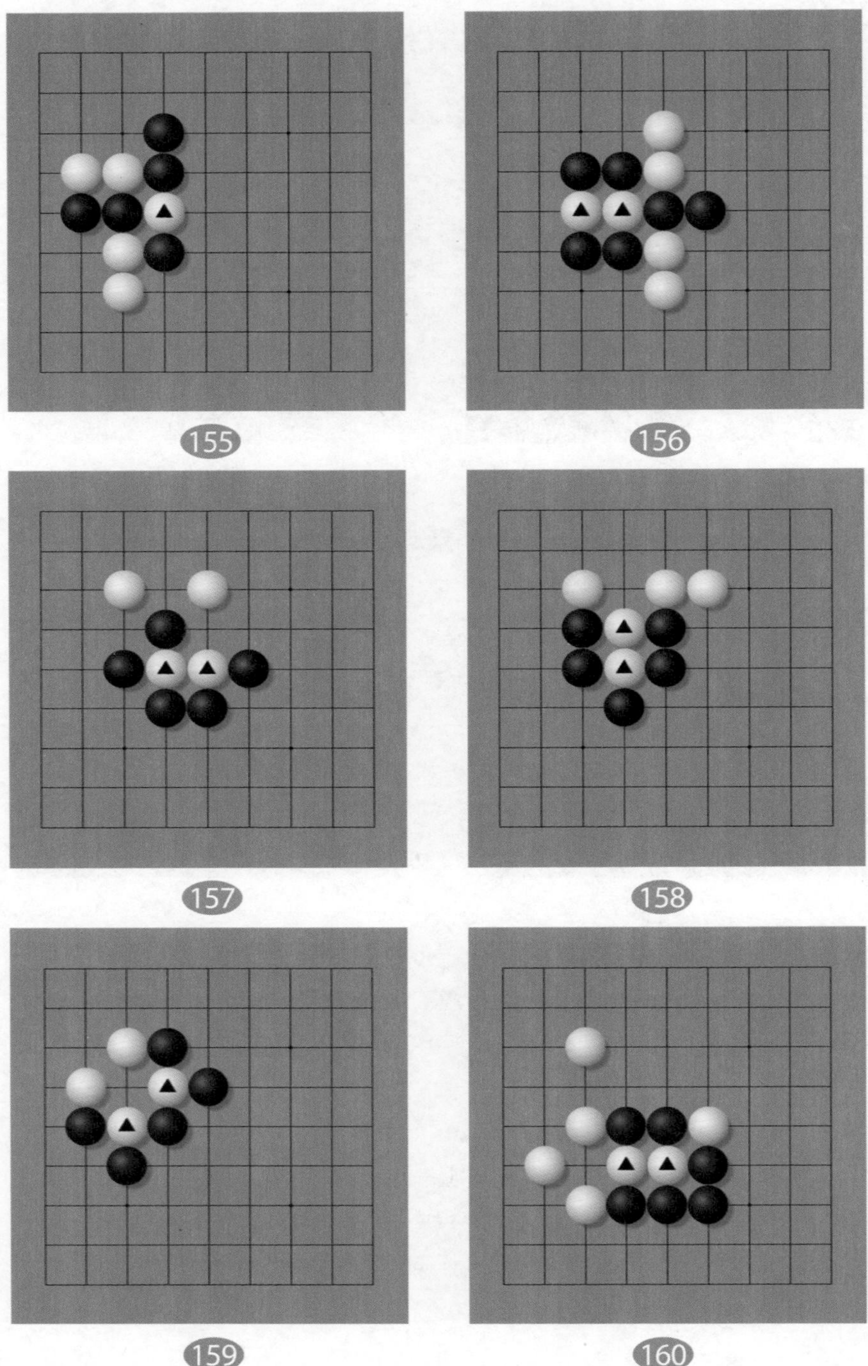

白先，用粘、长逃出白棋▲，请用“ ”表示出来。

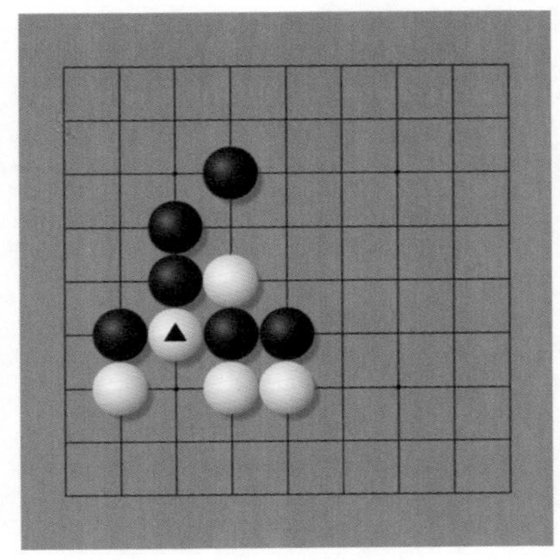

161

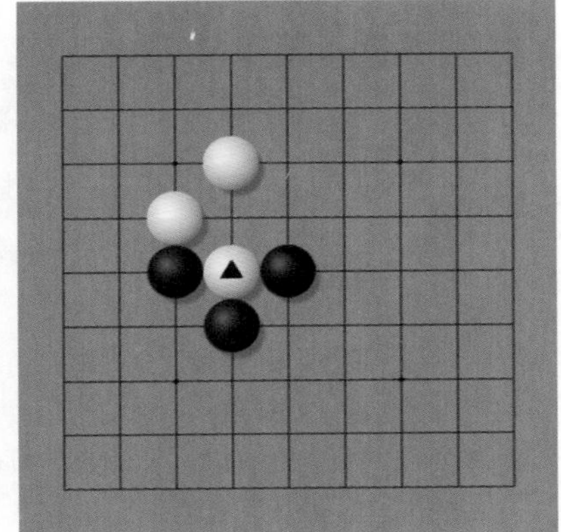

162

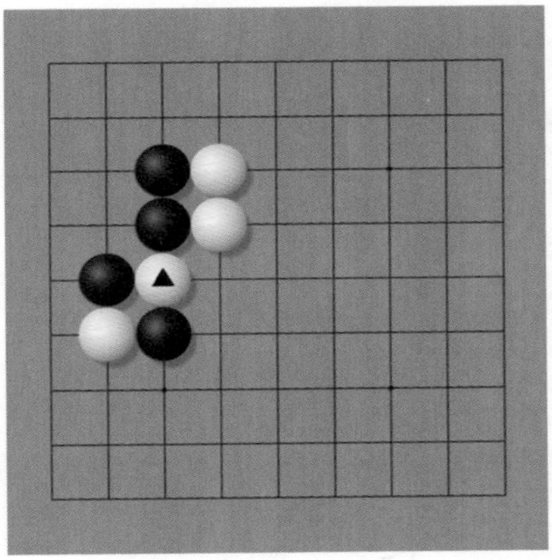

163

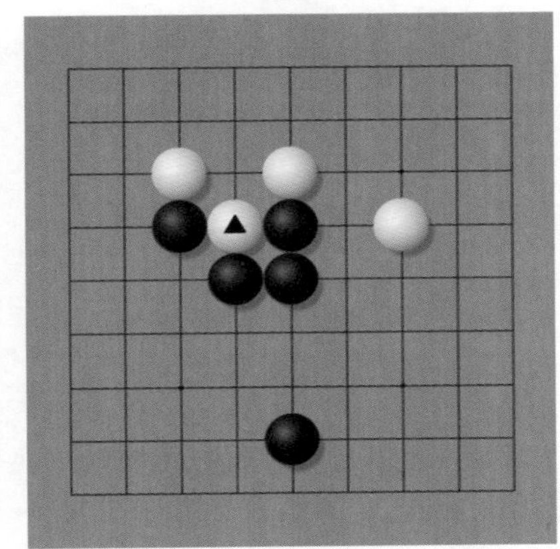

164

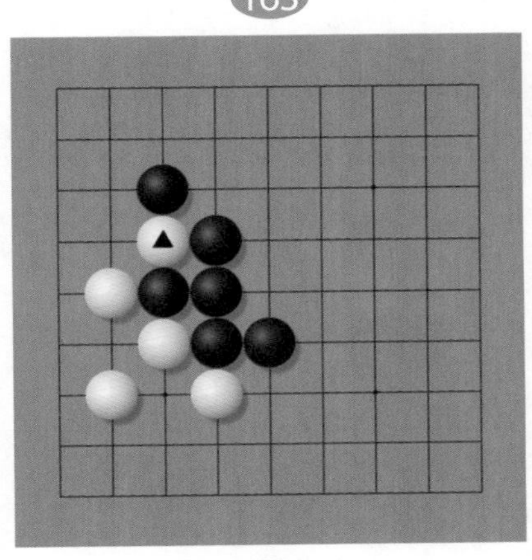

165

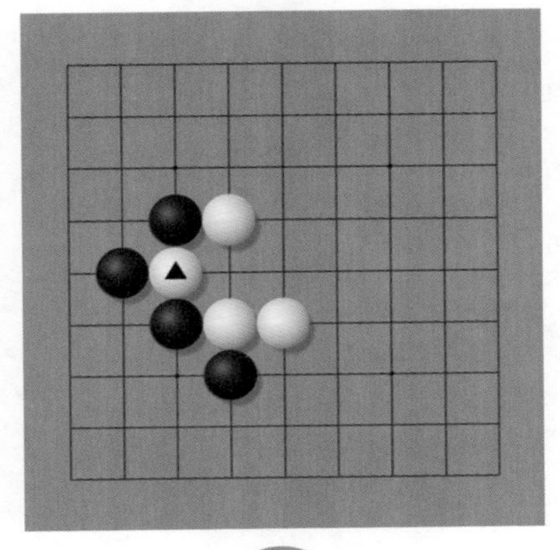

166

白先，用粘、长逃出白棋▲，请用"✗"表示出来。

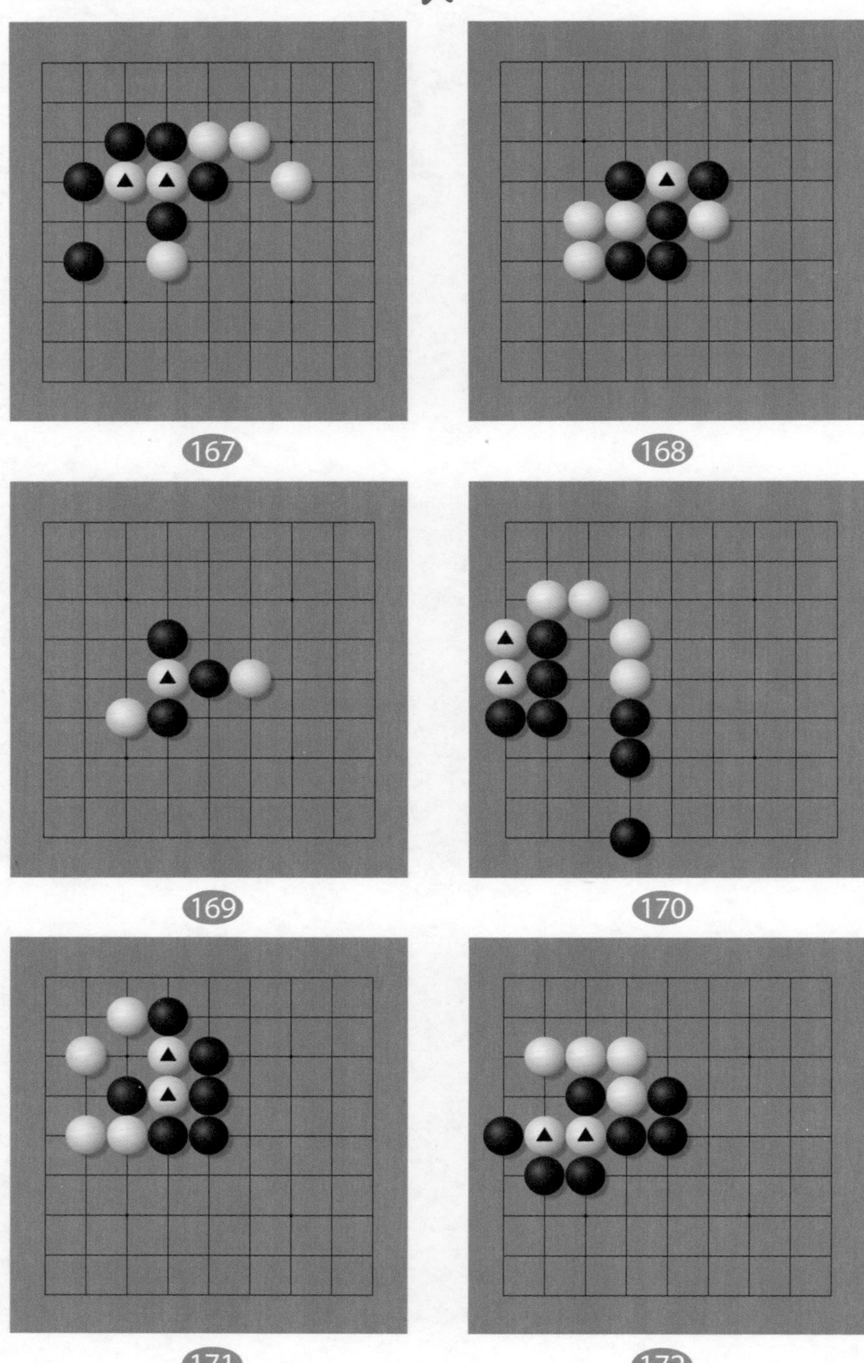

白先，用粘、长逃出白棋▲，请用“✗”表示出来。

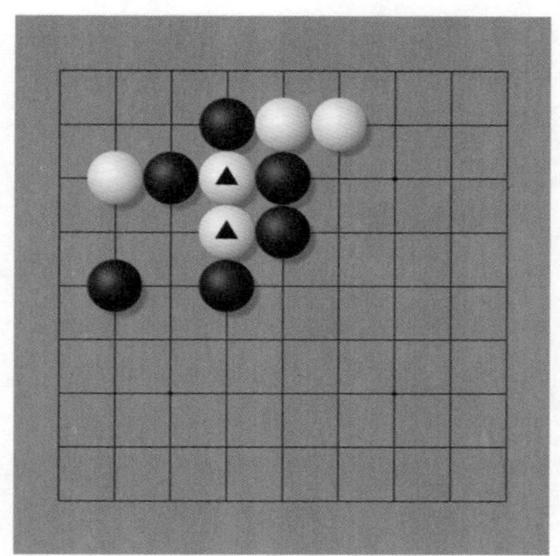
173

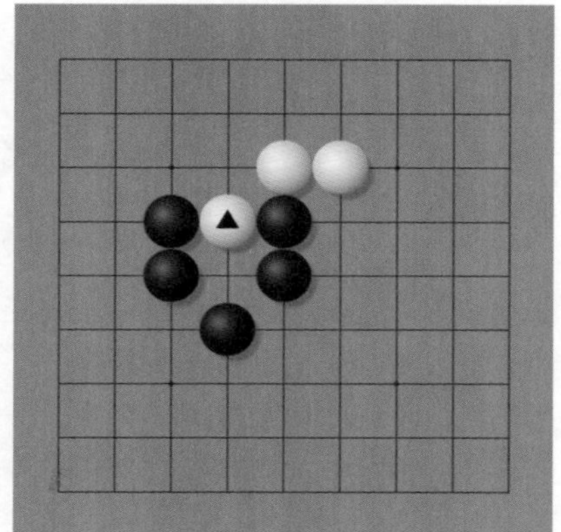
174

175

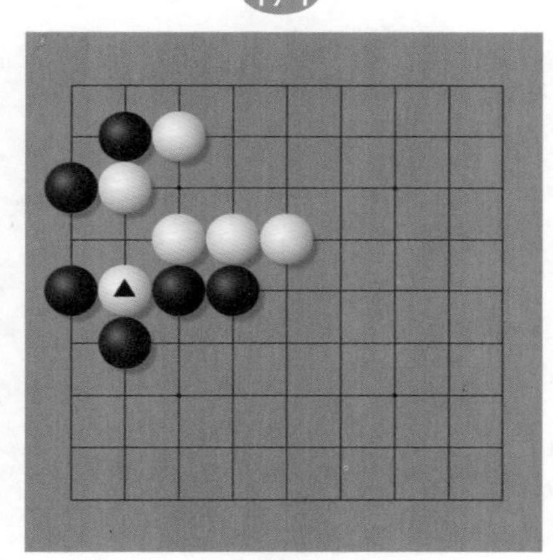
176

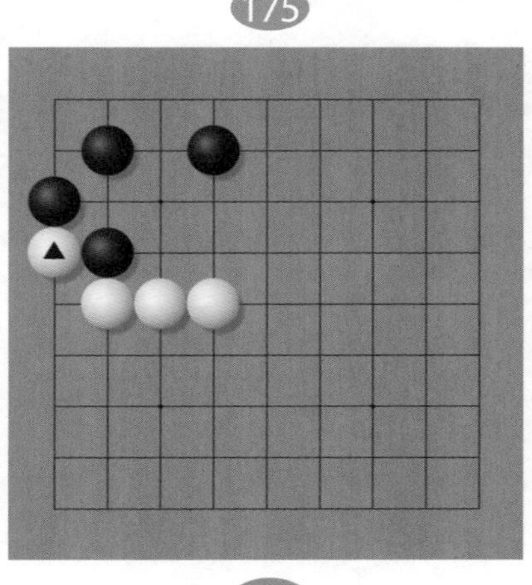
177

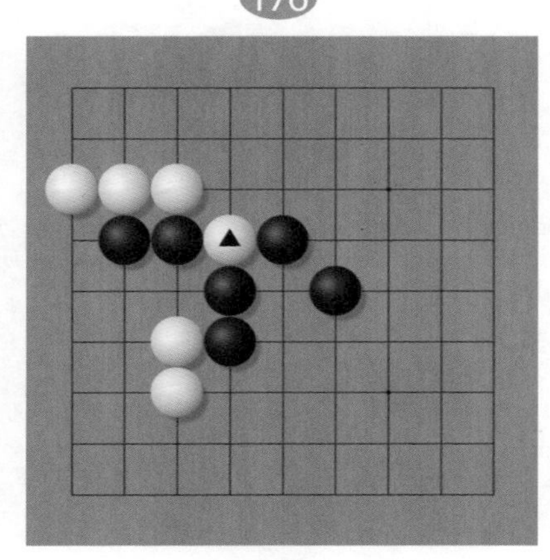
178

白先，用粘、长逃出白棋▲，请用"✗"表示出来。

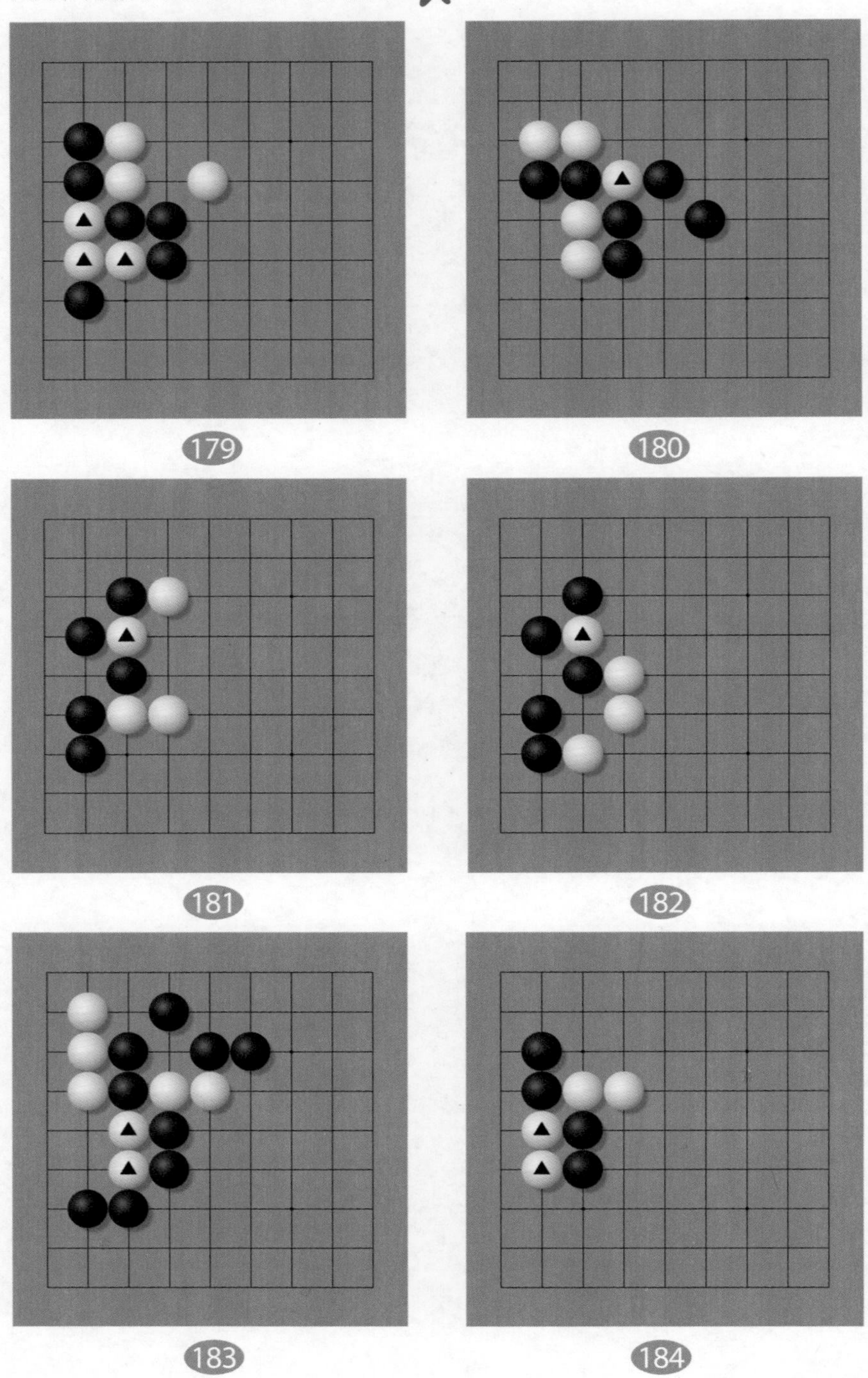

白先，用粘、长逃出白棋▲，请用“✗”表示出来。

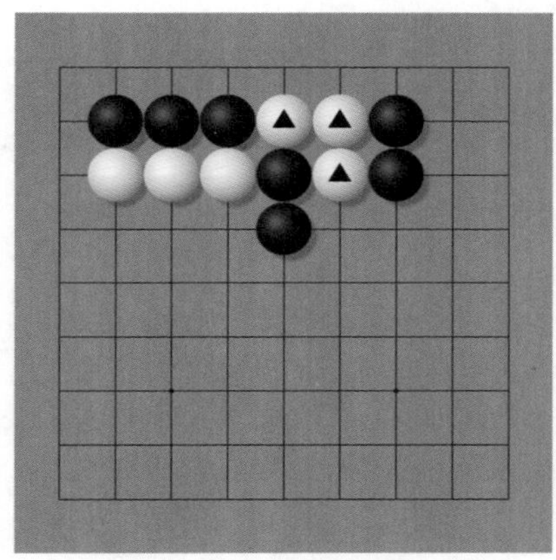
185

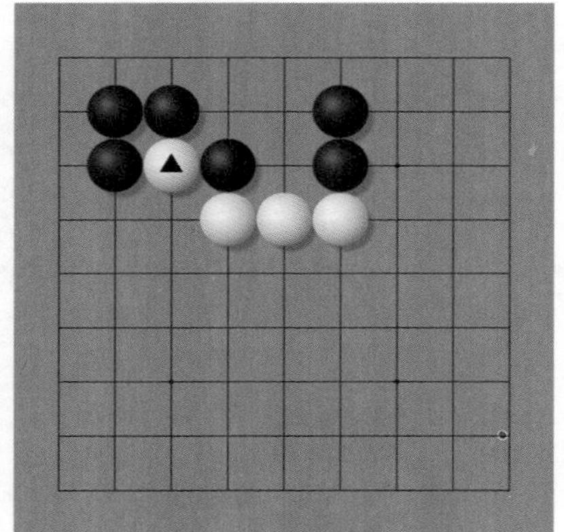
186

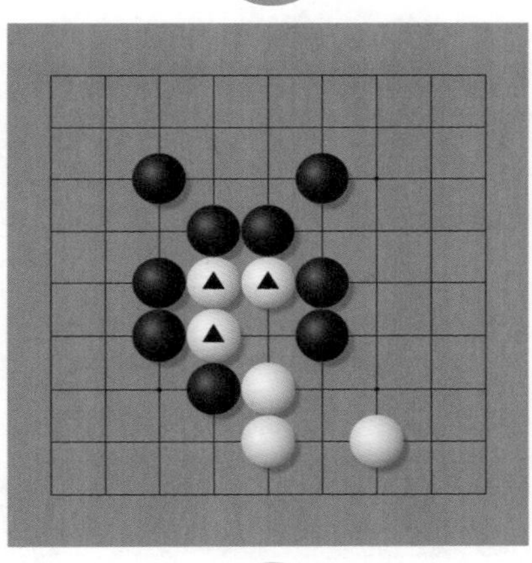
187

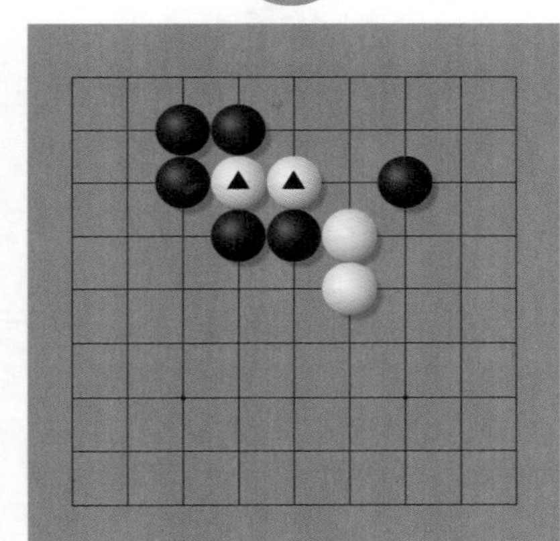
188

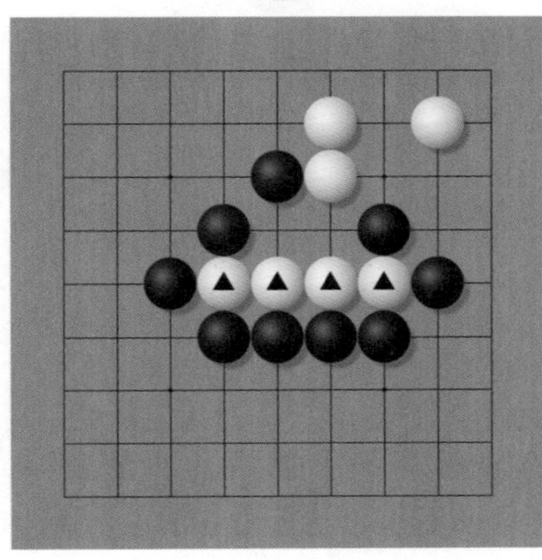
189

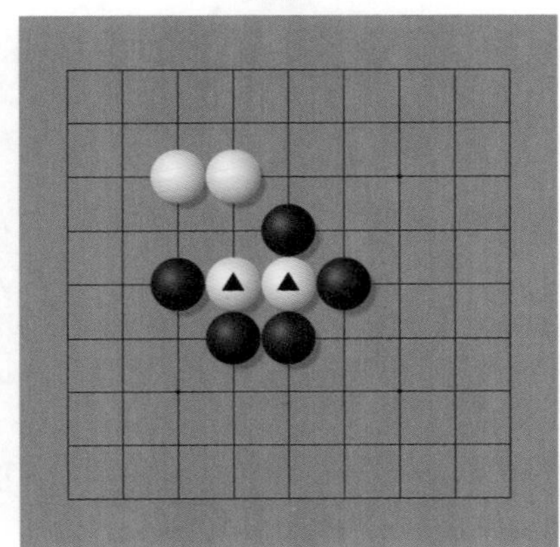
190

白先，用粘、长逃出白棋▲，请用"✗"表示出来。

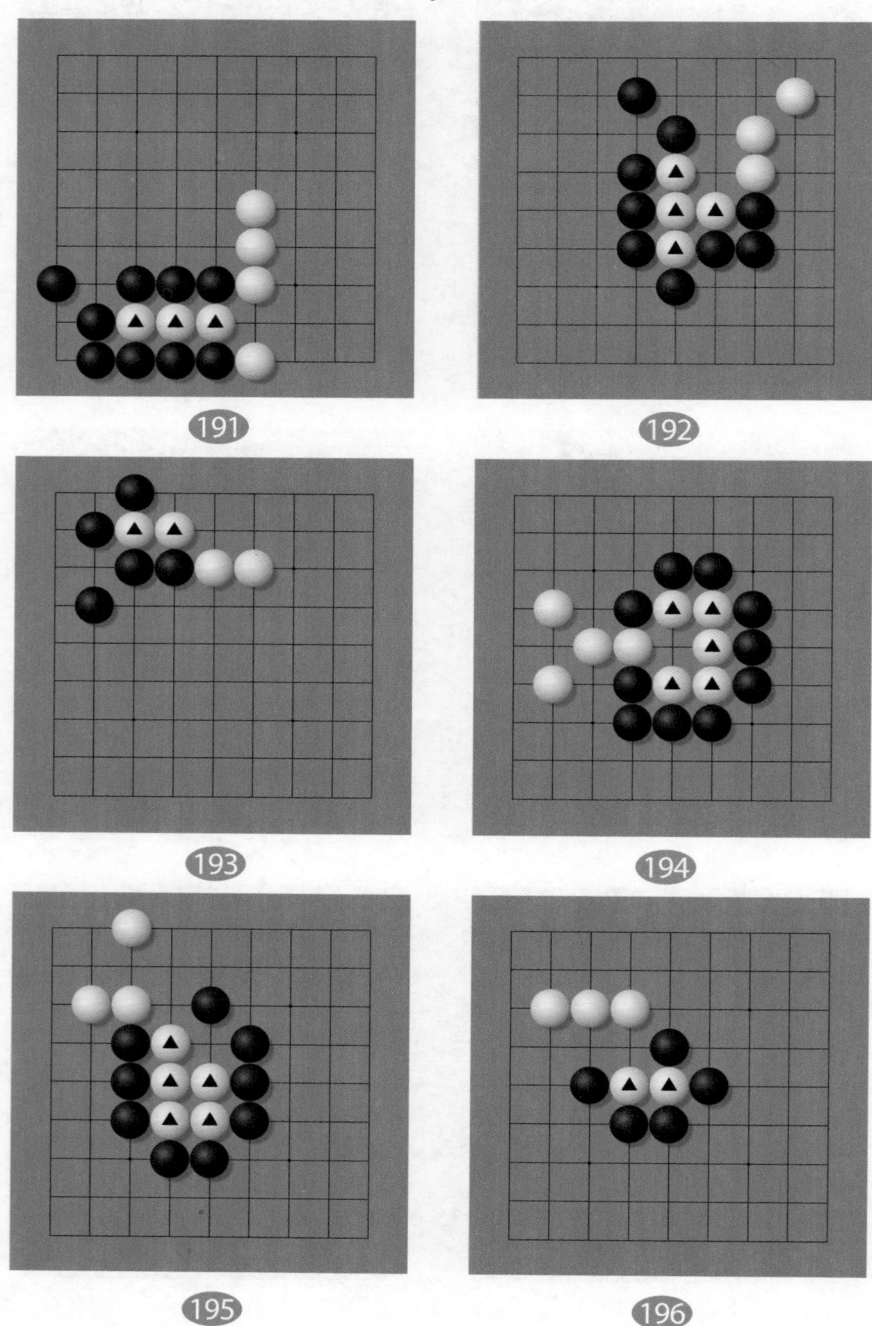

## 六 断点

找出图中的断点，在断点处画✔。

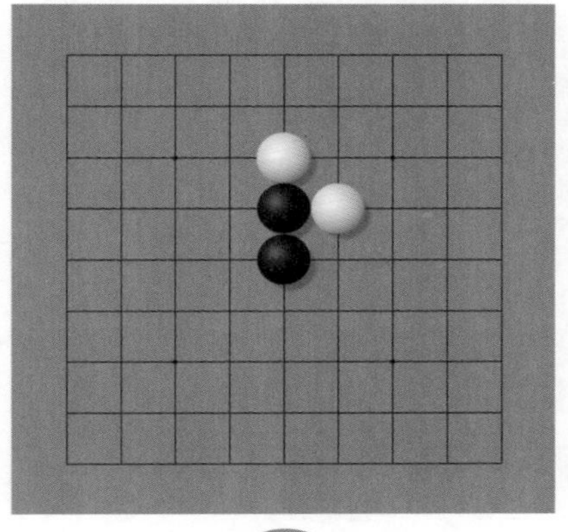

197

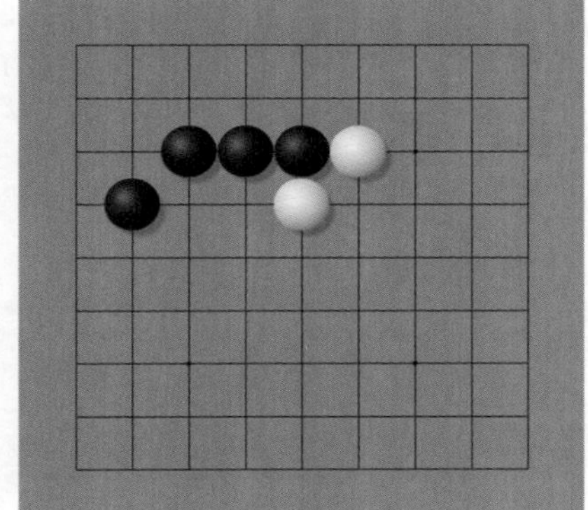

198

199

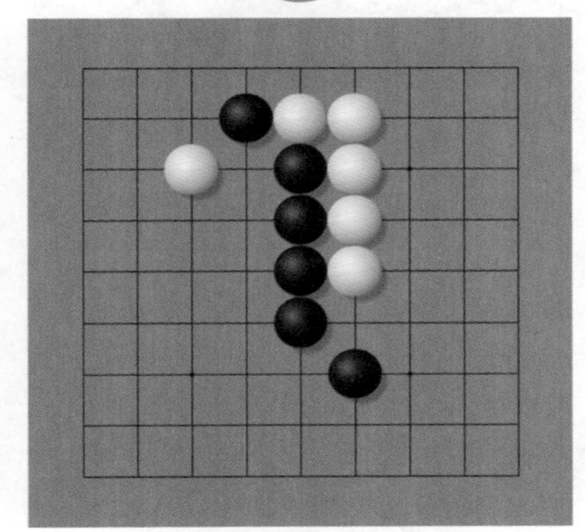

200

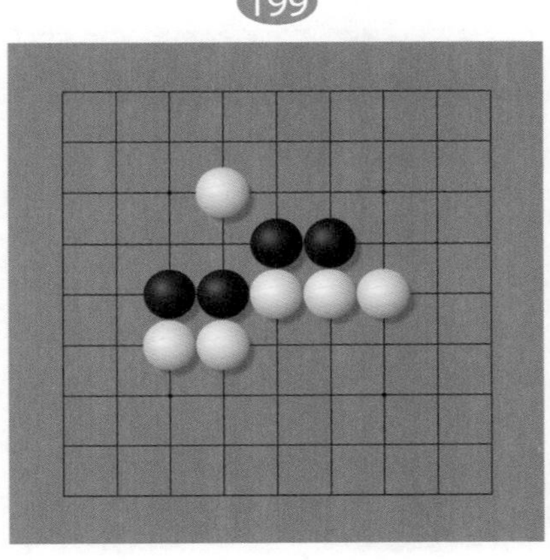

201

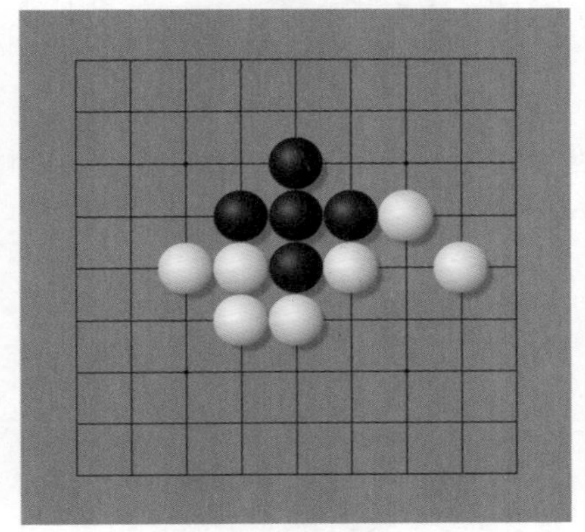

202

找出图中的断点，在断点处画✔。

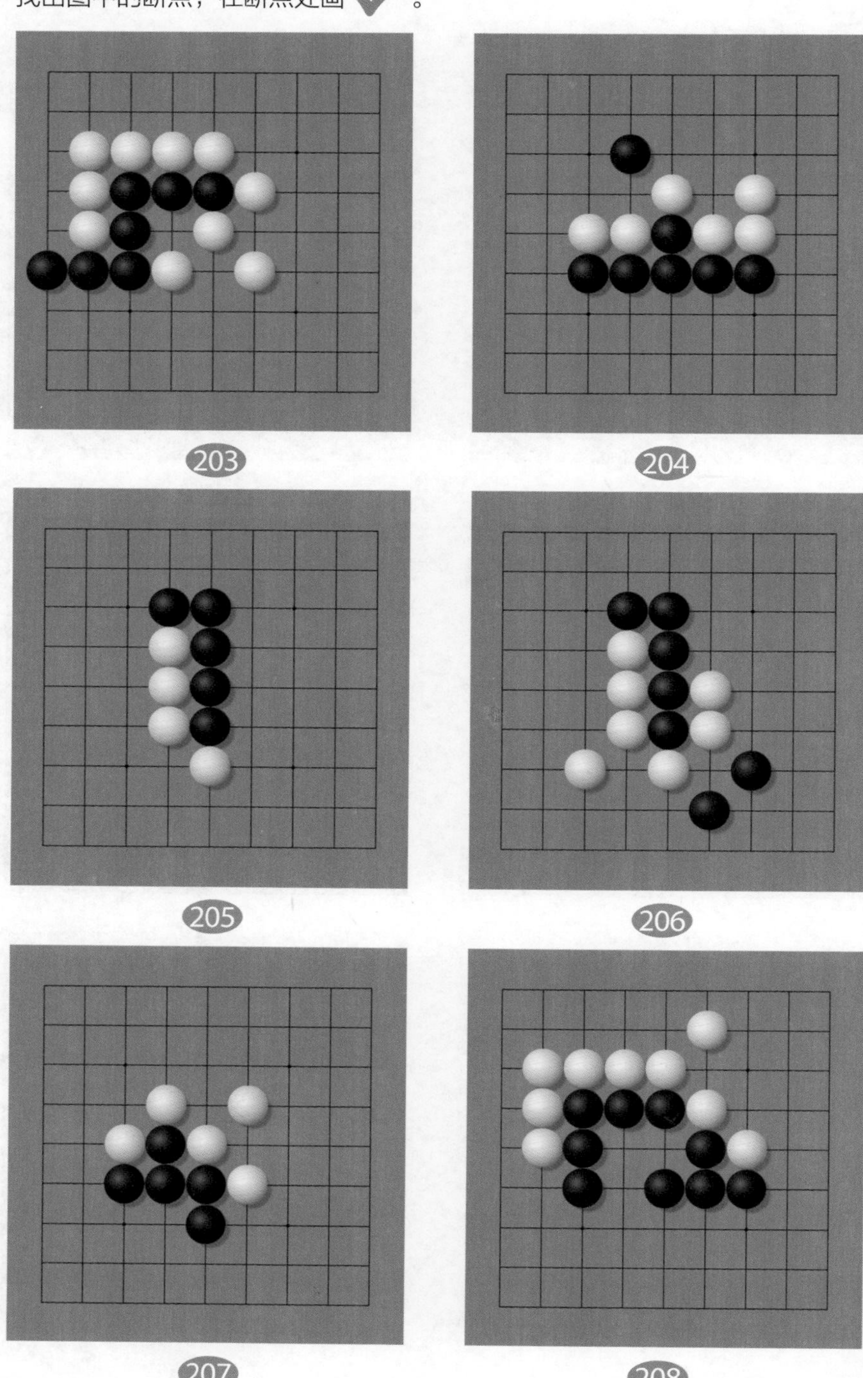

找出图中的断点，在断点处画。

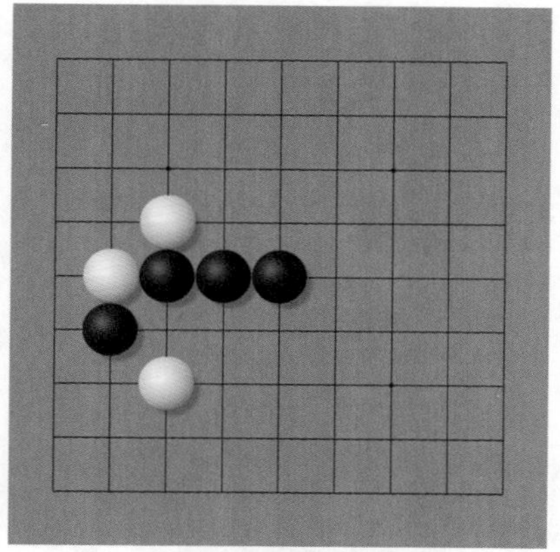

209

210

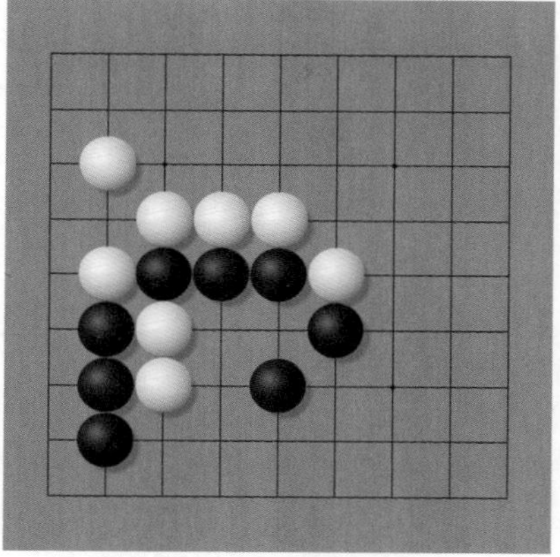

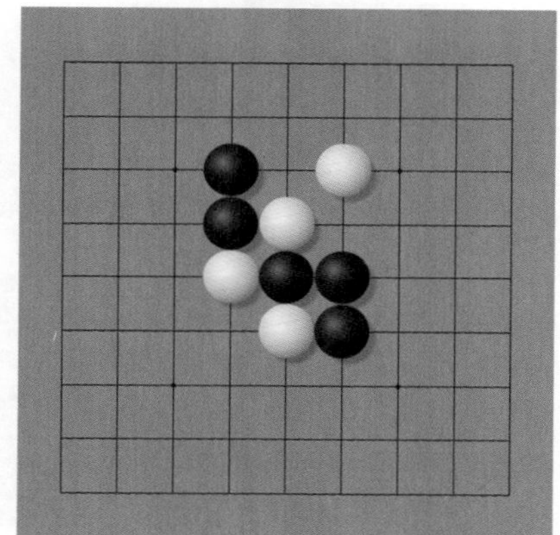

211

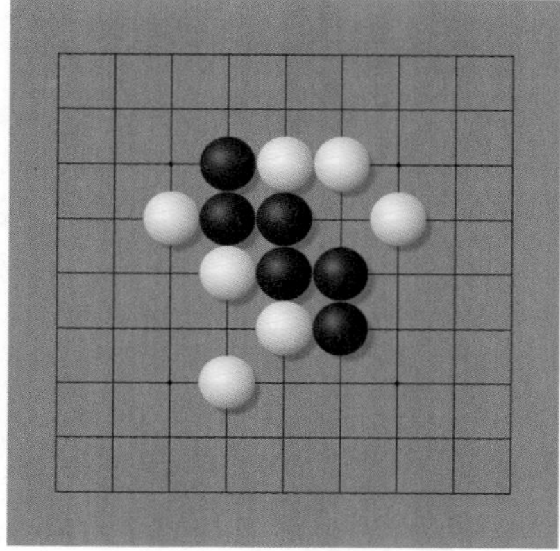

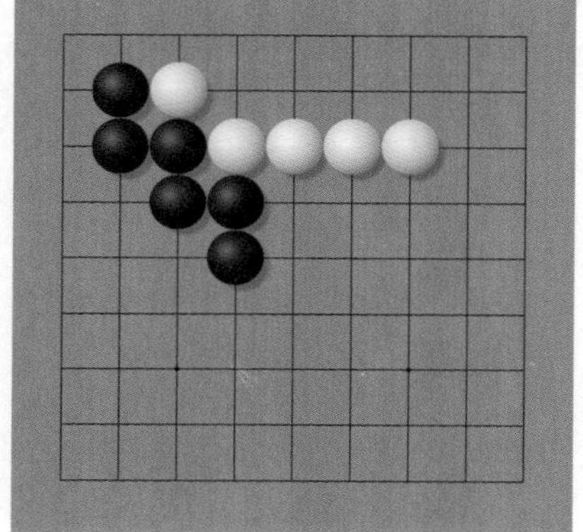

213

## 吃子的方法

综合吃子习题（黑先）。

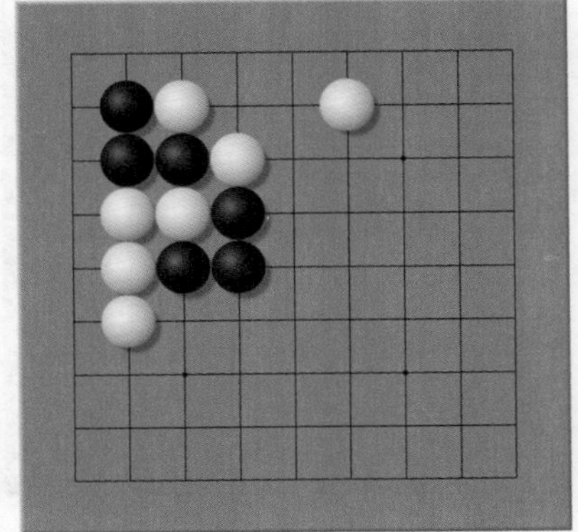

215

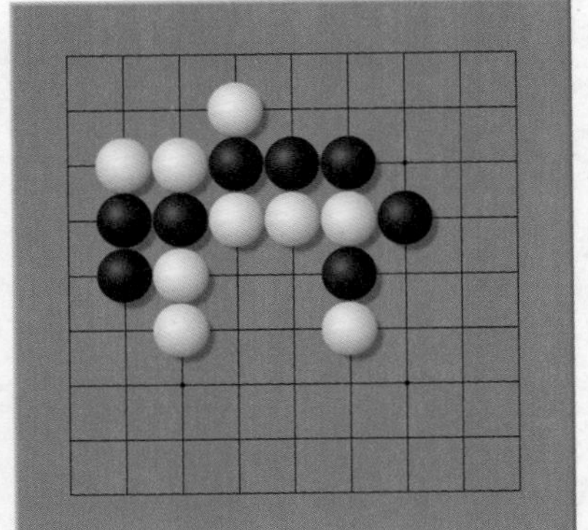

216

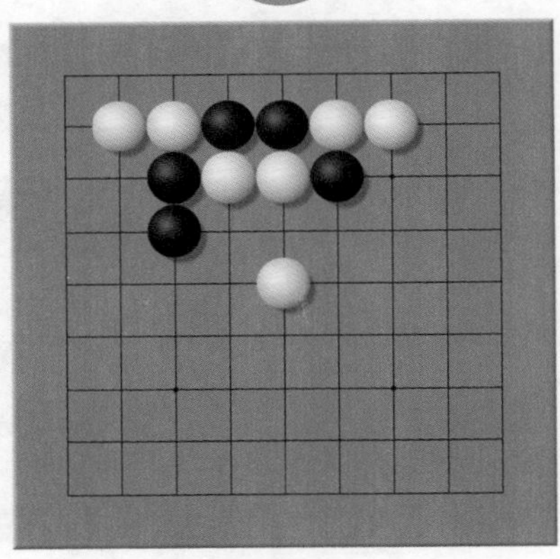

217

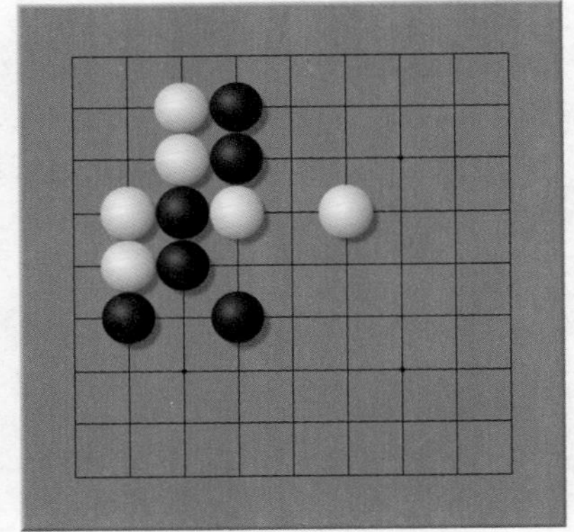

218

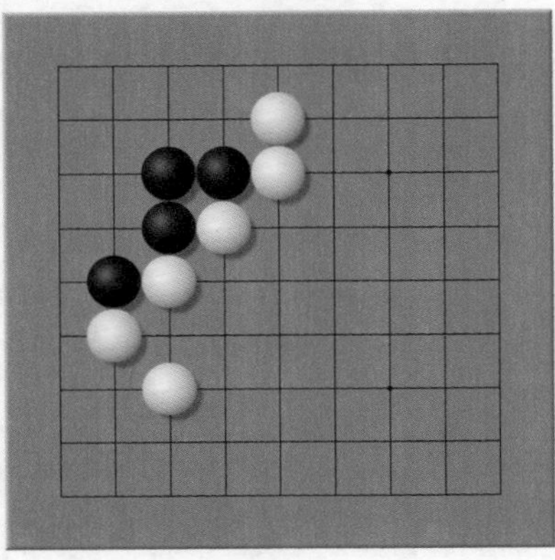

219

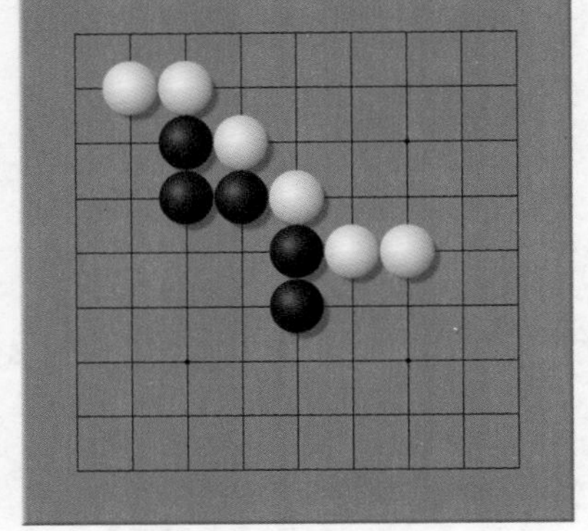

220

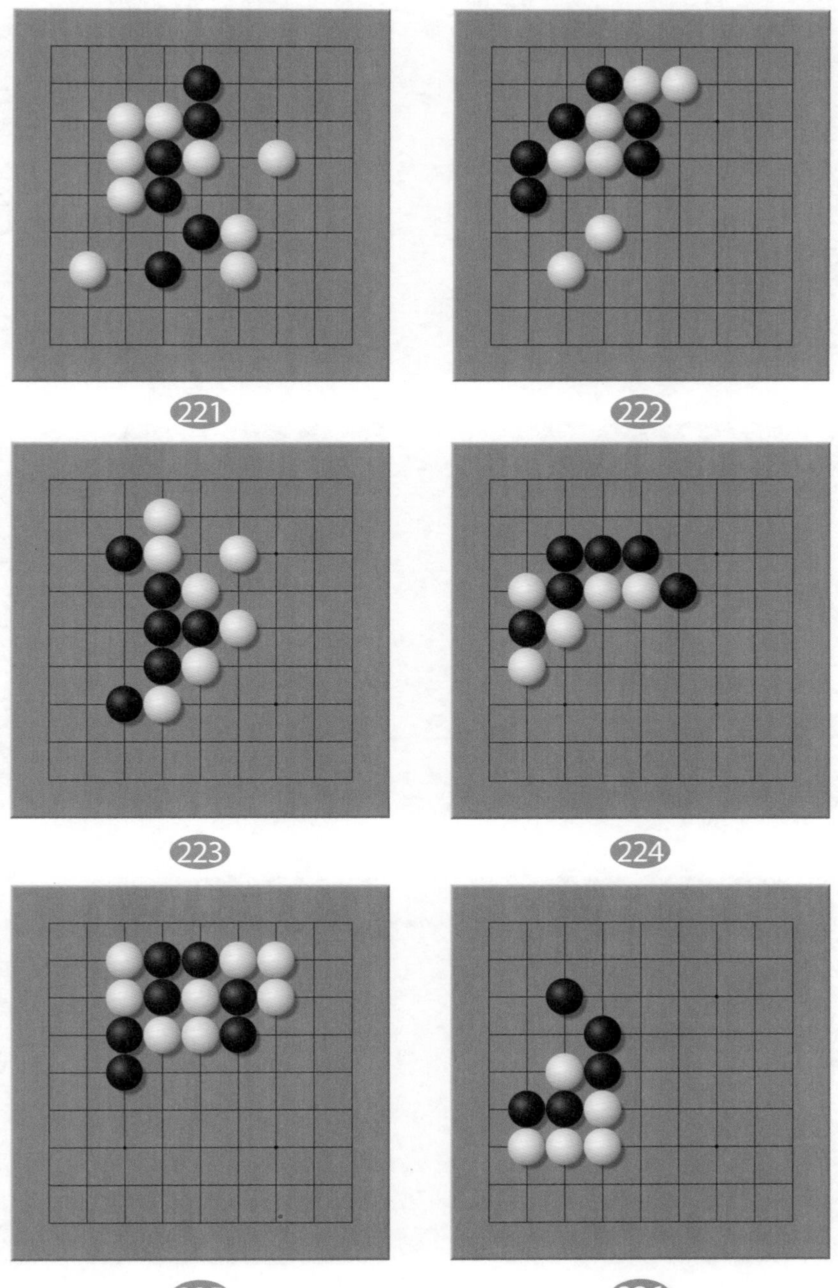
221
222
223
224
225
226

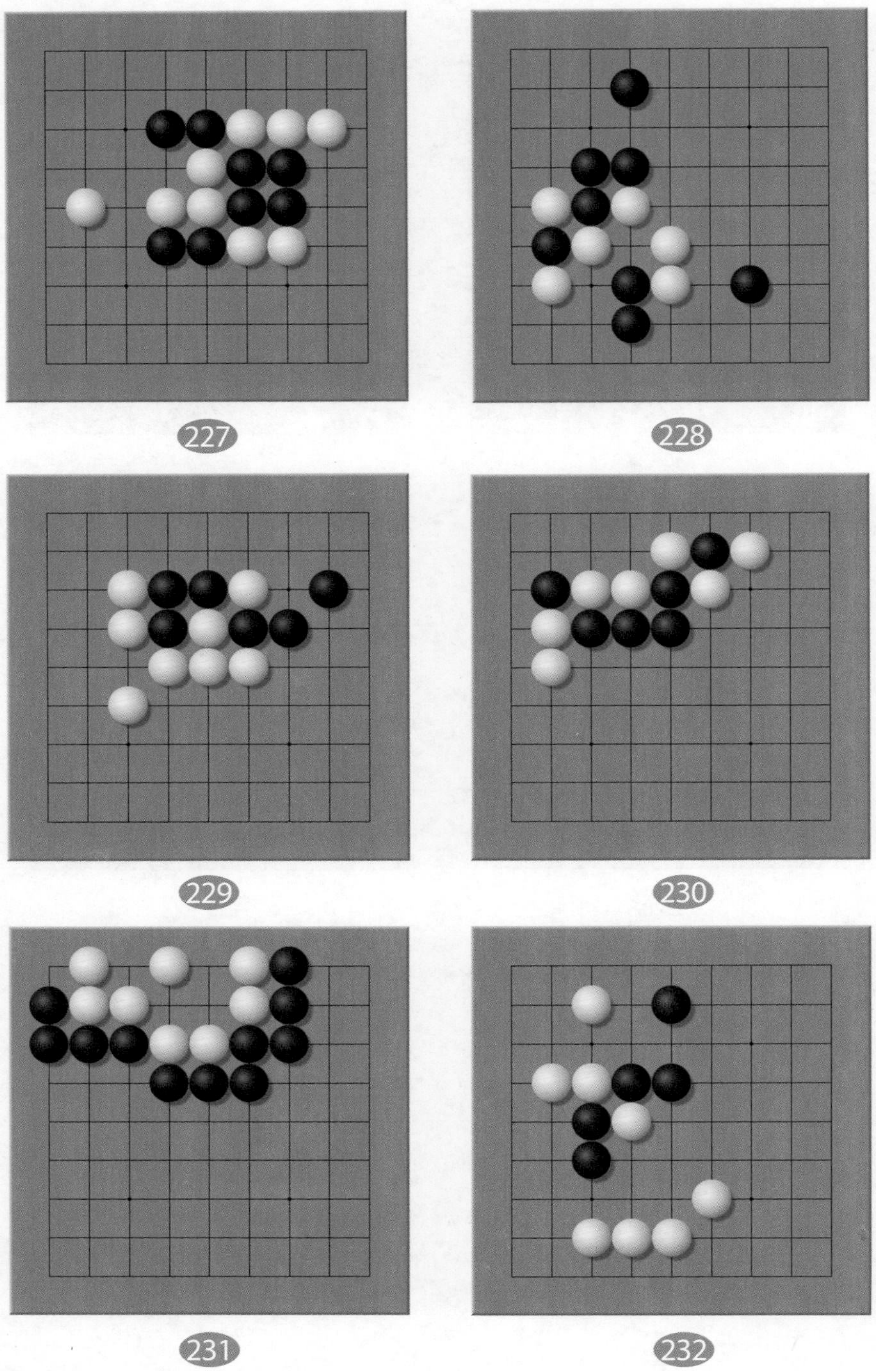
227
228
229
230
231
232

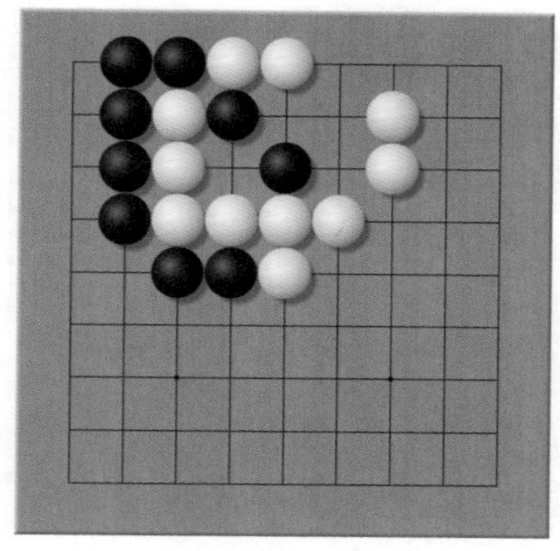
233

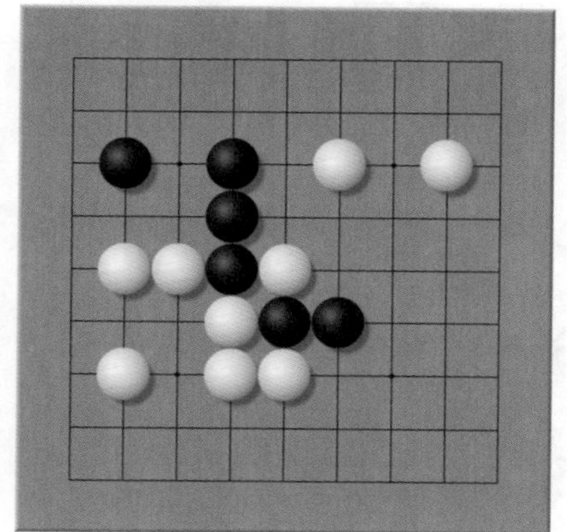
234

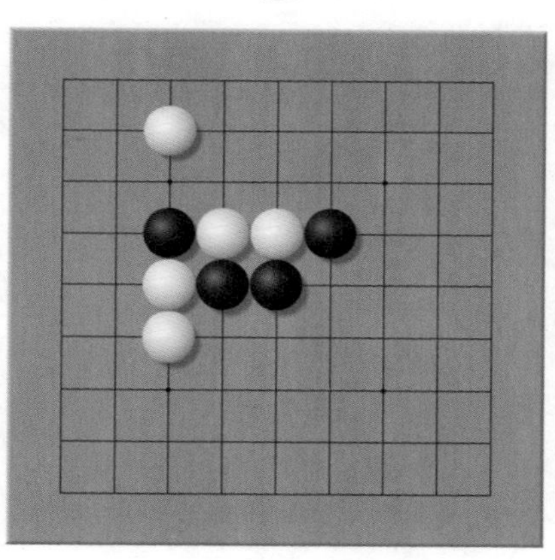
235

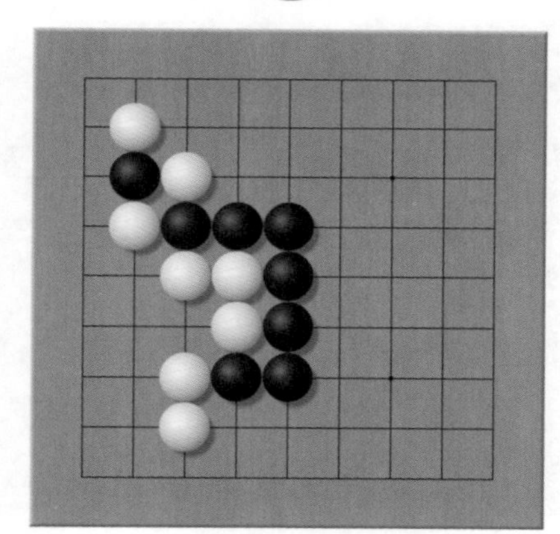
236

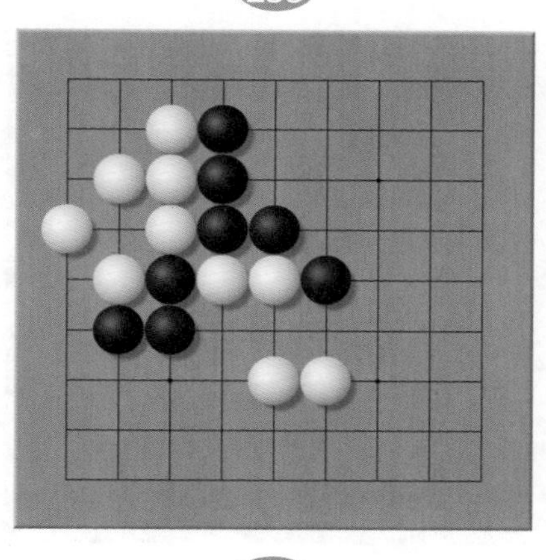
237

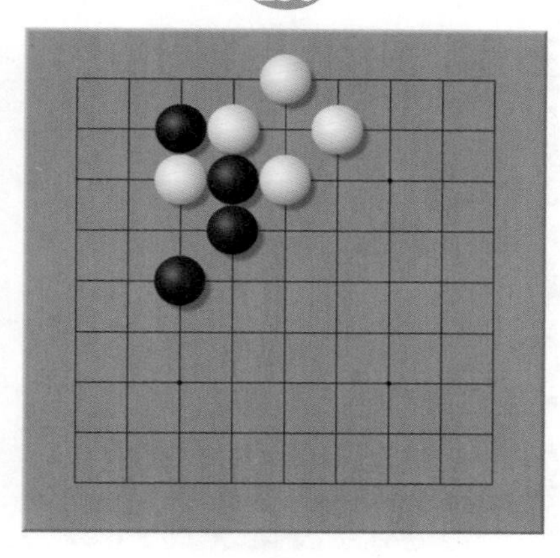
238

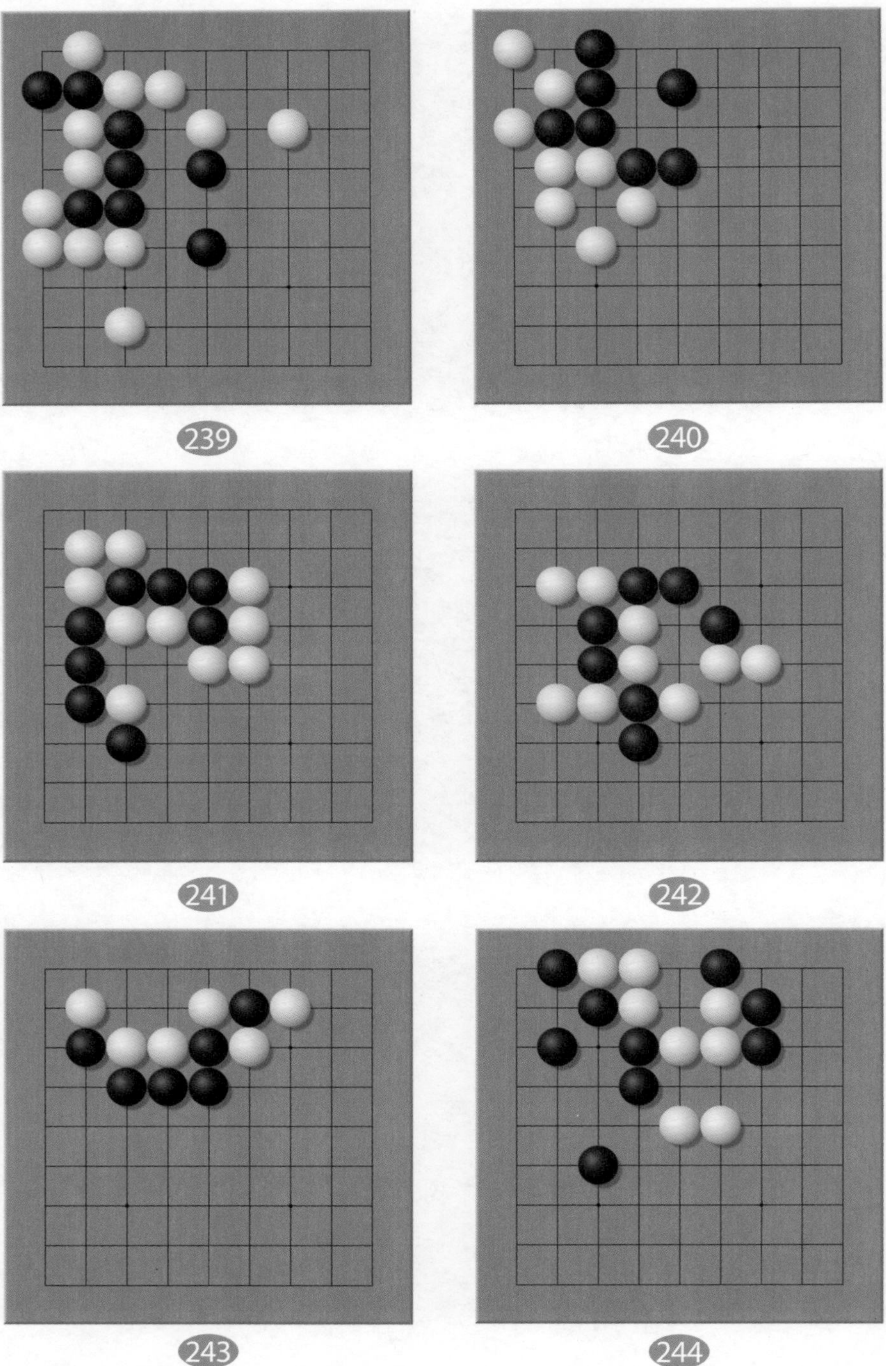
239
240
241
242
243
244

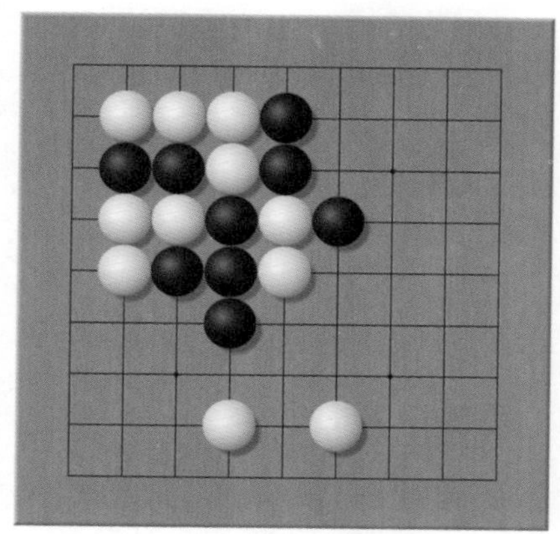

245

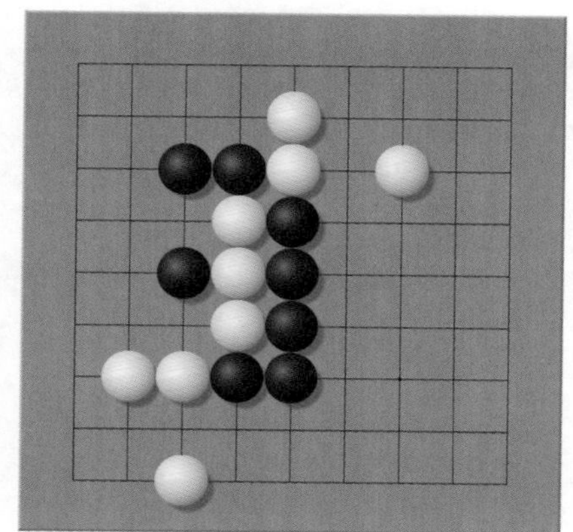

246

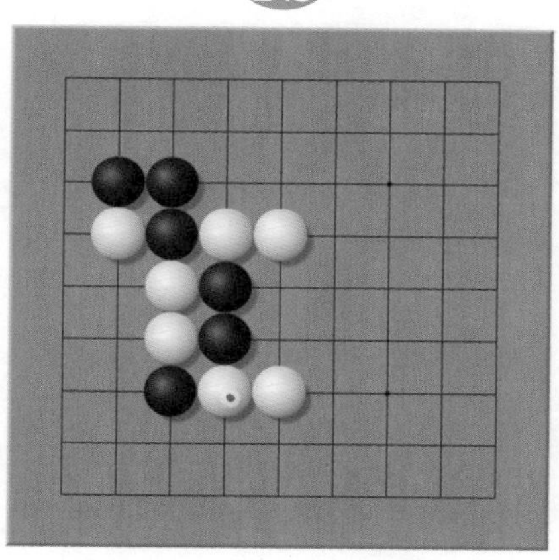

247

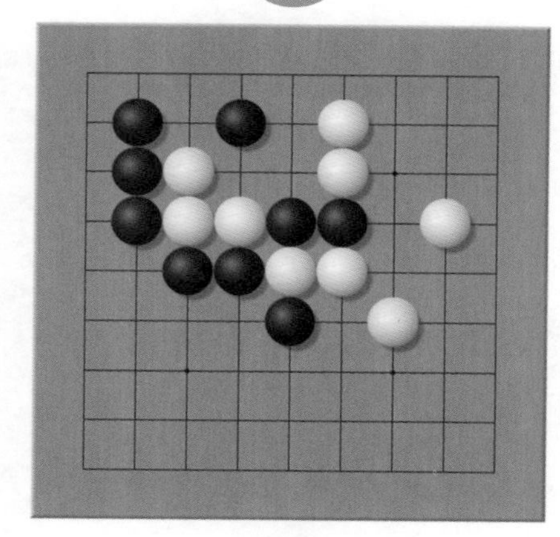

248

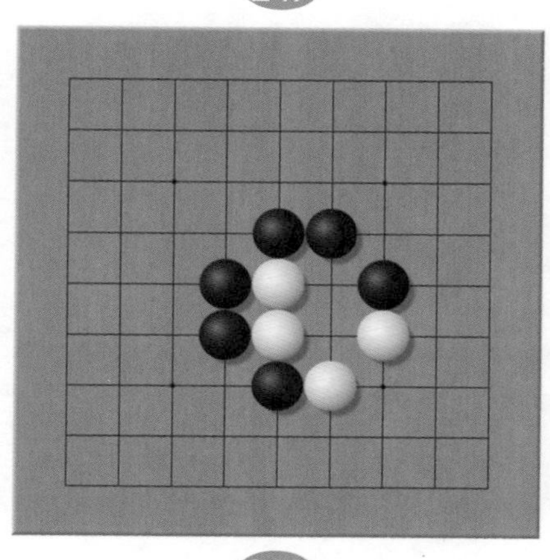

249

250

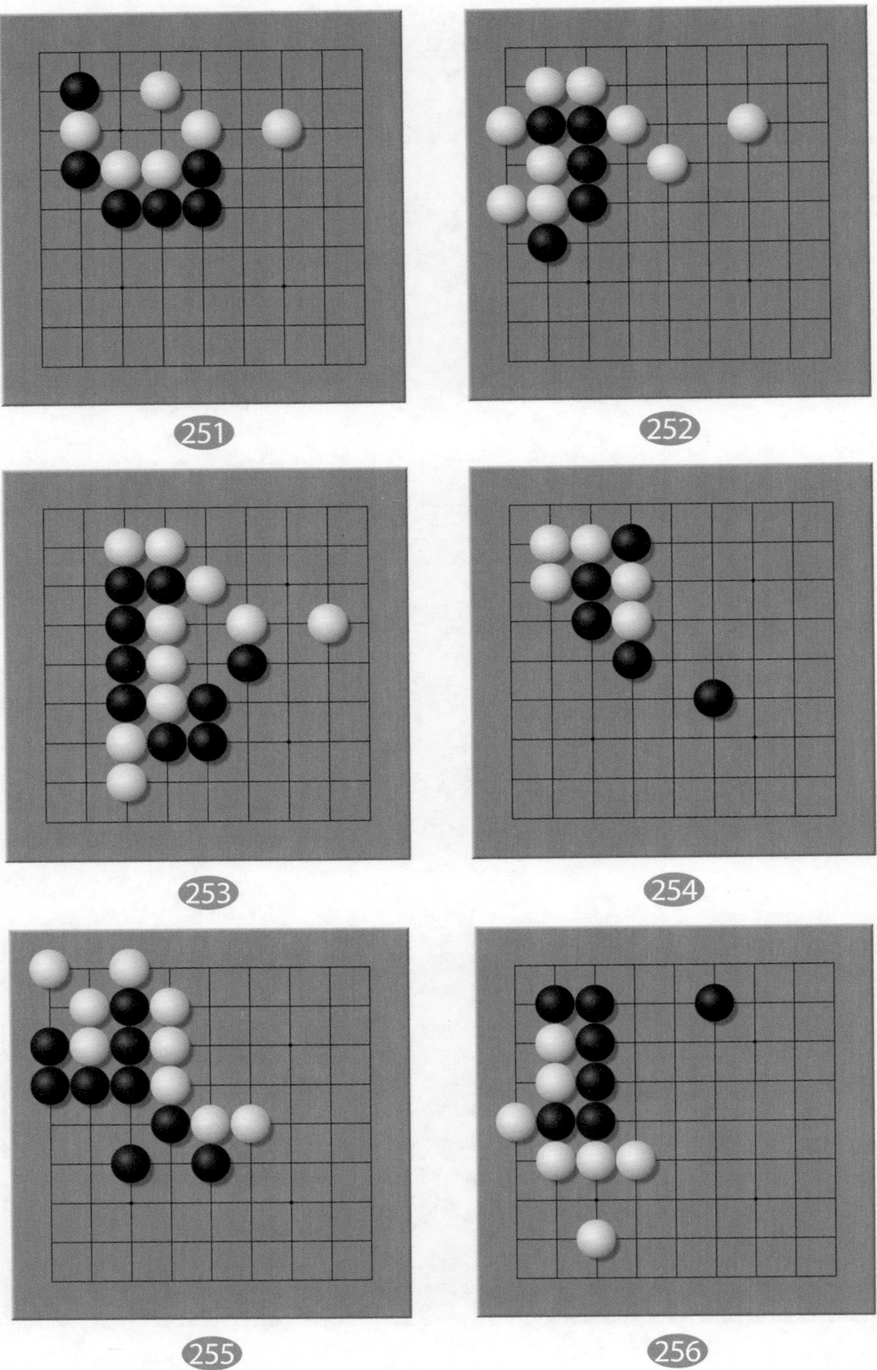
251
252
253
254
255
256

257

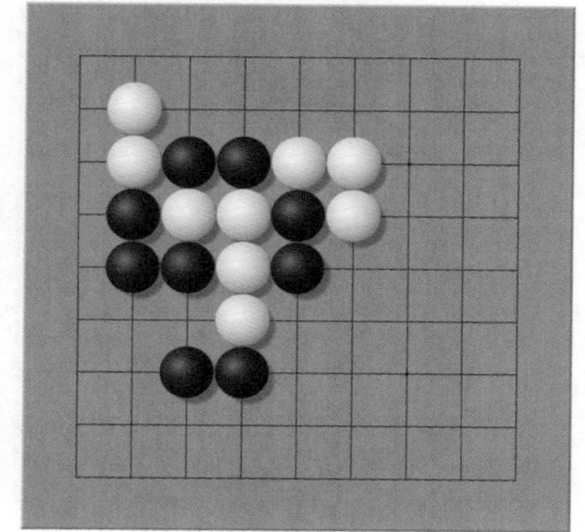
258

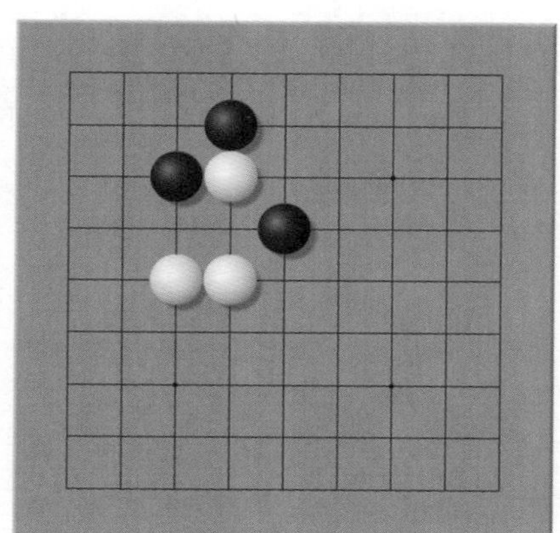
259

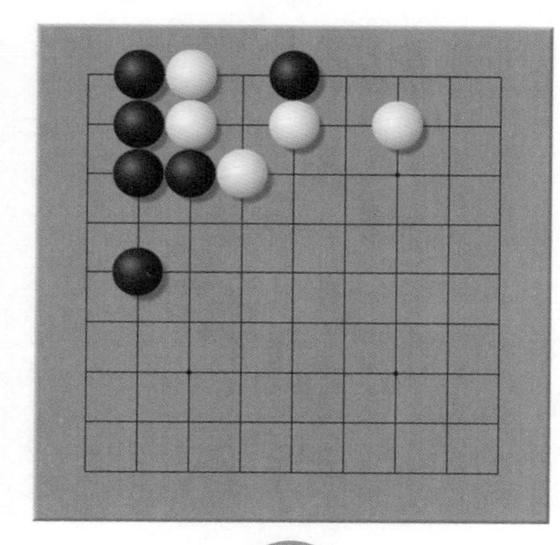
260

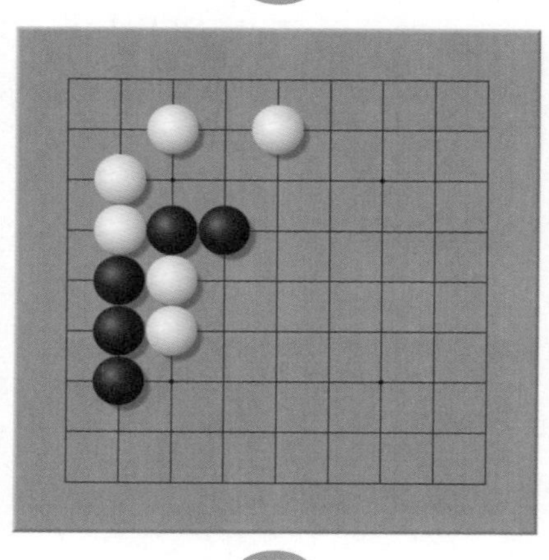
261

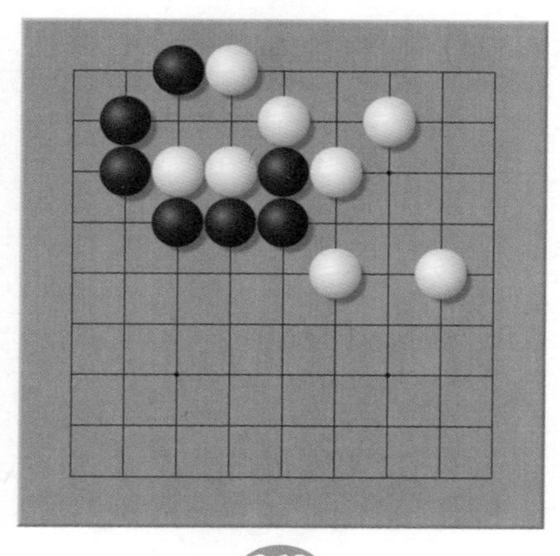
262

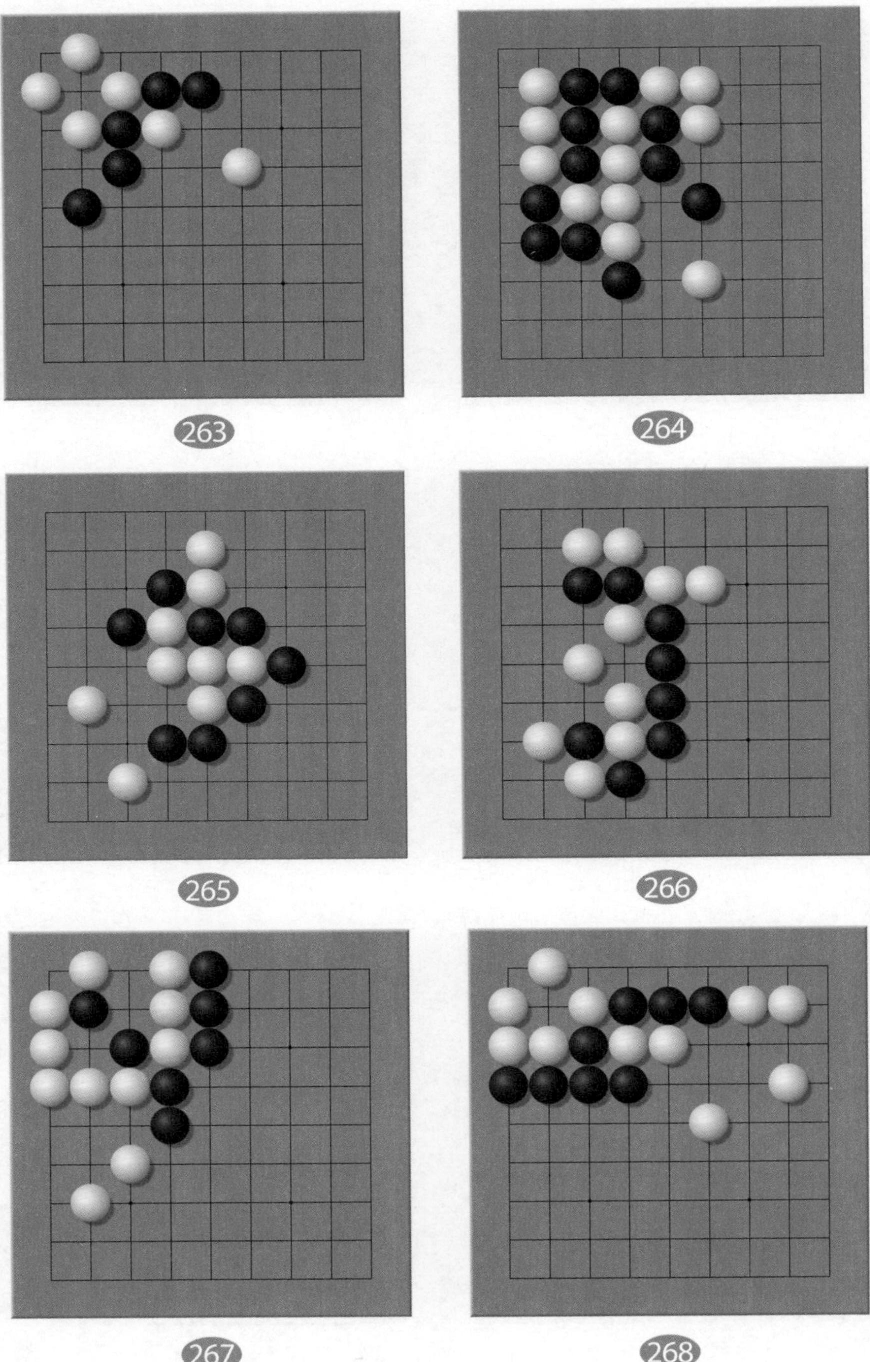
263
264
265
266
267
268

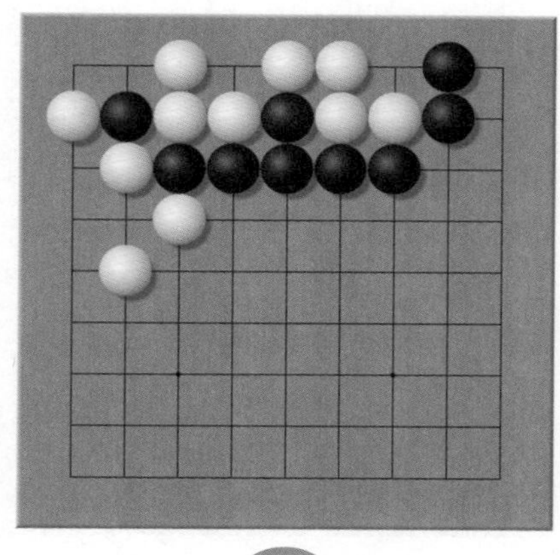

269

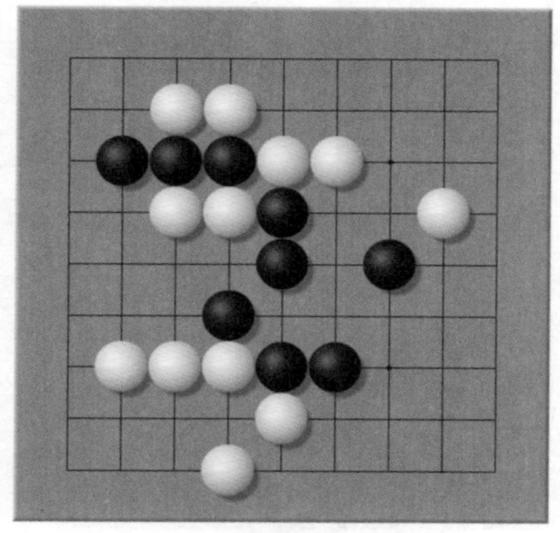

270

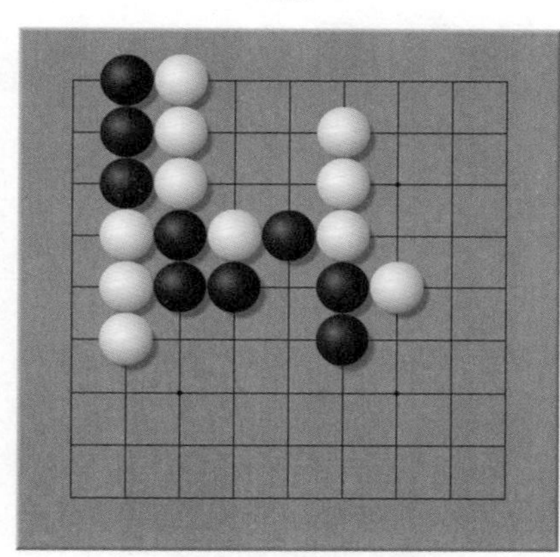

271

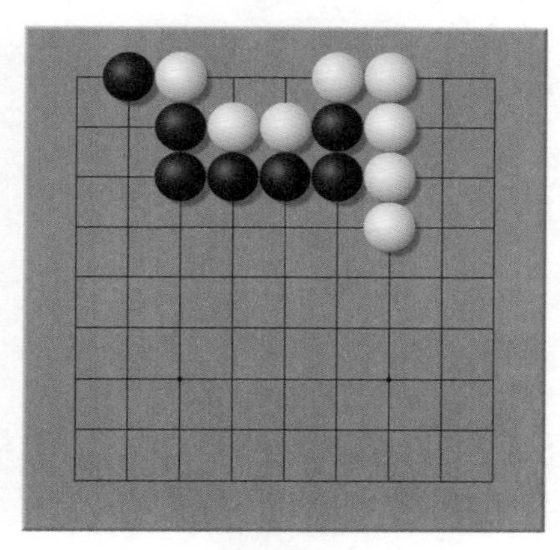

272

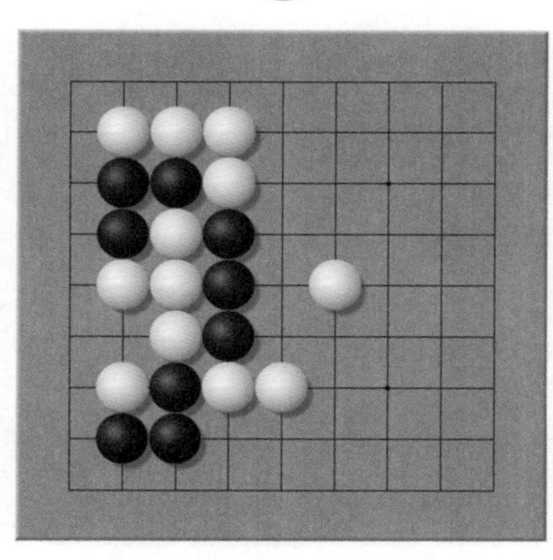

273

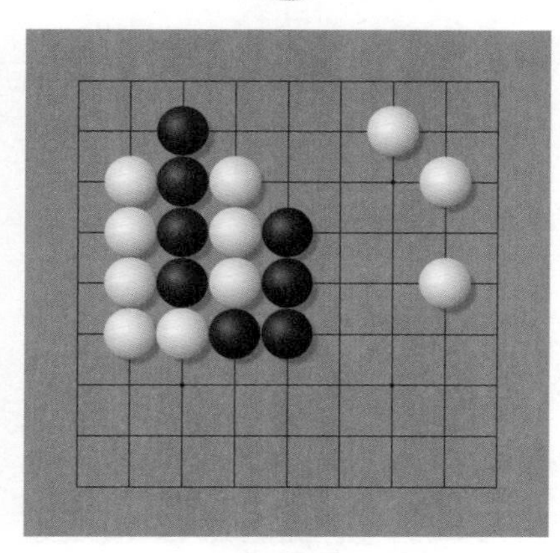

274

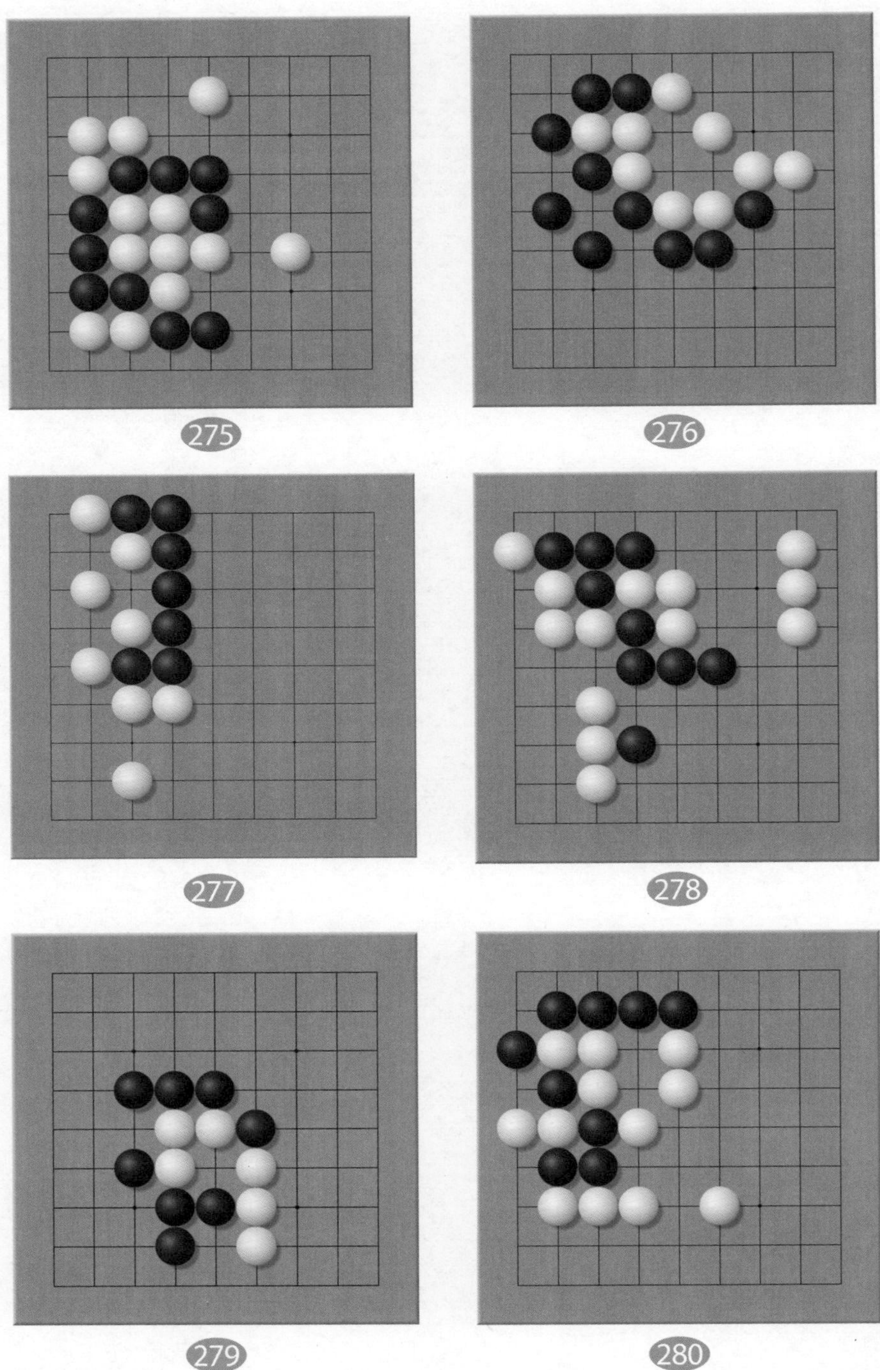
275
276
277
278
279
280

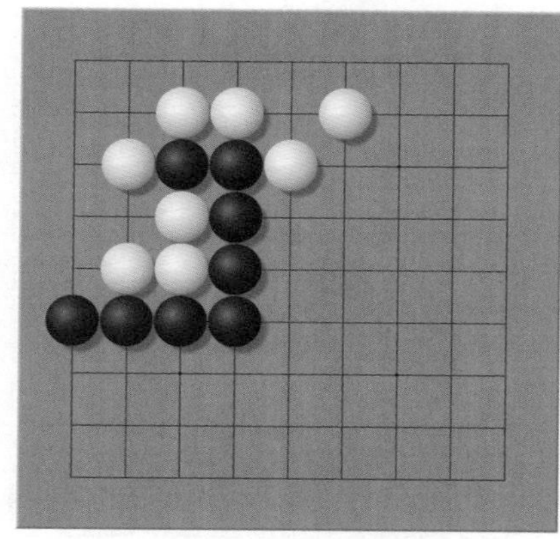

281

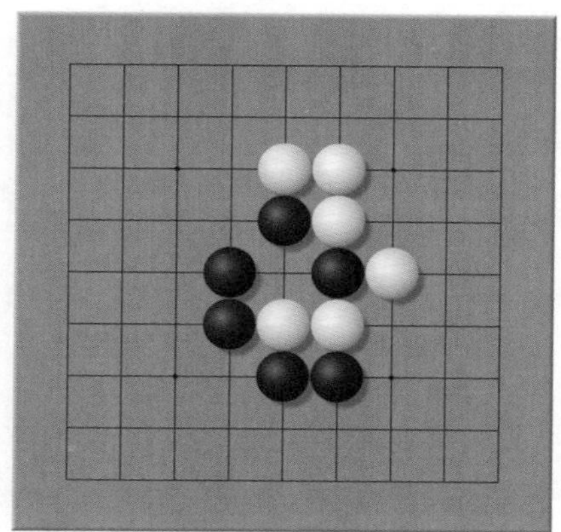

282

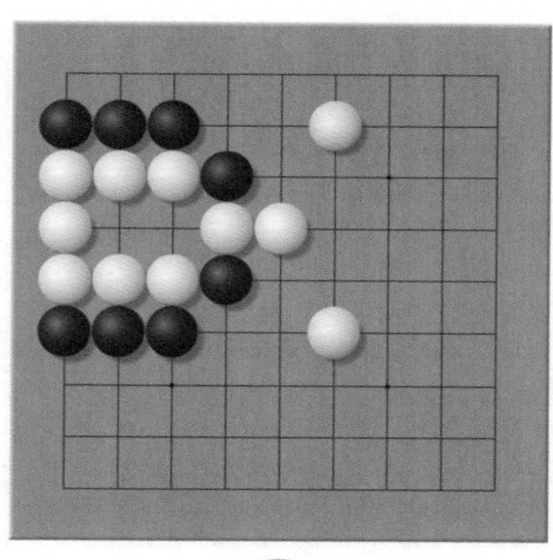

283

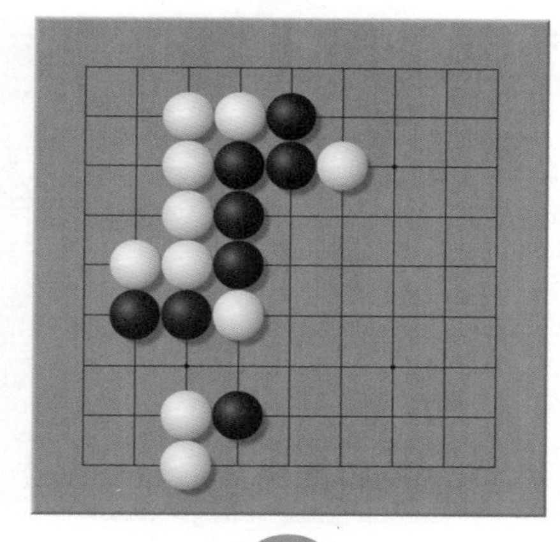

284

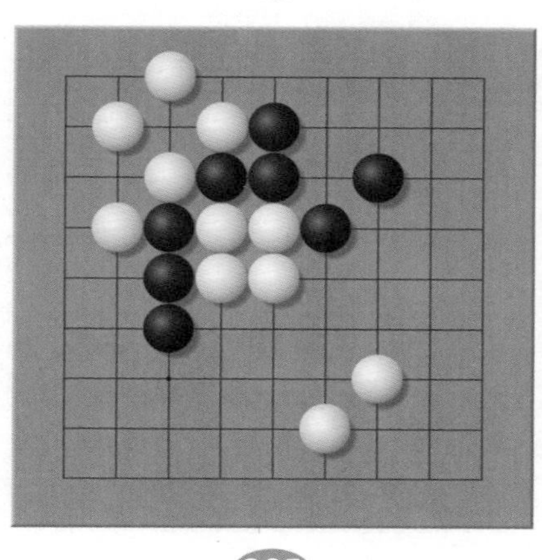

285

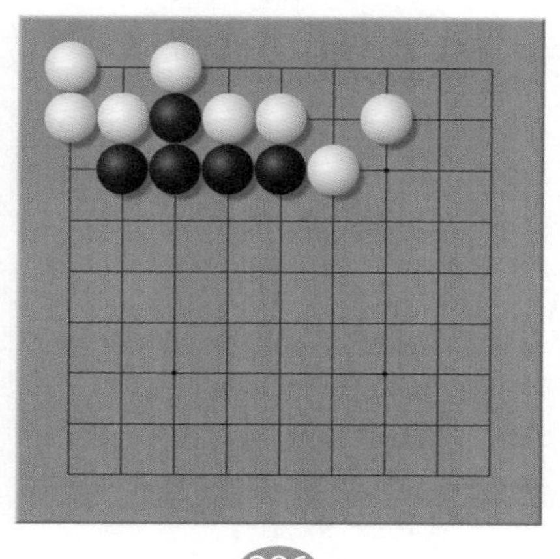

286

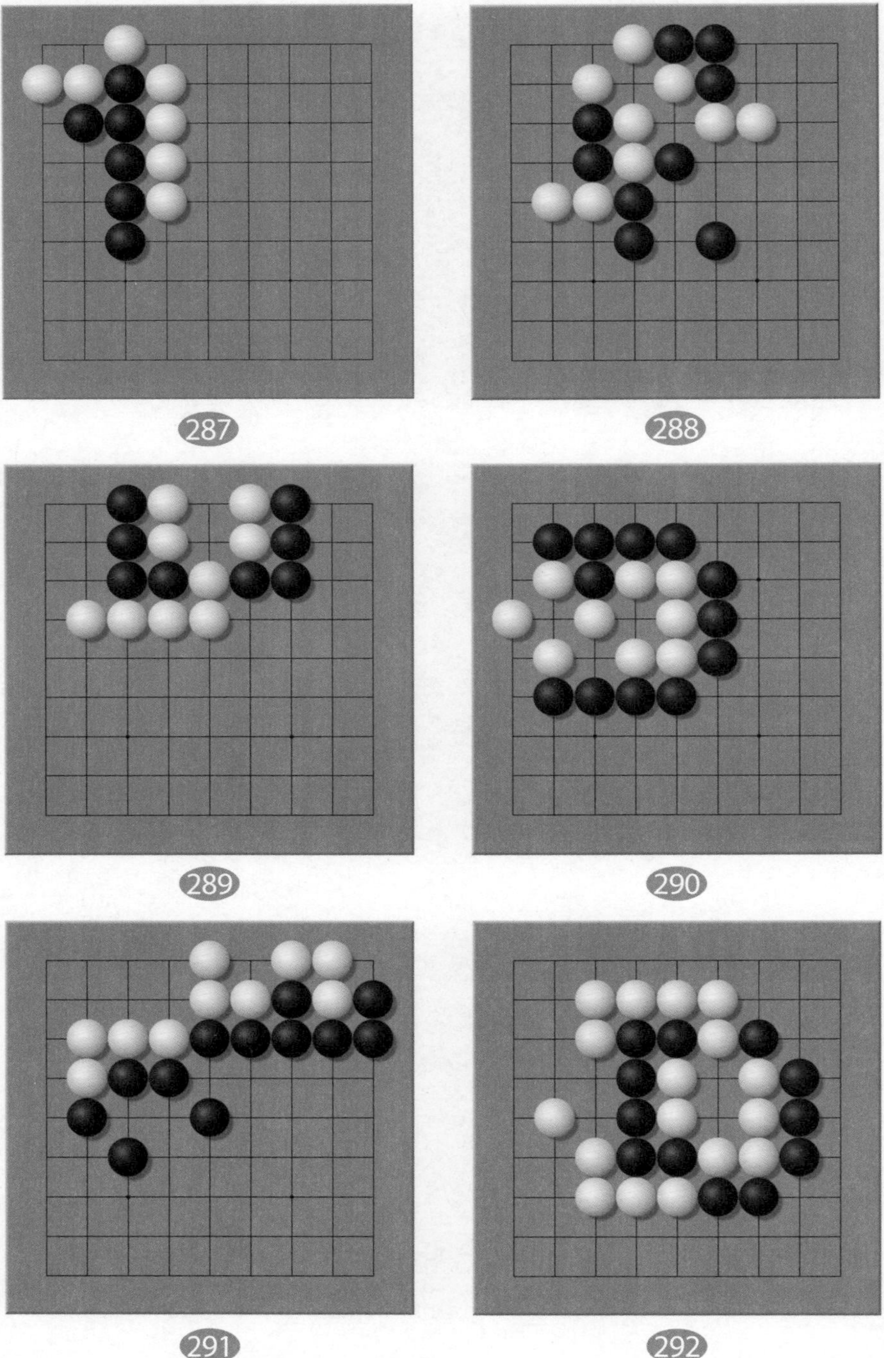
287
288
289
290
291
292

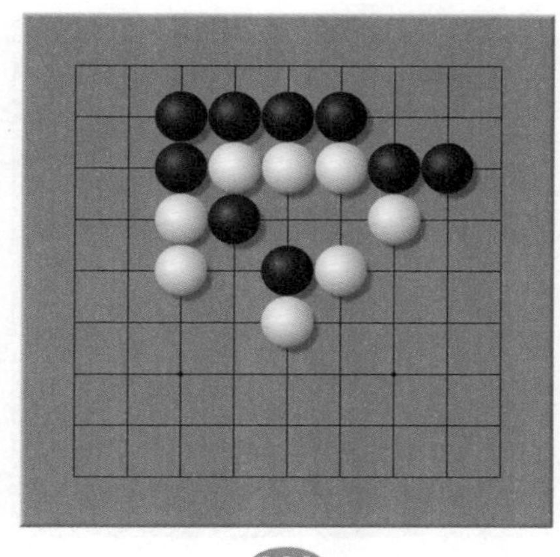

293

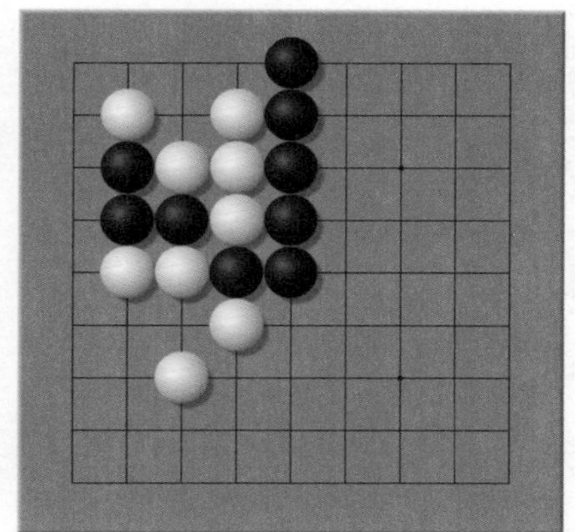

294

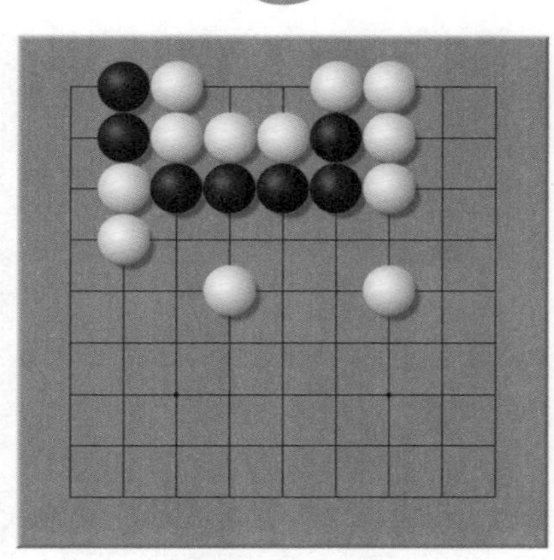

295

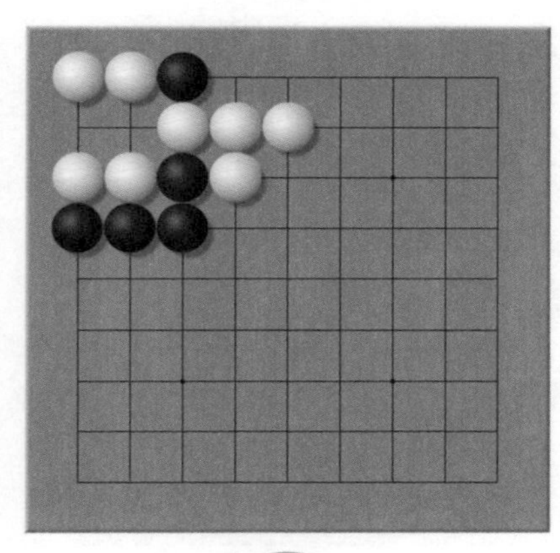

296

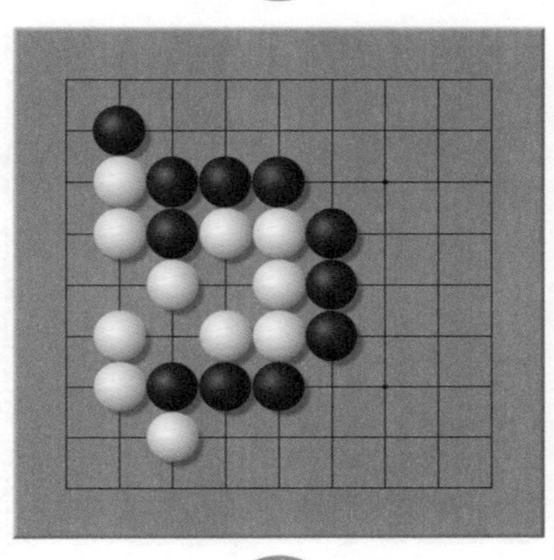

297

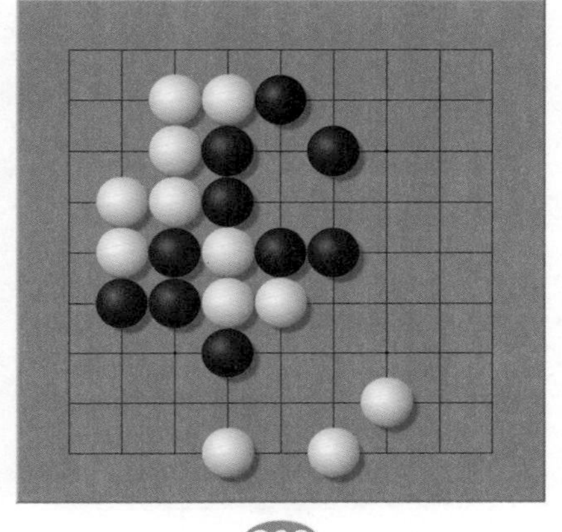

298

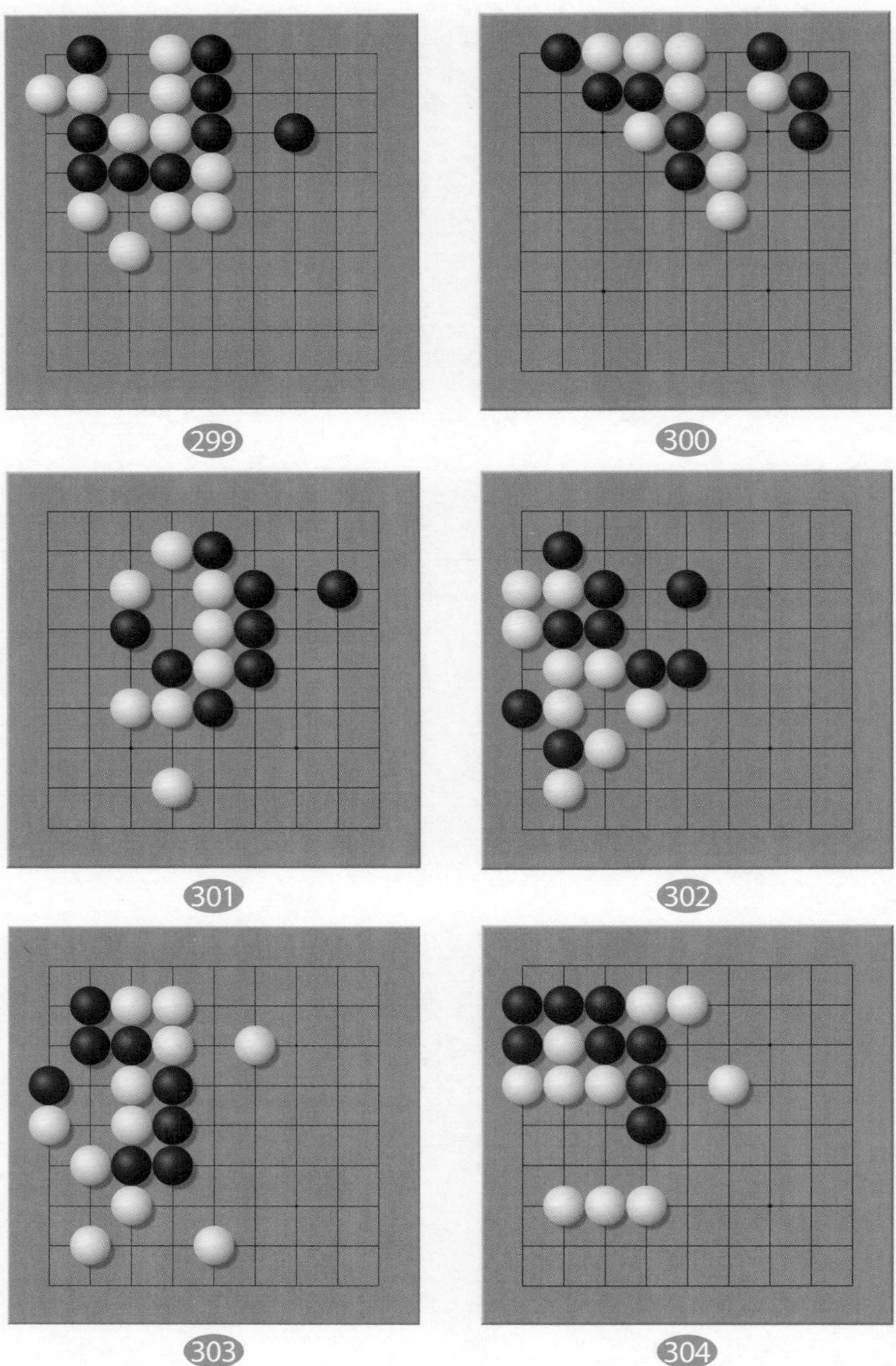
299
300
301
302
303
304

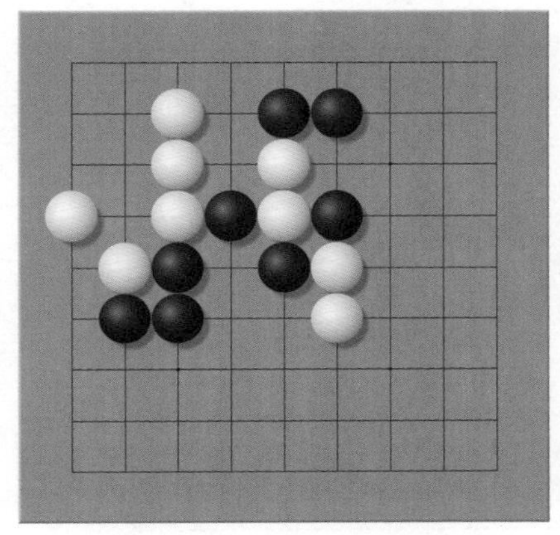

305

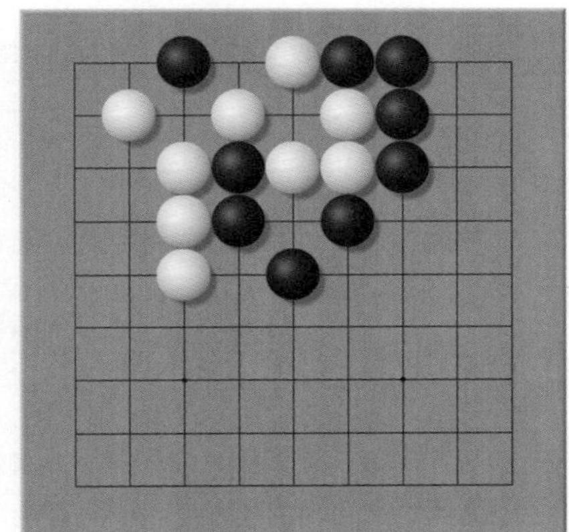

306

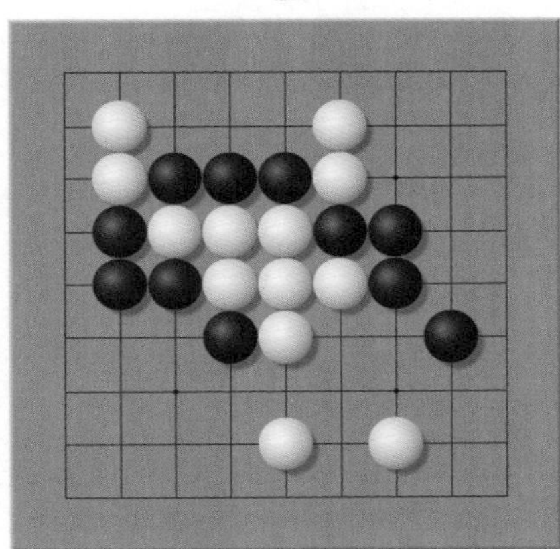

307

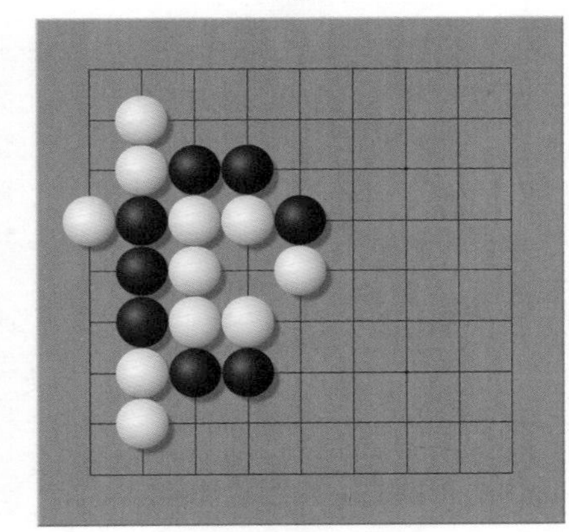

308

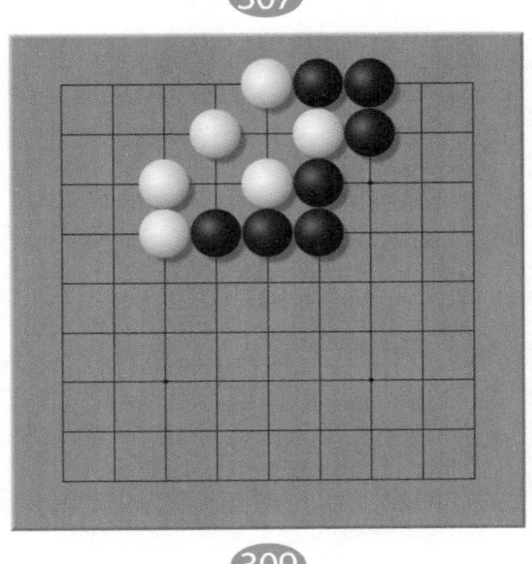

309

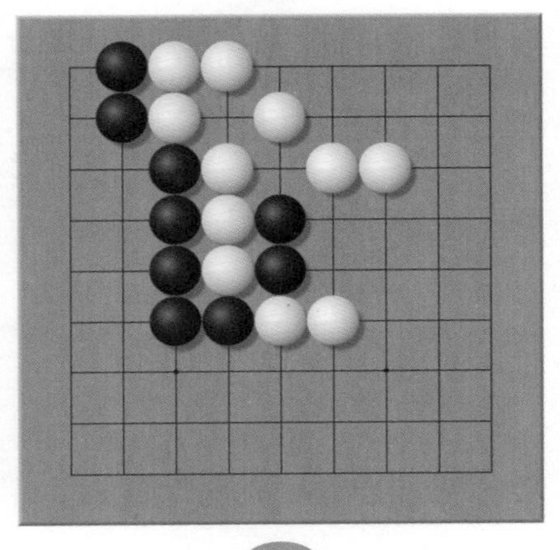

310

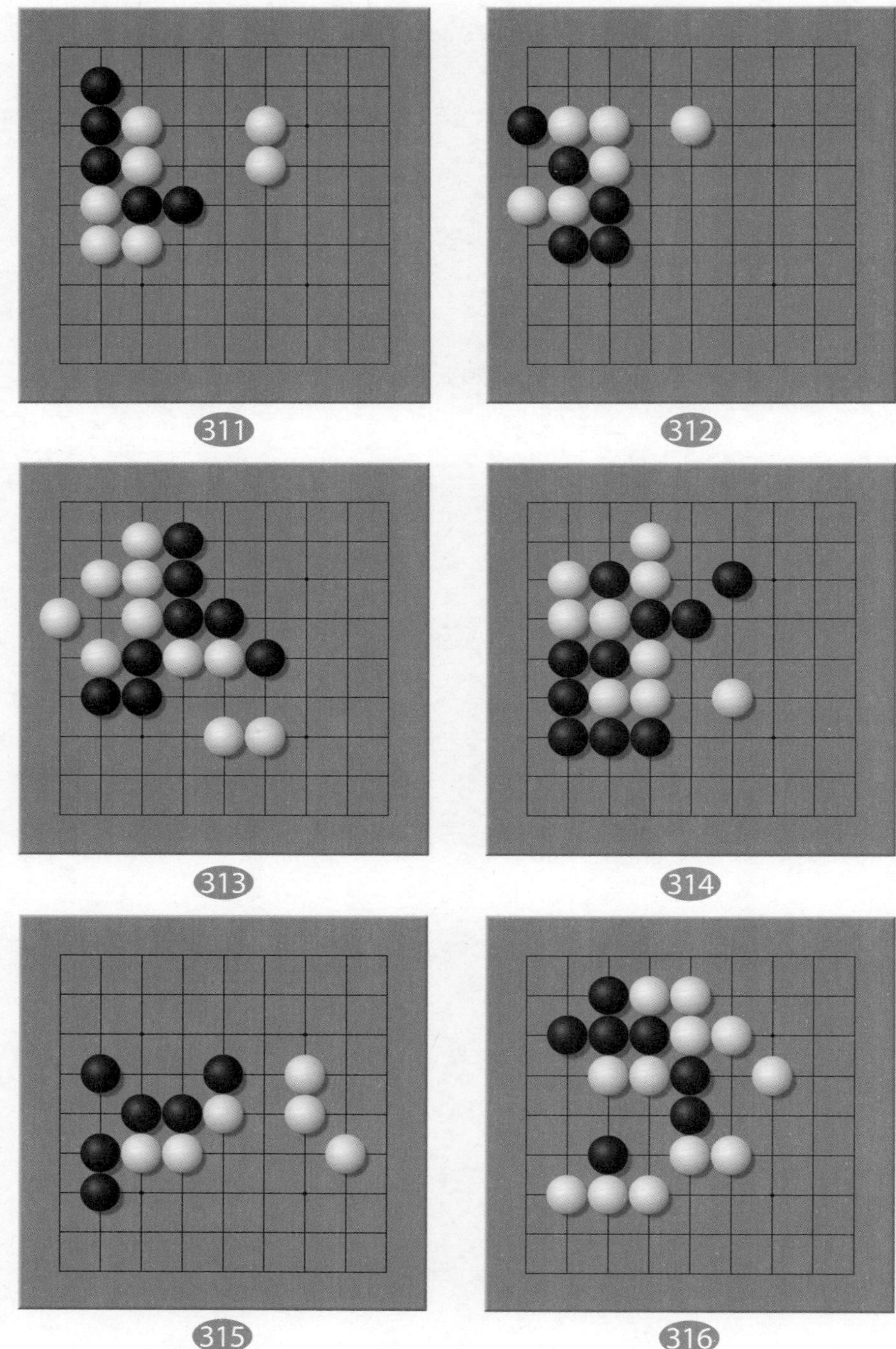
311
312
313
314
315
316

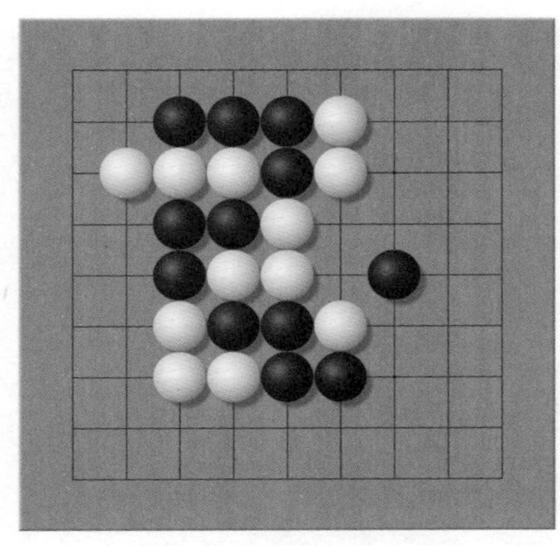

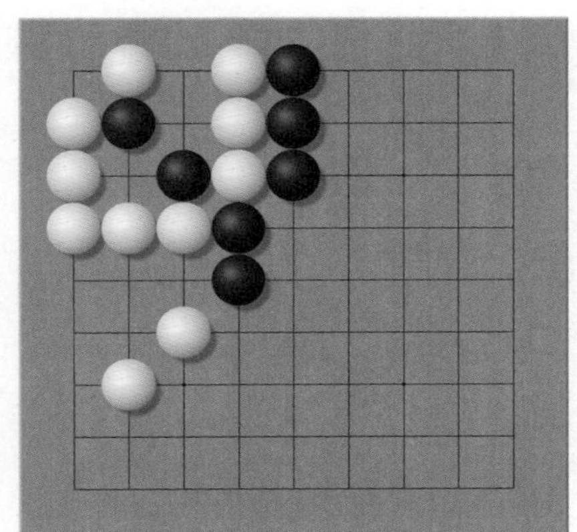

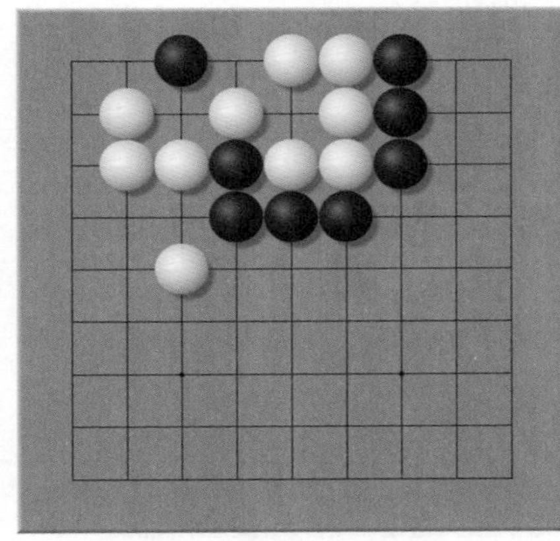

319

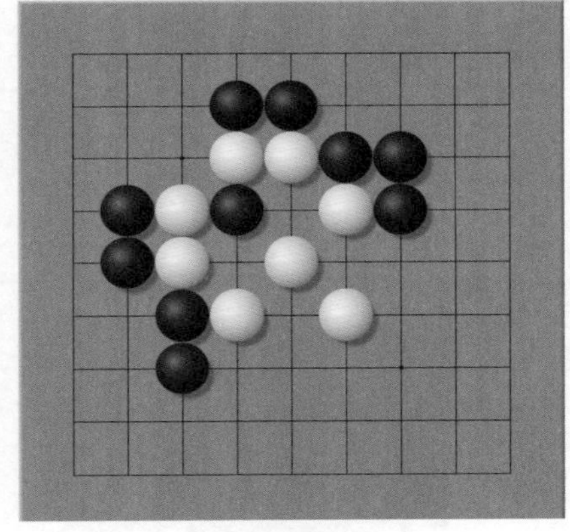

320

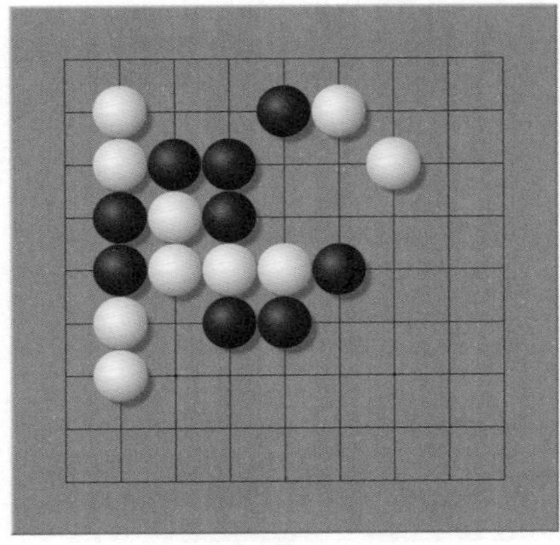

321

322

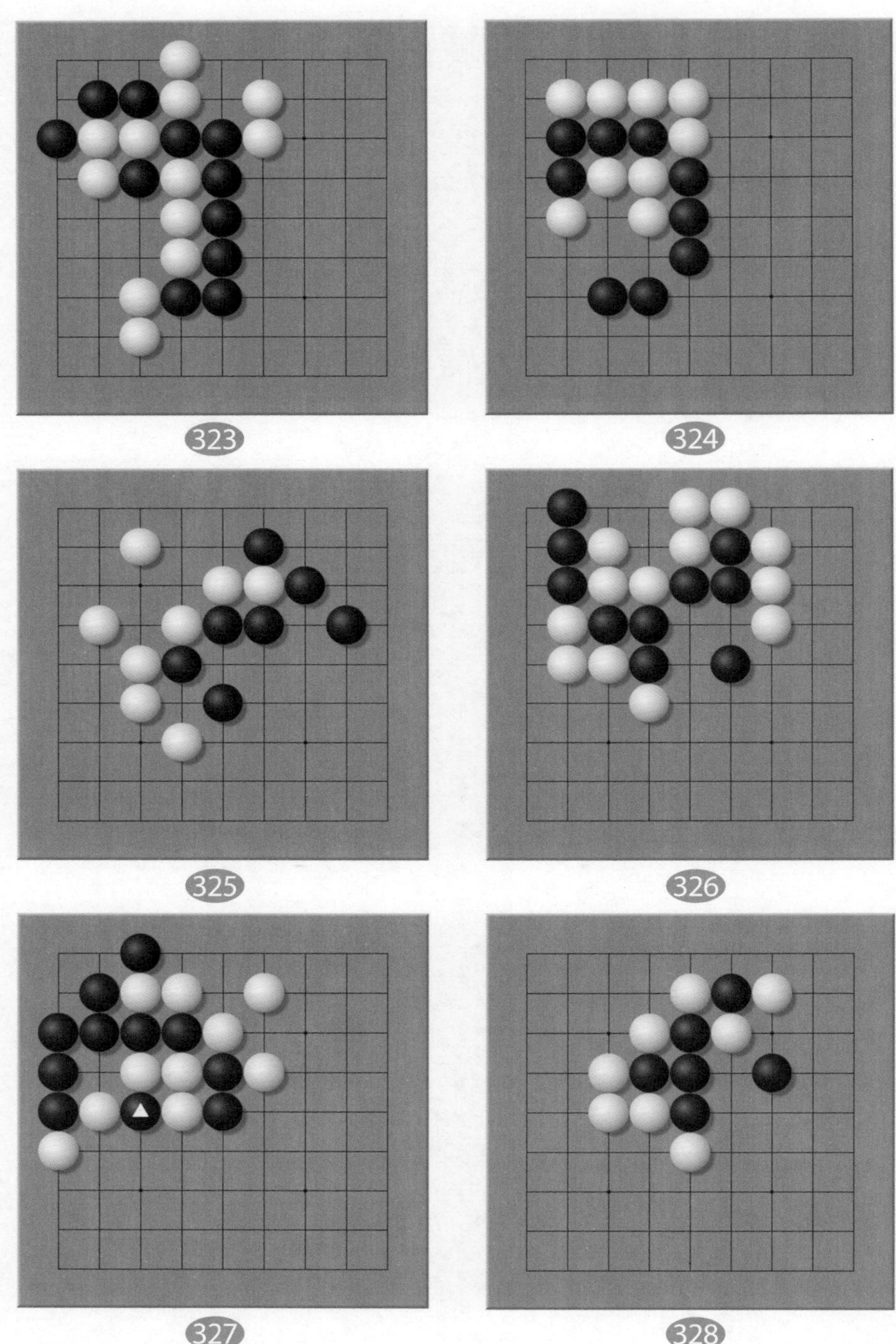
323
324
325
326
327
328

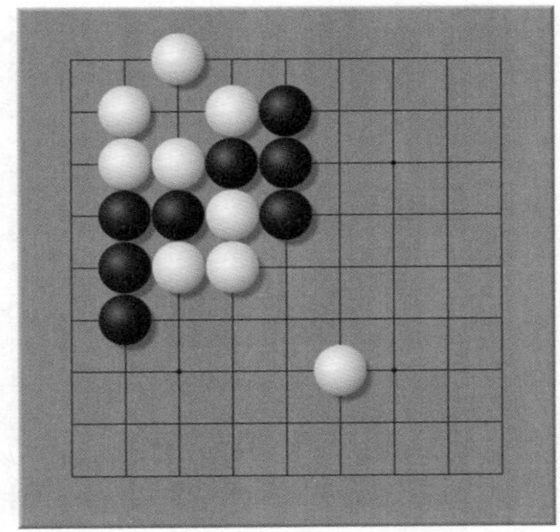
329

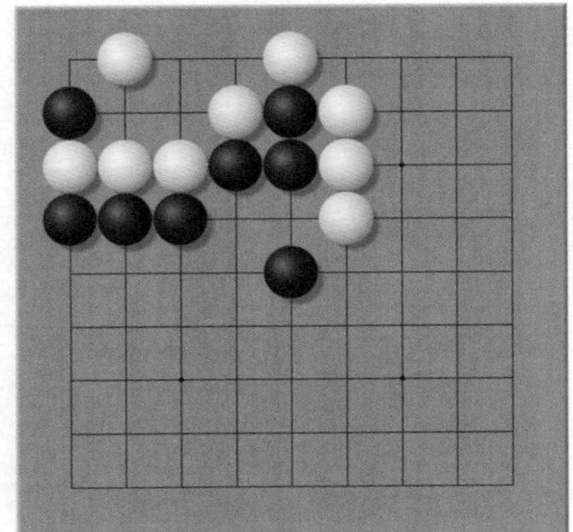

330

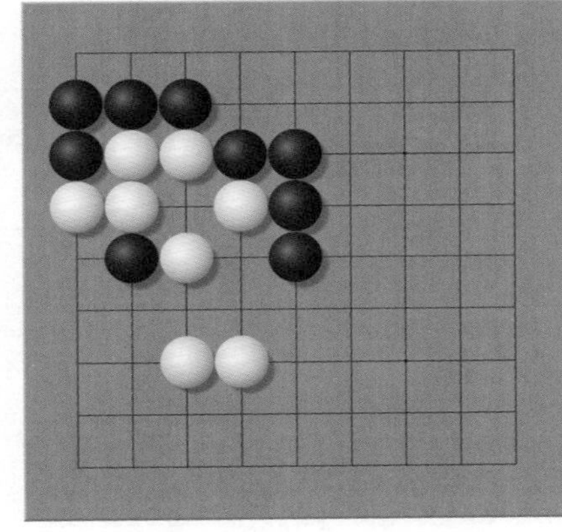
331

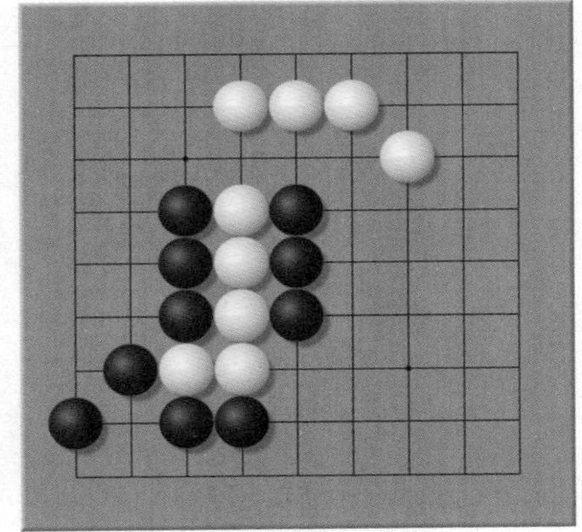
332

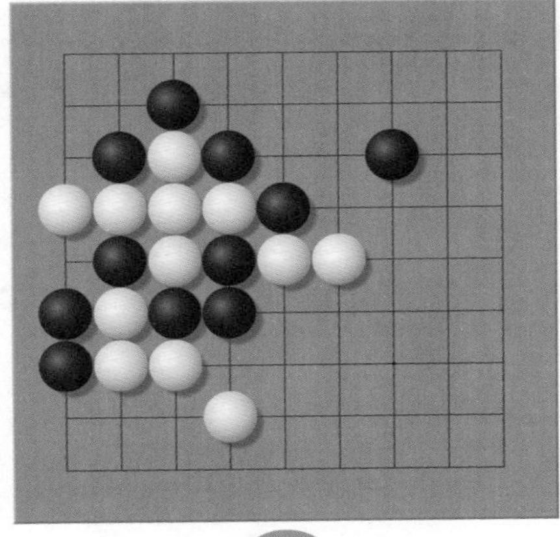
333

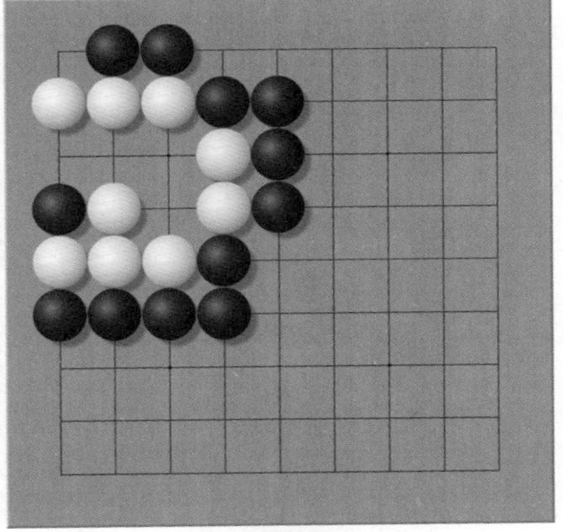
334

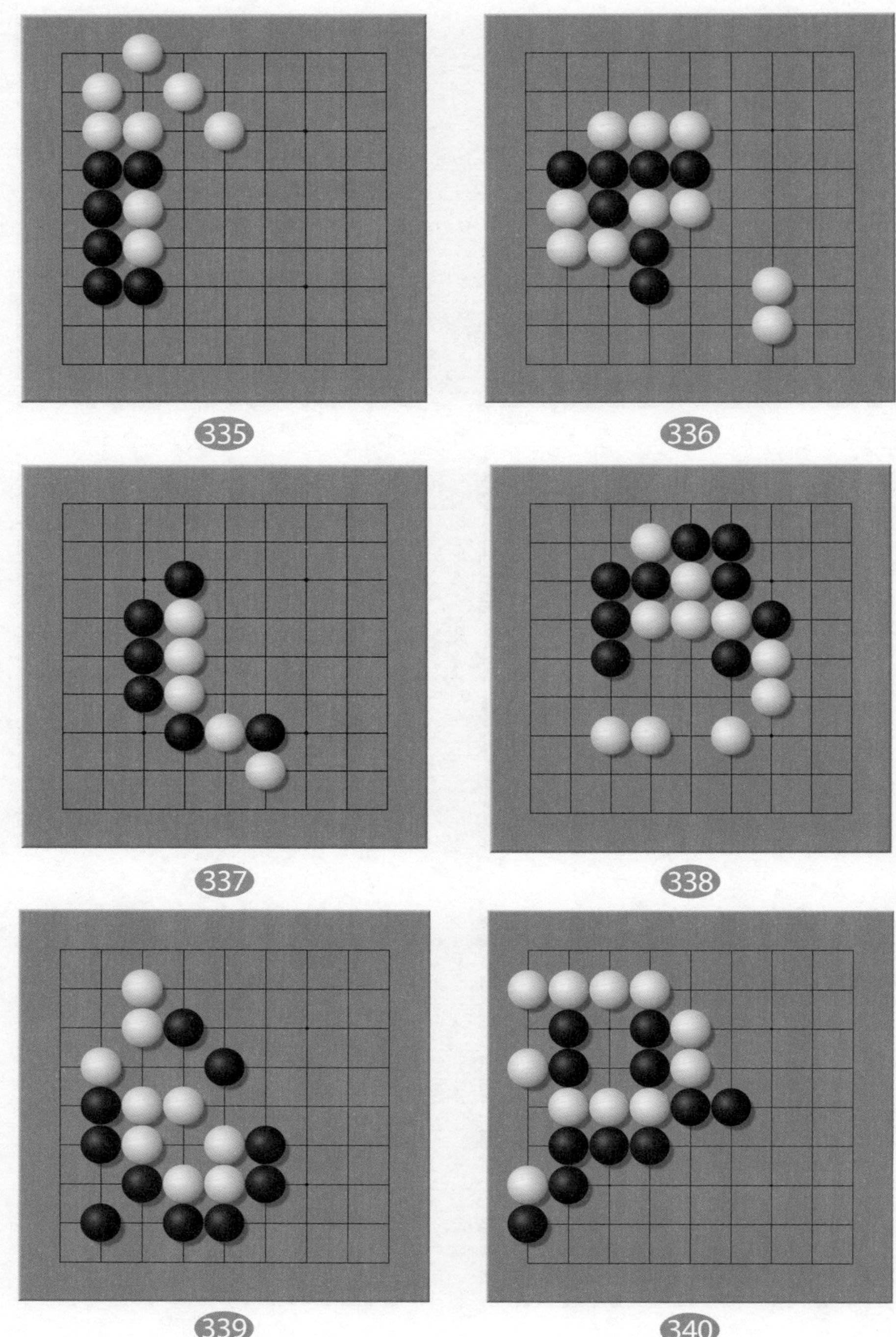
335
336
337
338
339
340

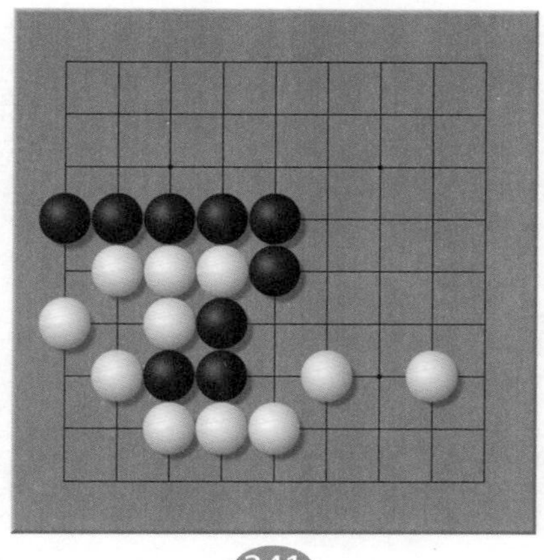
341

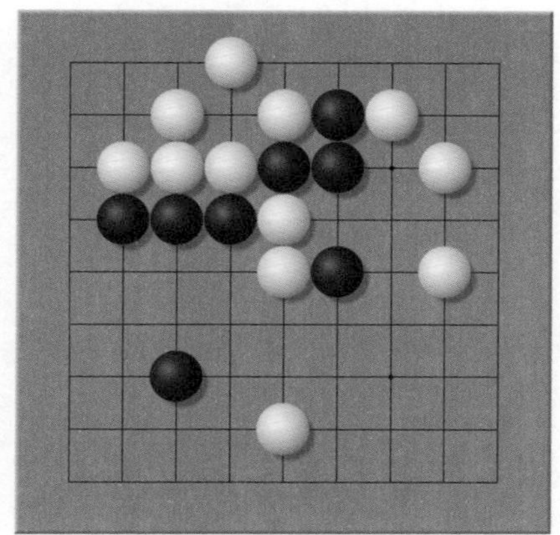
342

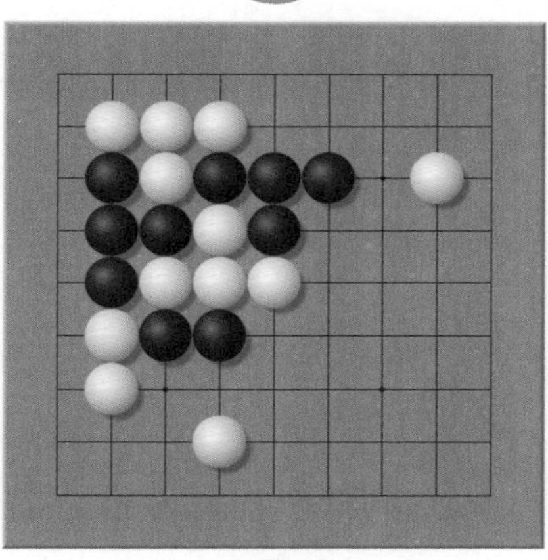
343

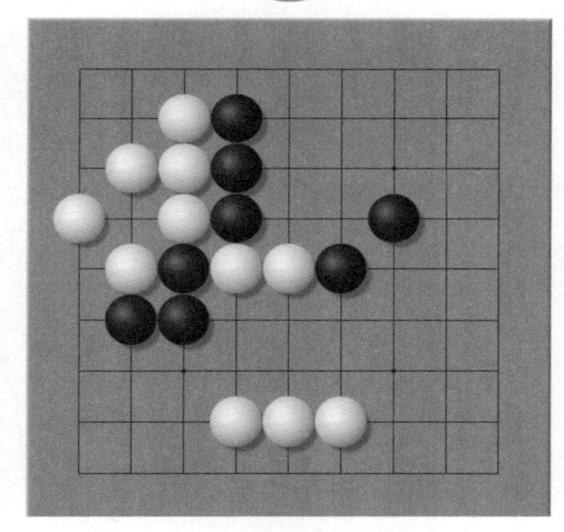
344

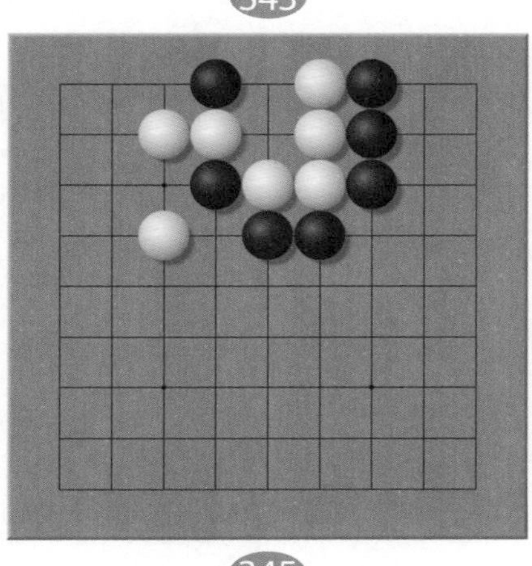
345

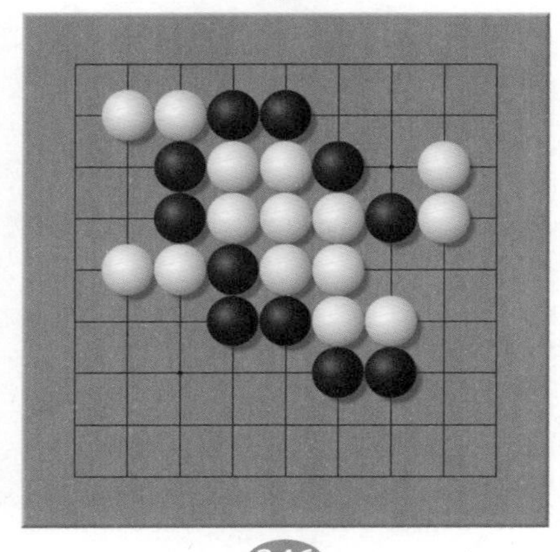
346

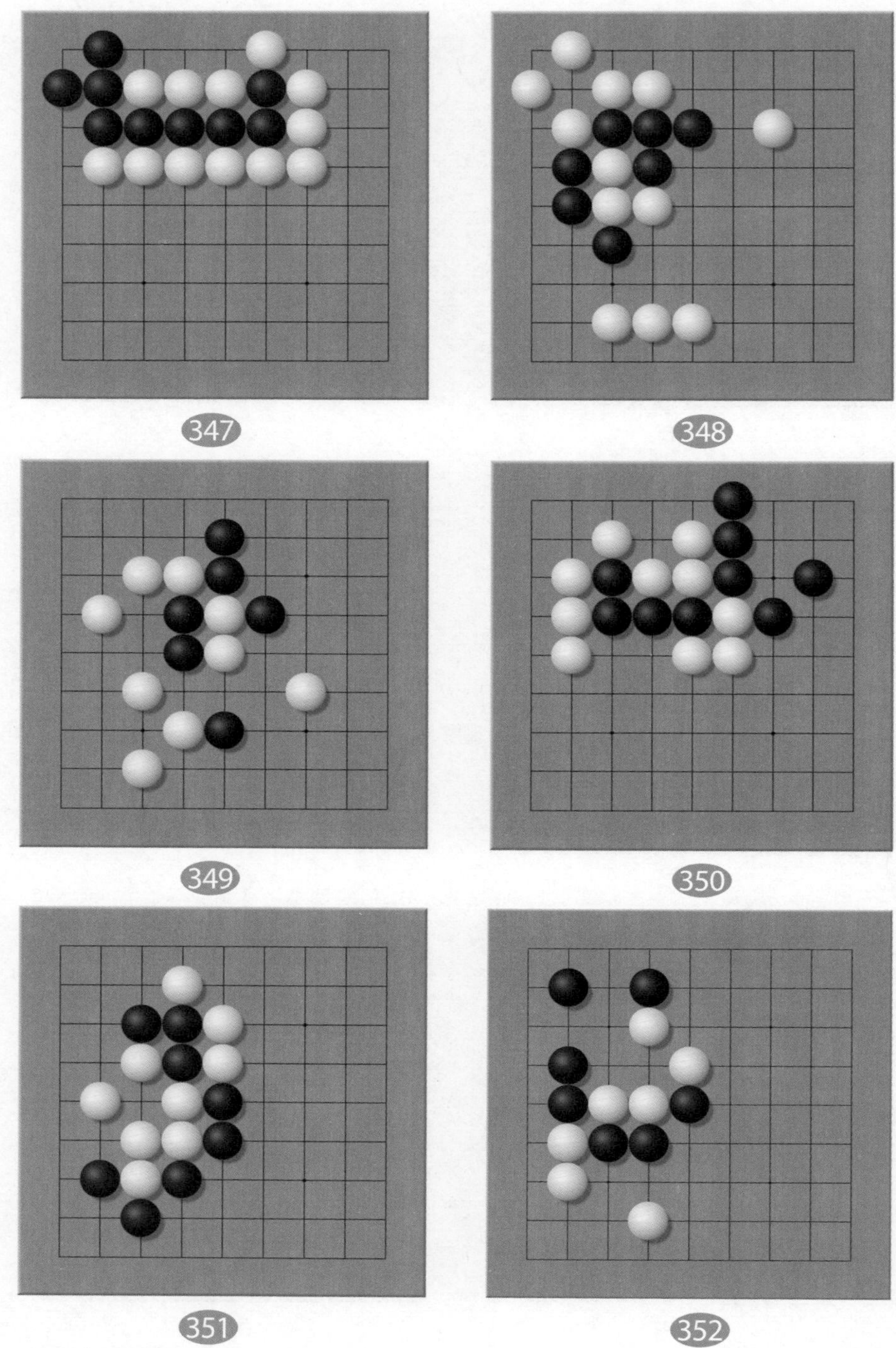
347
348
349
350
351
352

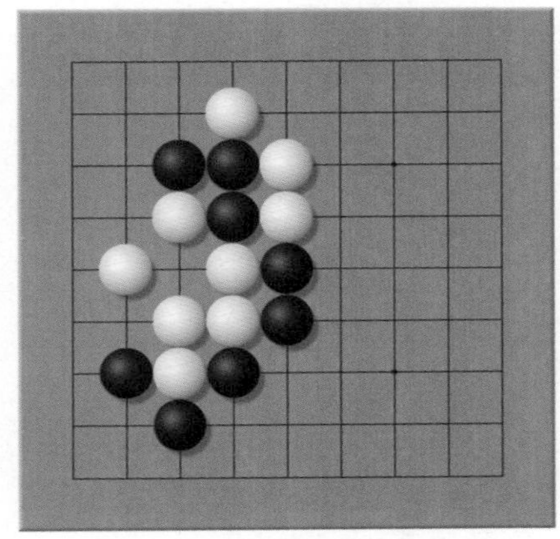

353

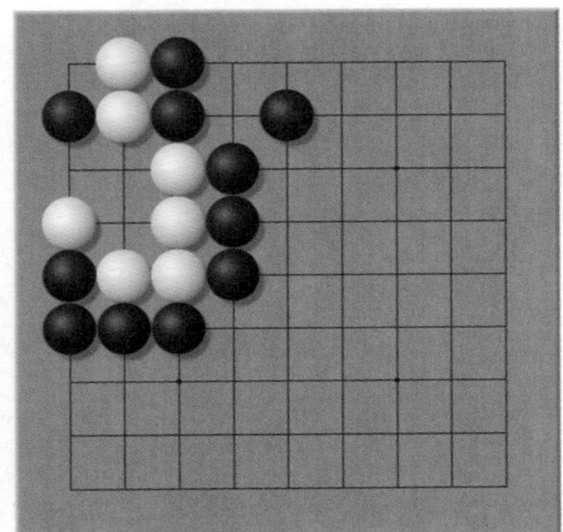

354

355

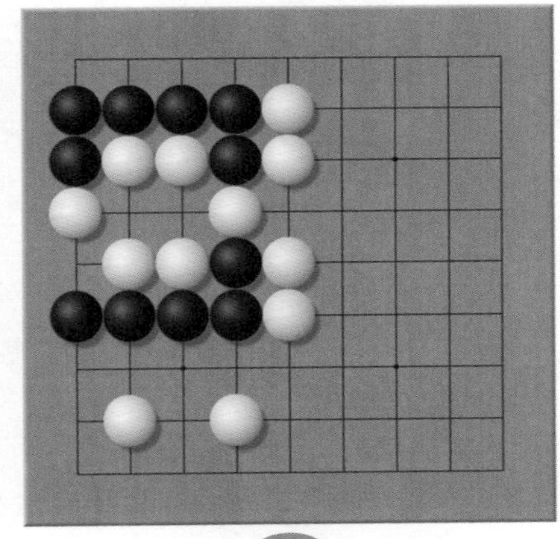

356

357

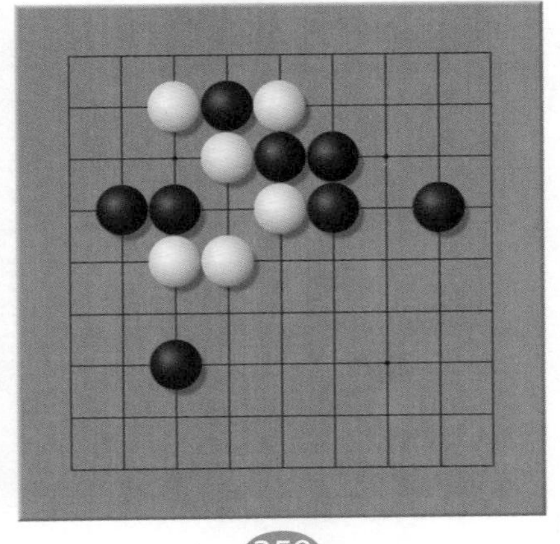

358

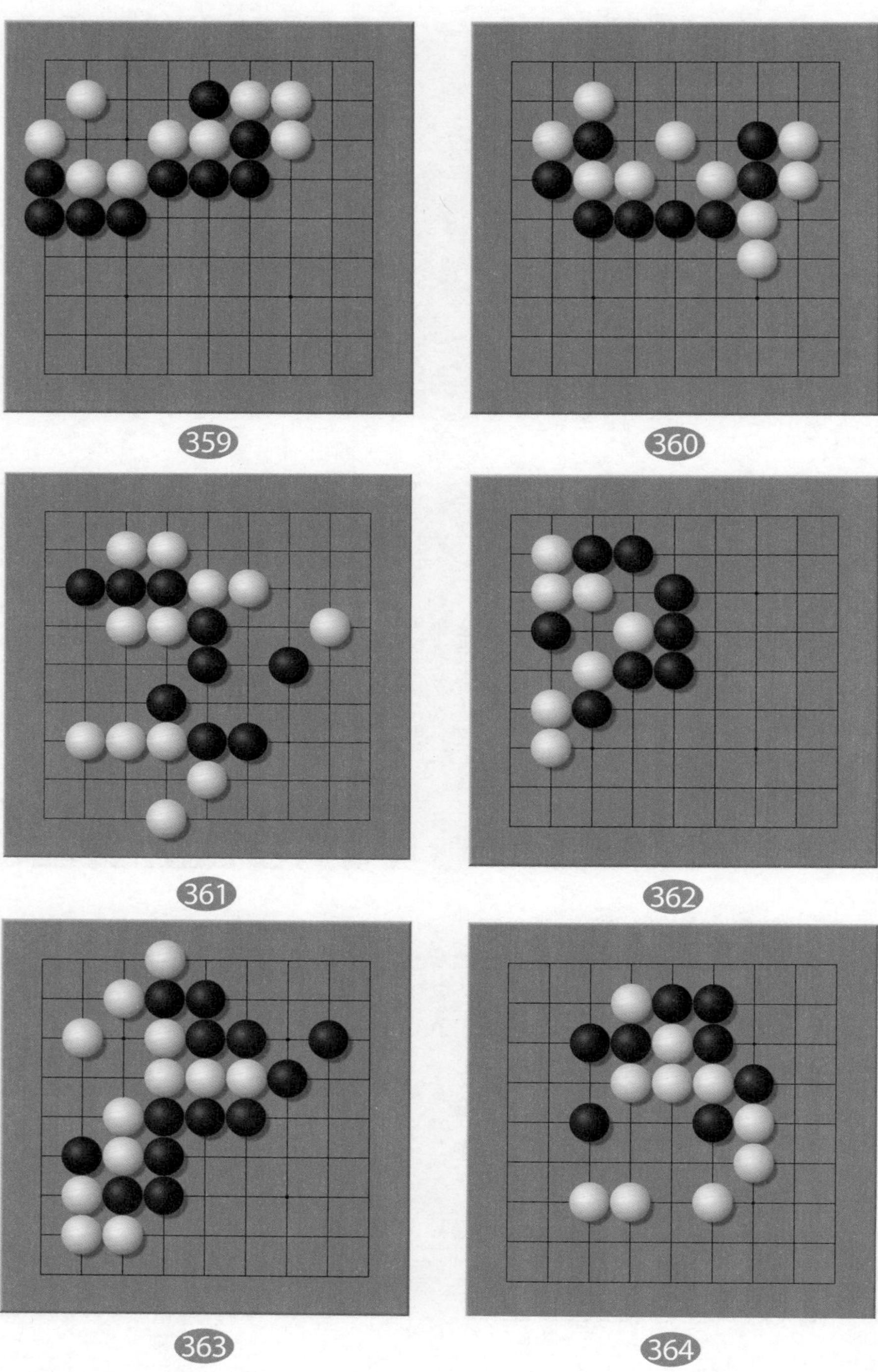


359
360
361
362
363
364

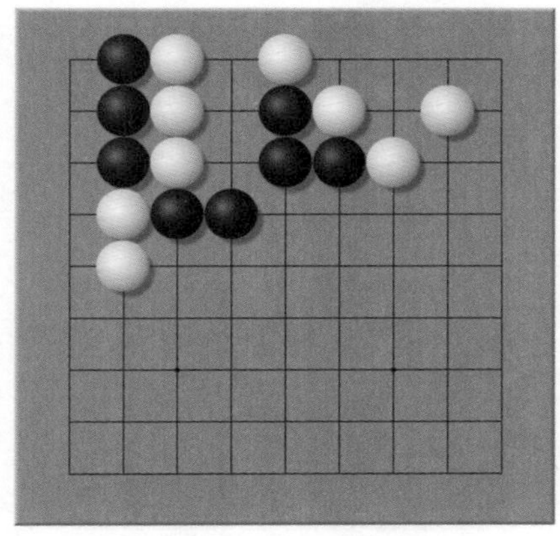

365

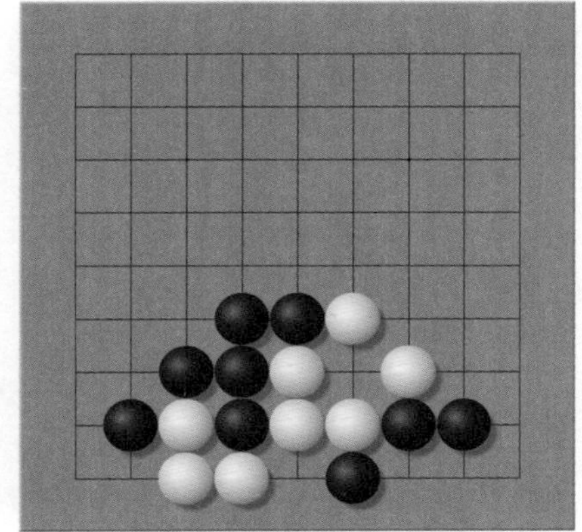

366

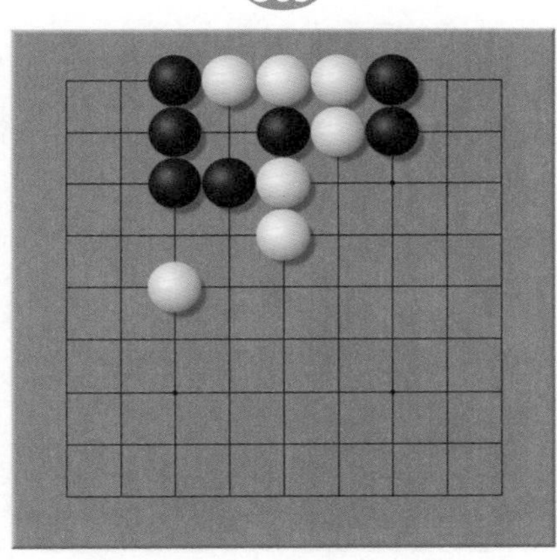

367

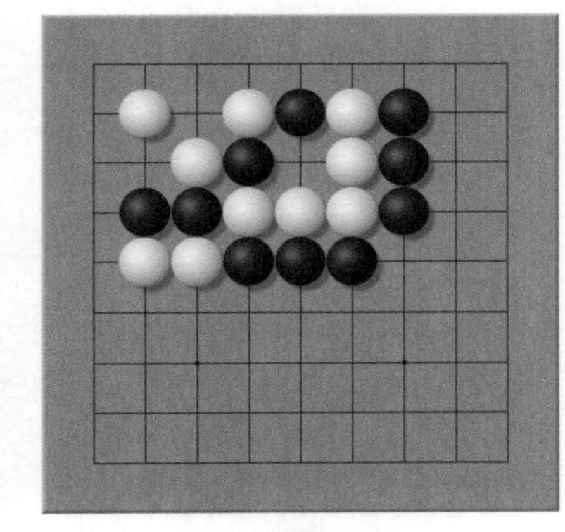

368

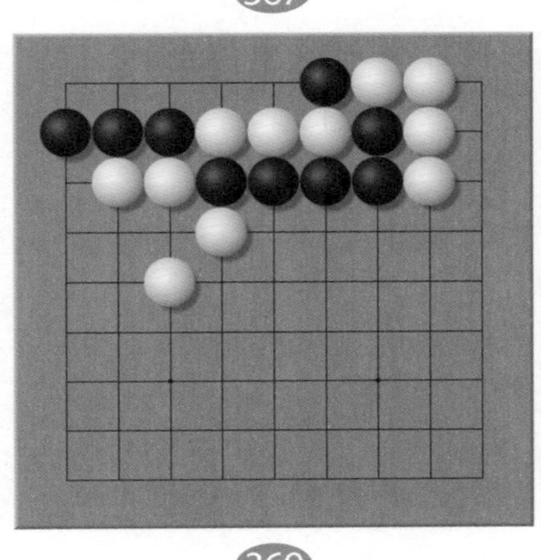

369

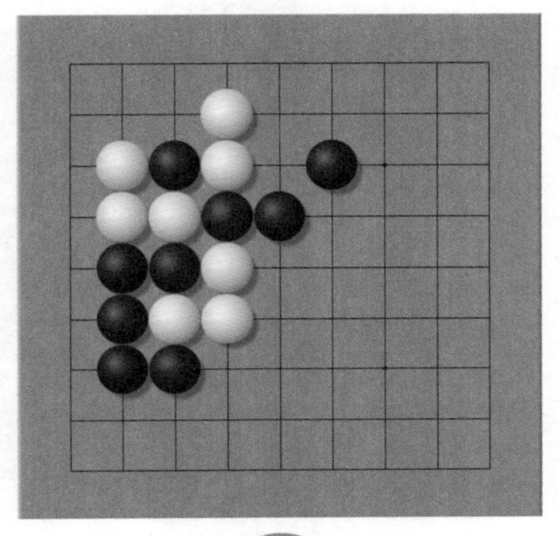

370

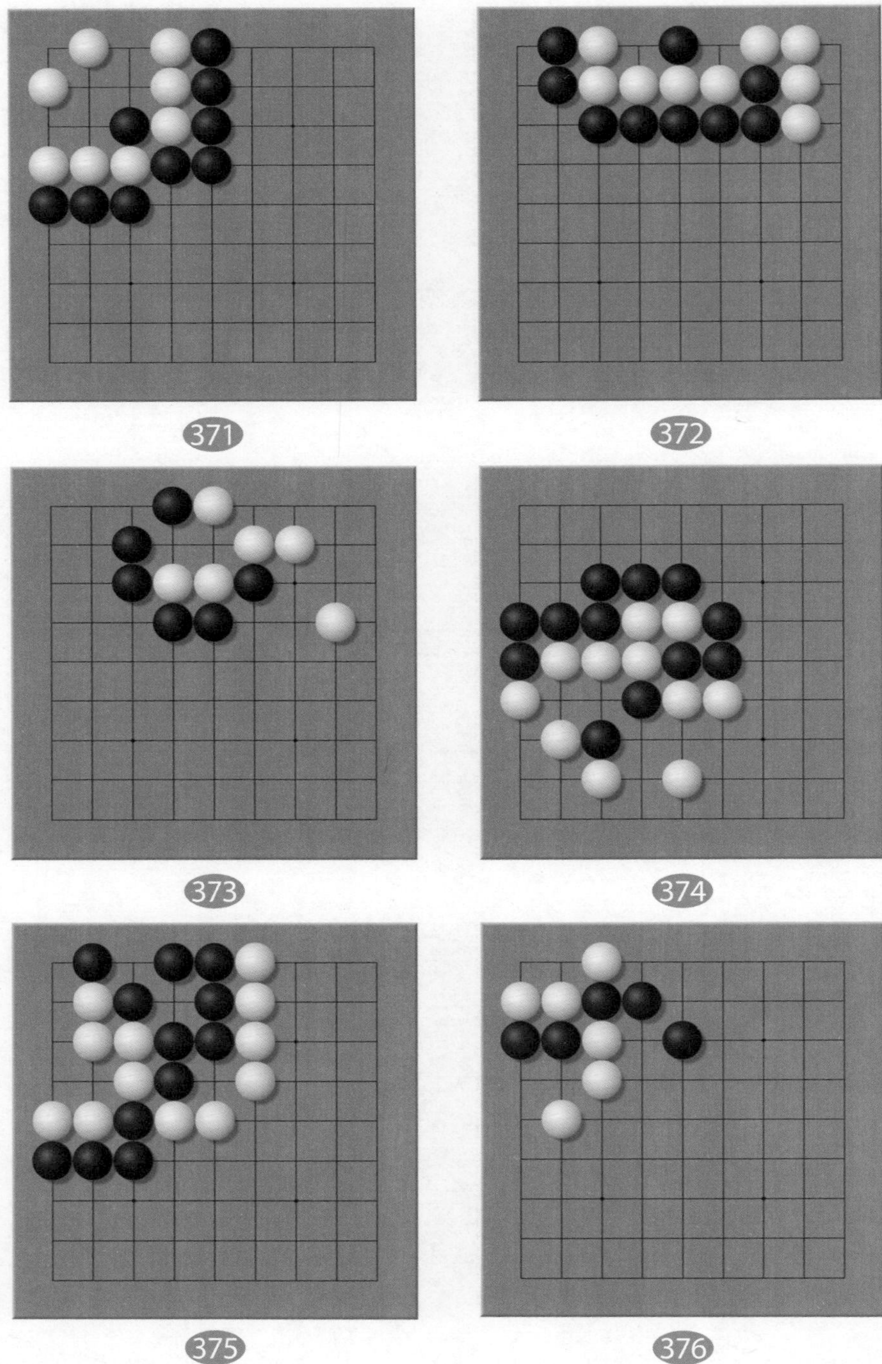

371
372
373
374
375
376

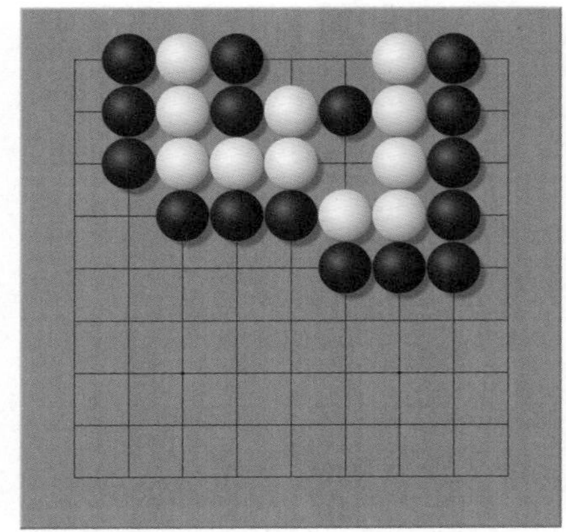
377

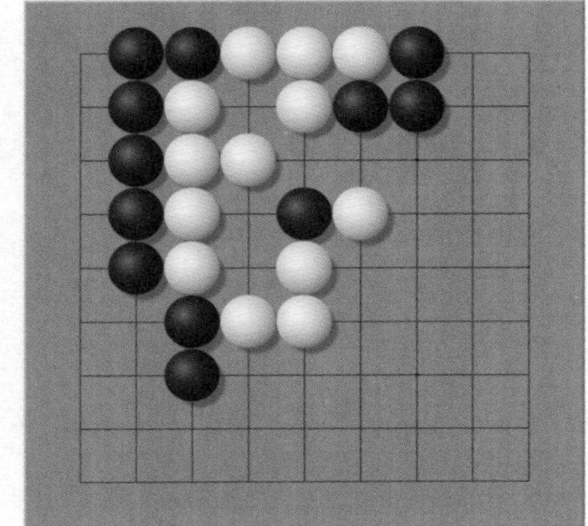
378

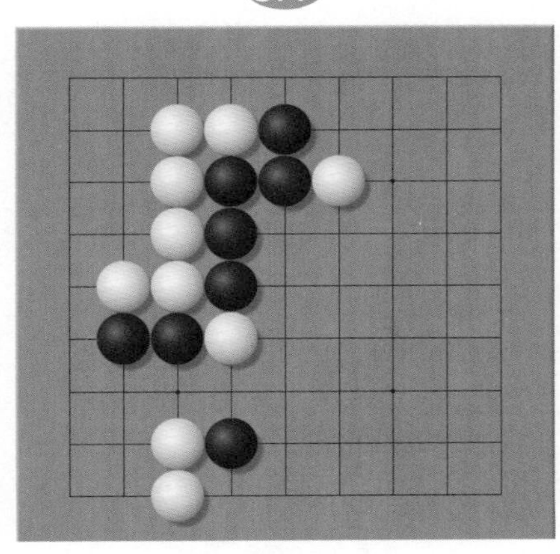
379

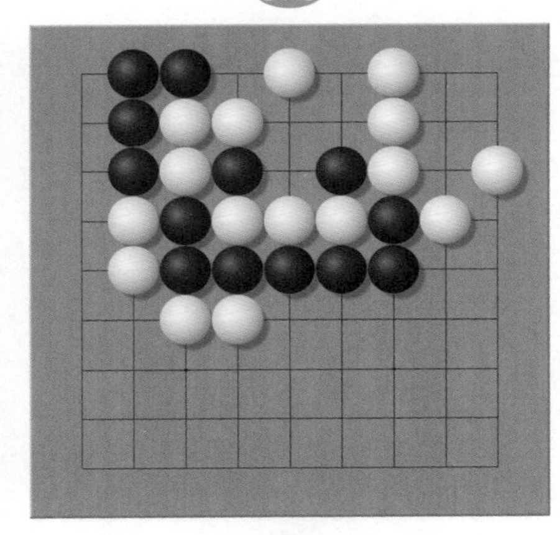
380

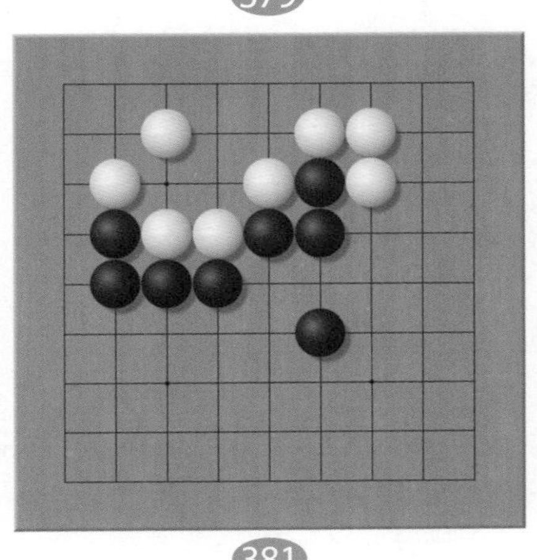
381

382

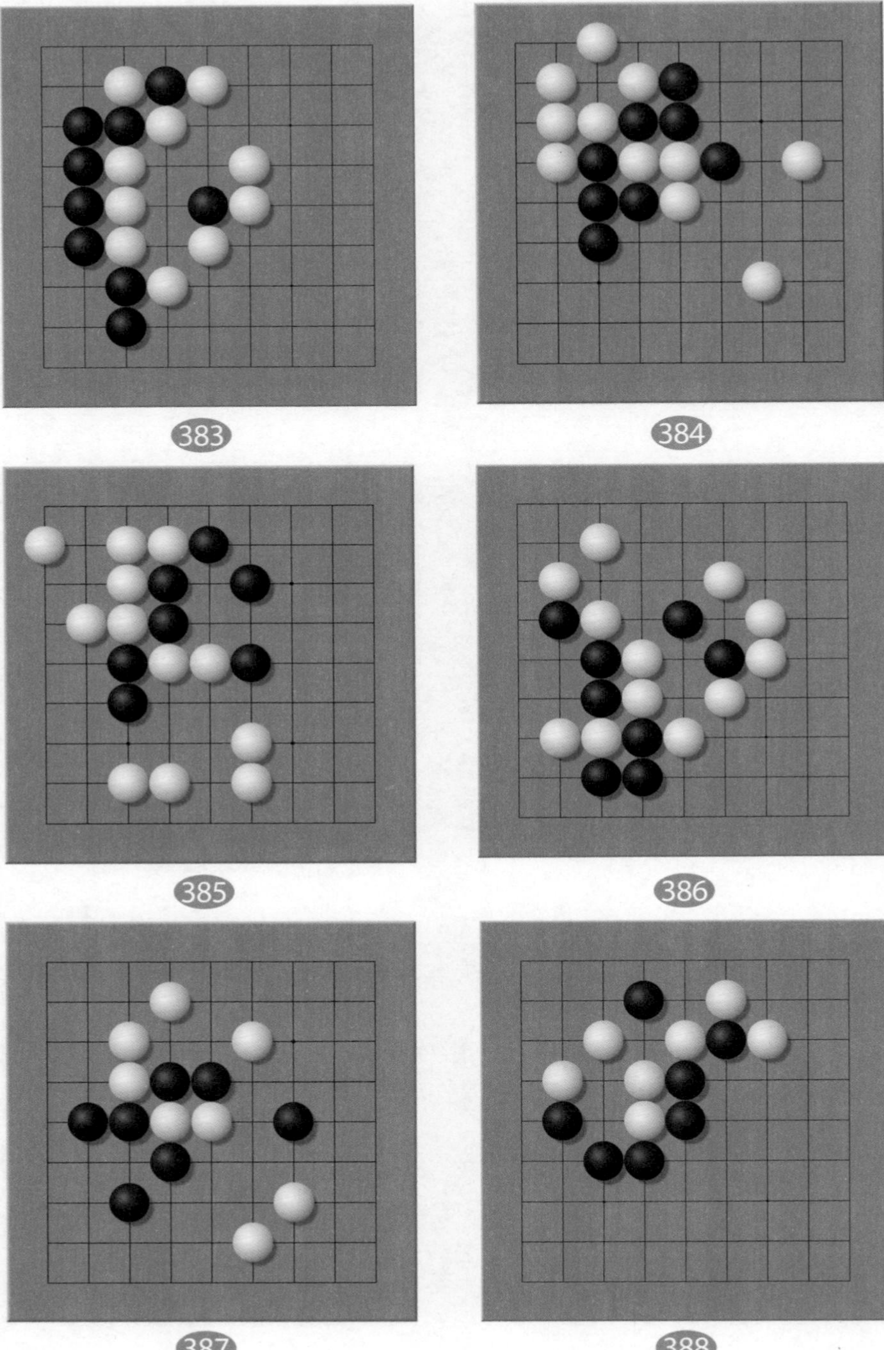
383
384
385
386
387
388

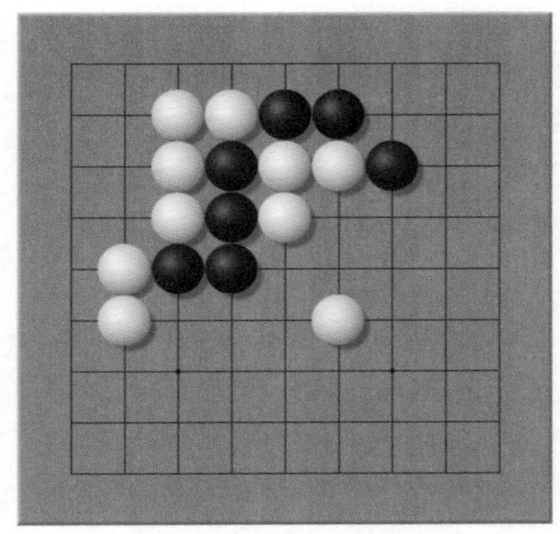

389

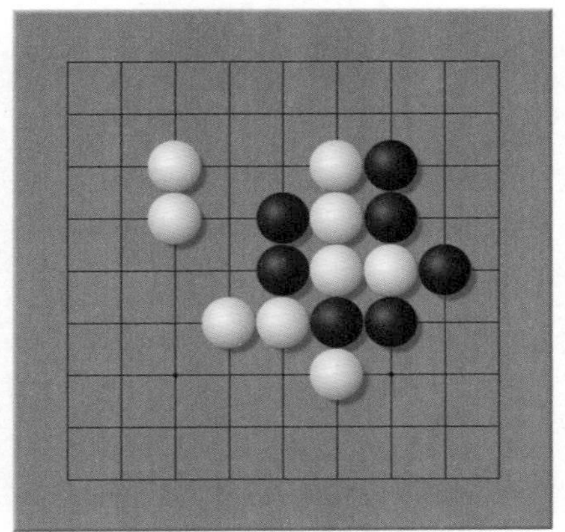

390

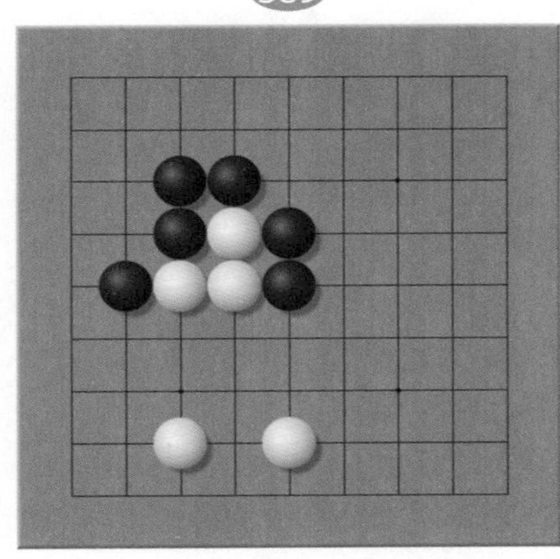

391

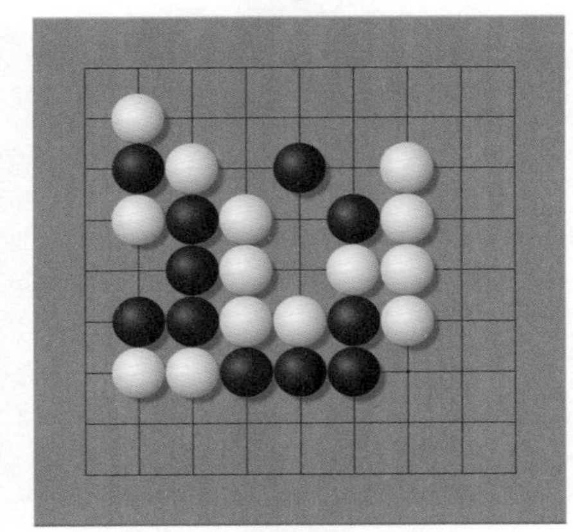

392

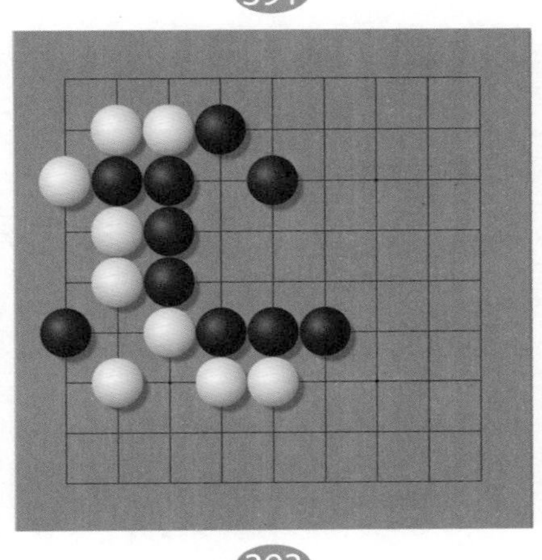

393

394

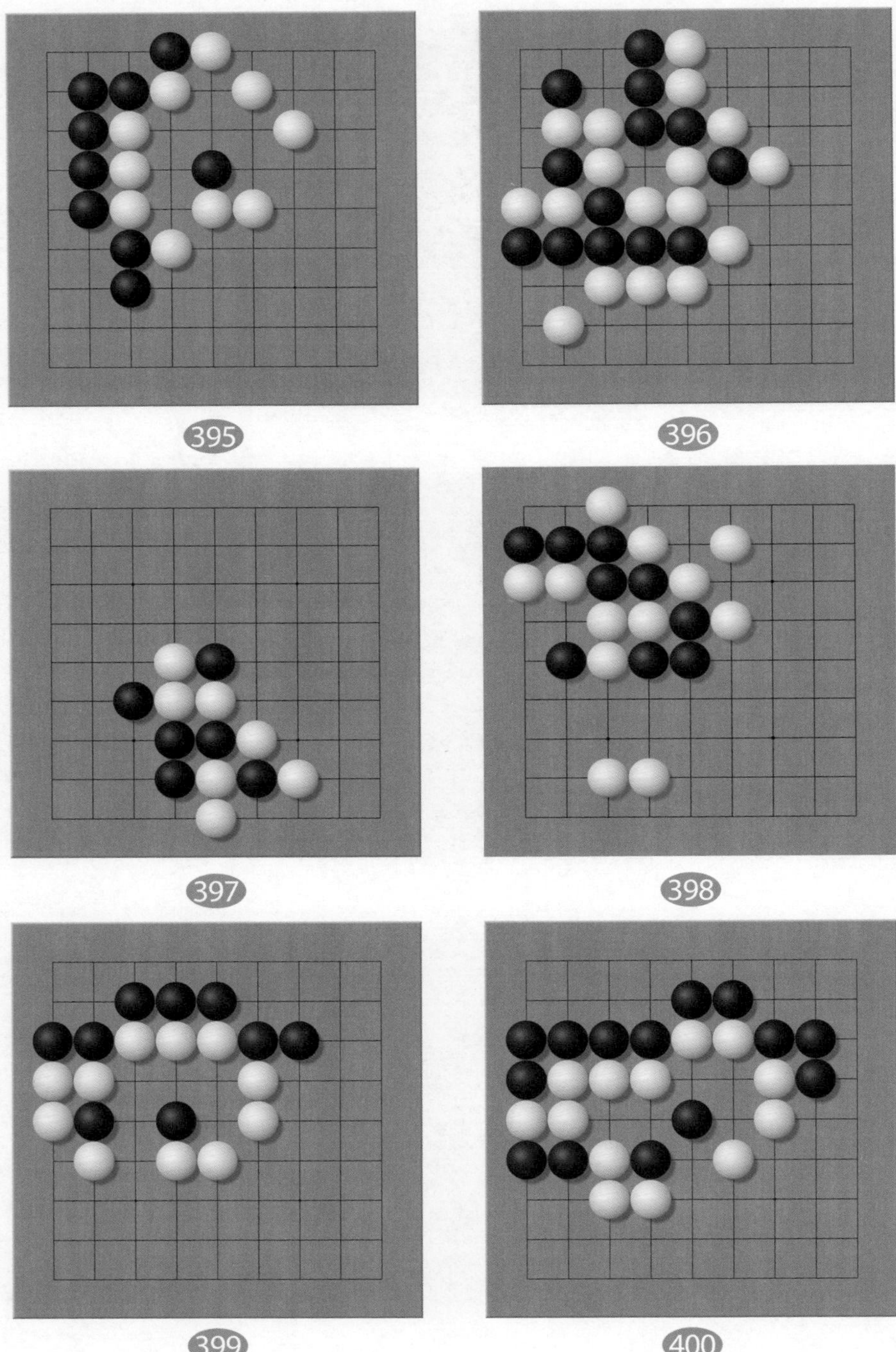
395
396
397
398
399
400

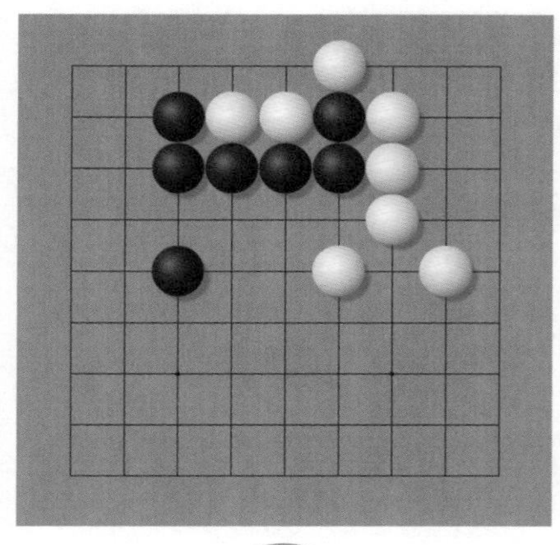
401

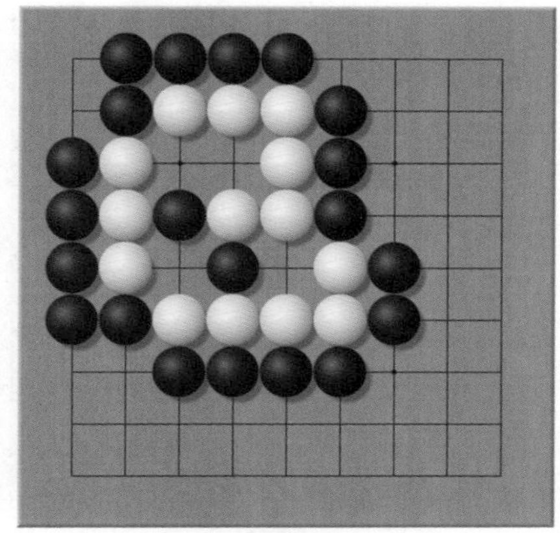
402

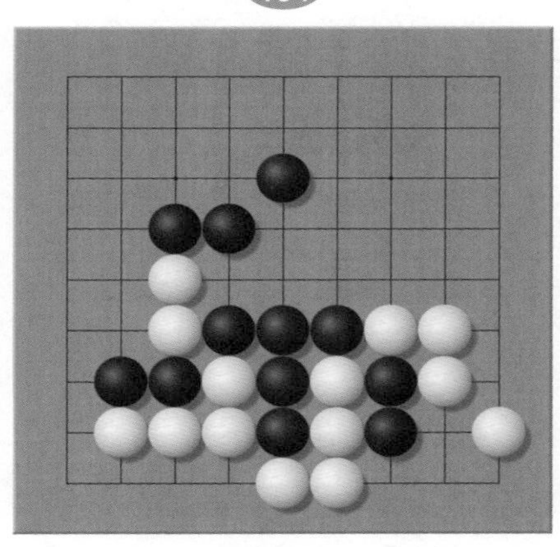
403

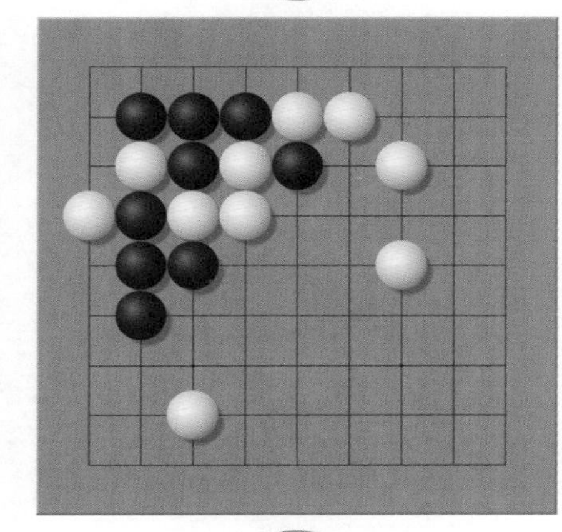
404

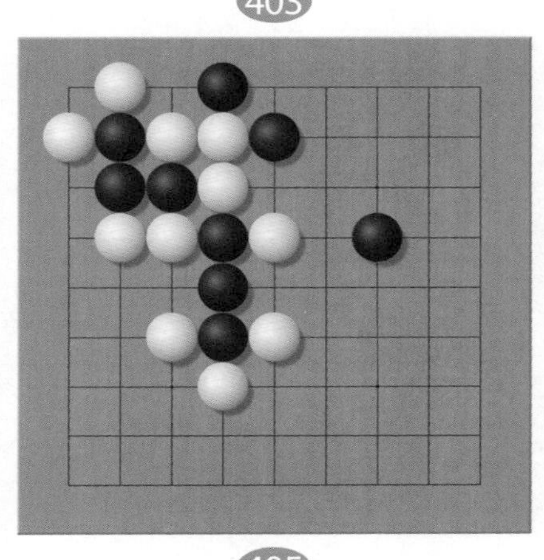
405

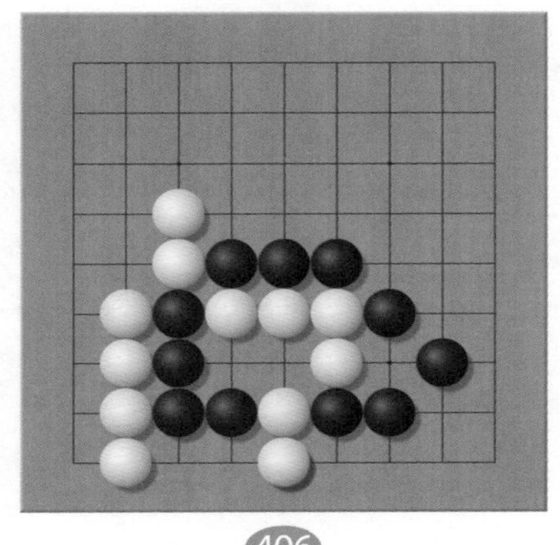
406

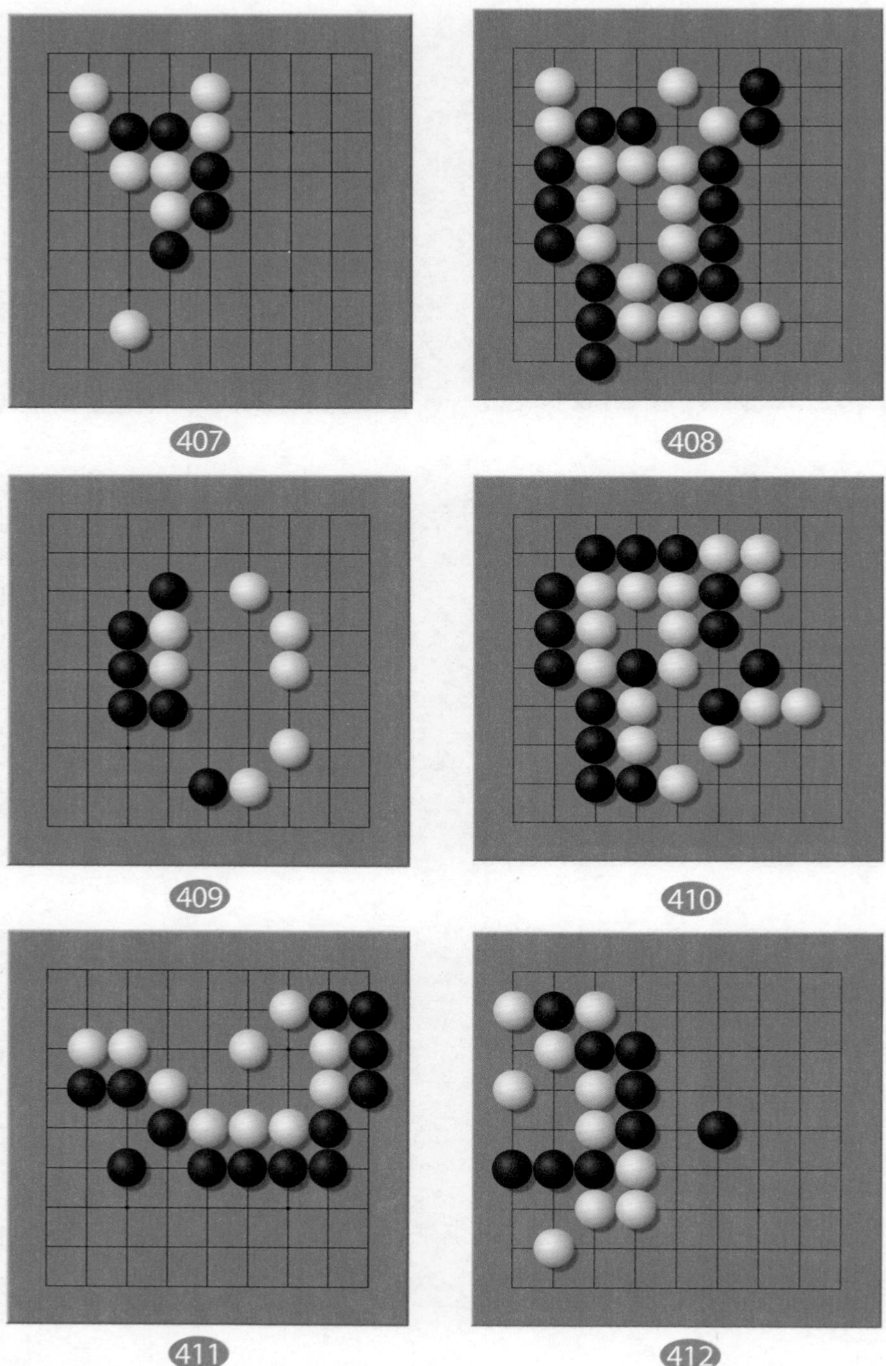

407
408
409
410
411
412

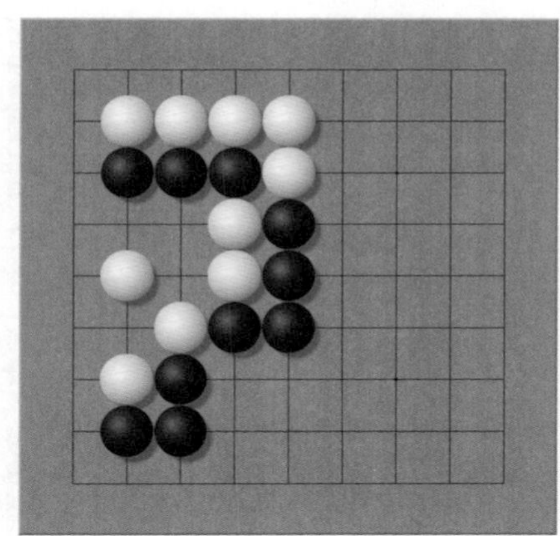

413

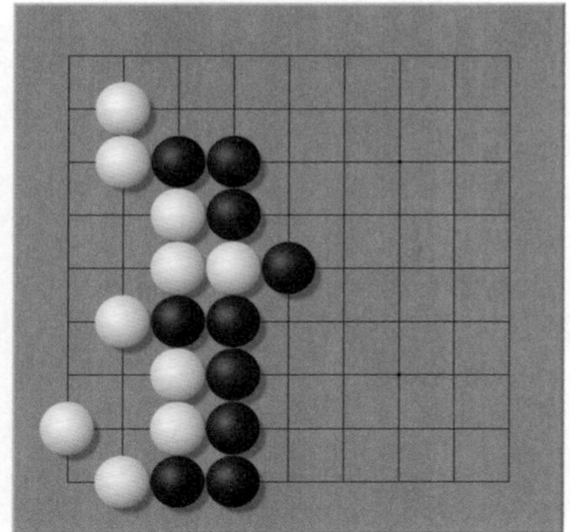
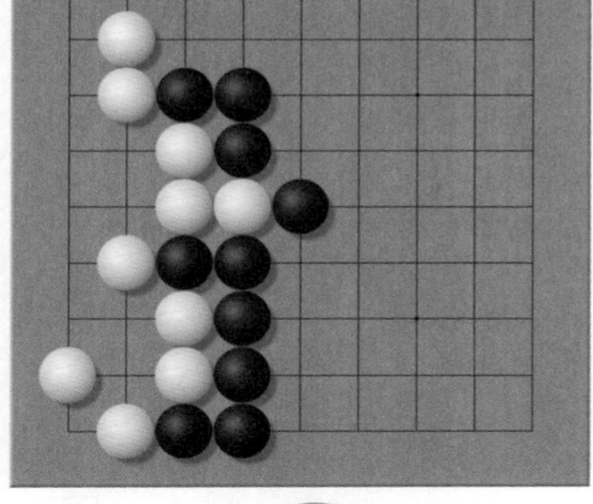

414

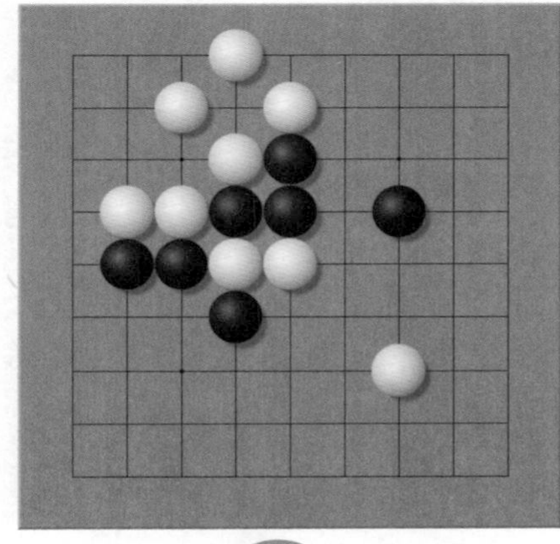

415

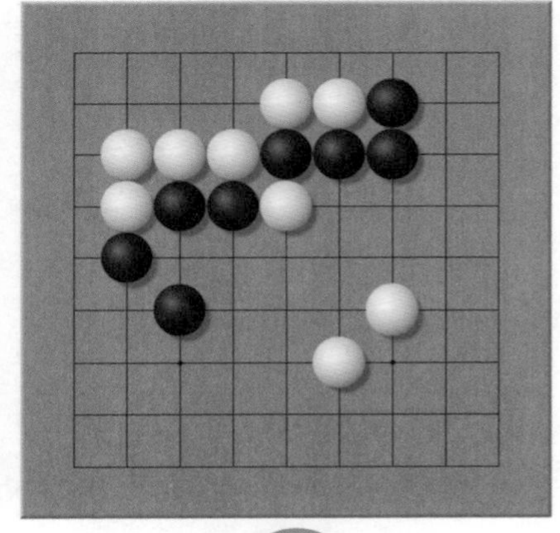

416

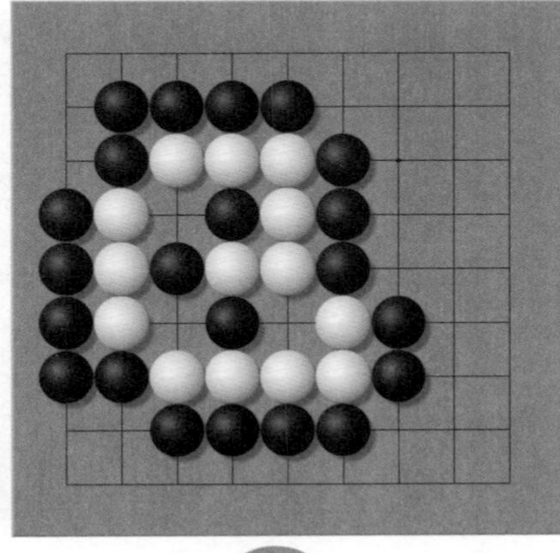

417

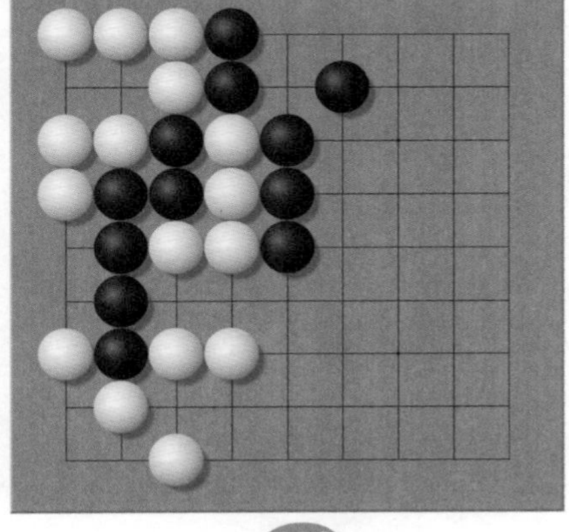

418

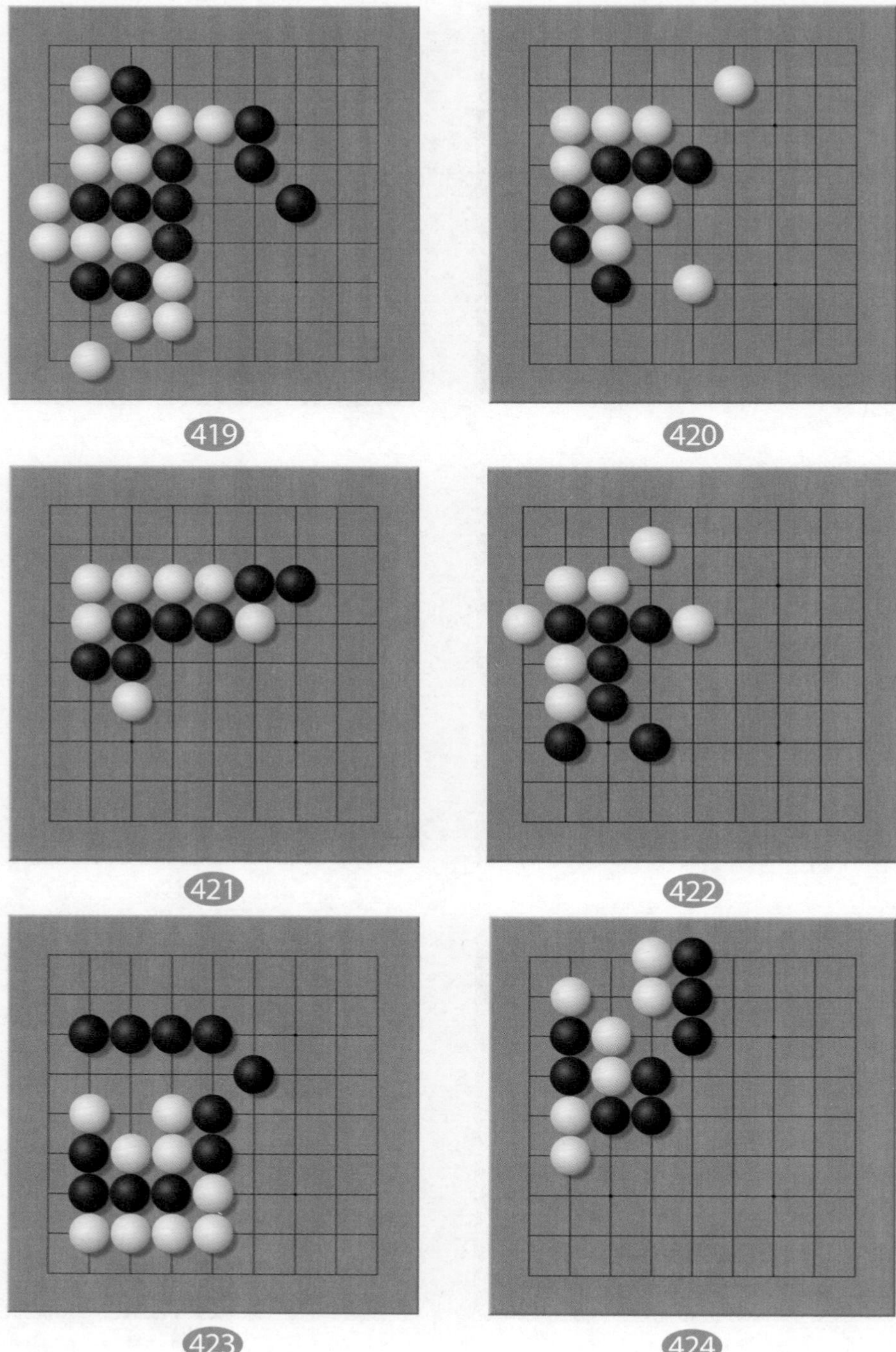
419
420
421
422
423
424

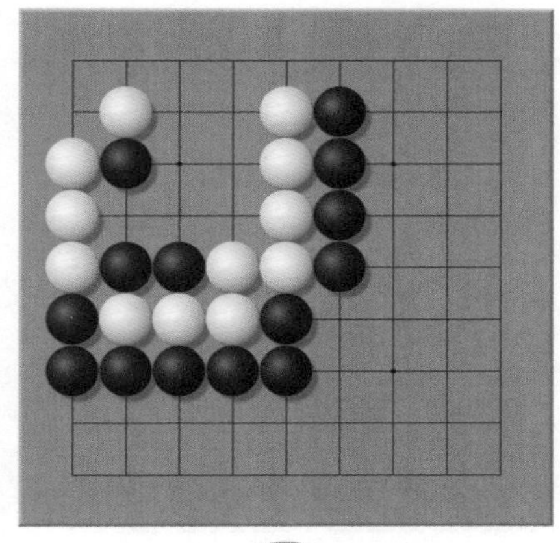
425

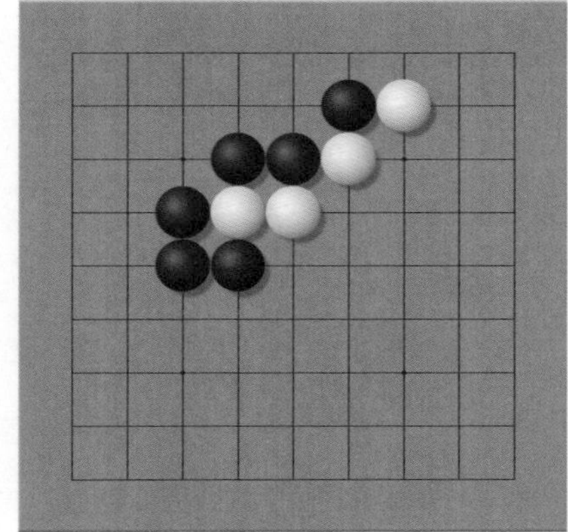
426

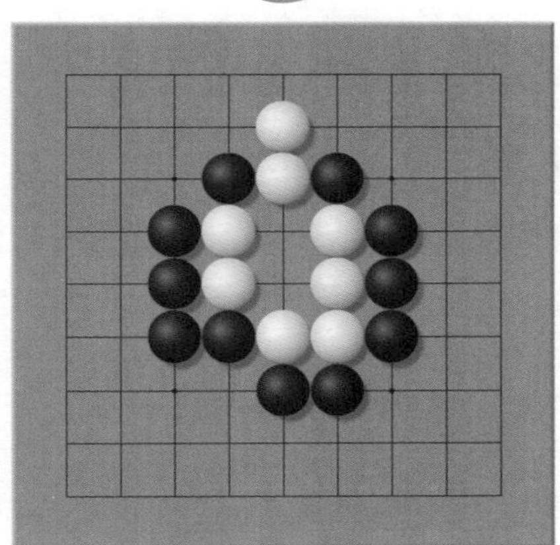
427

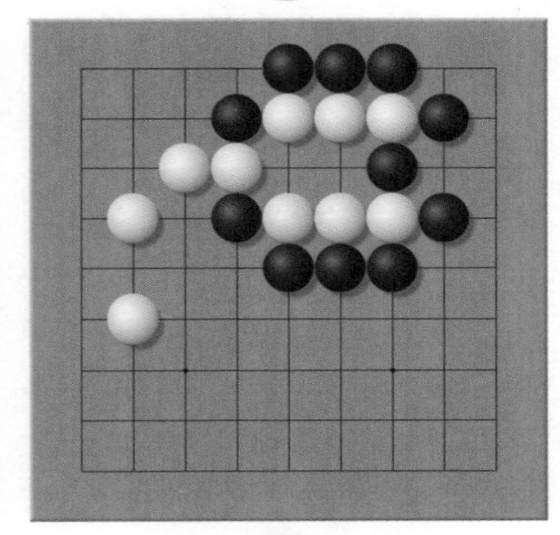
428

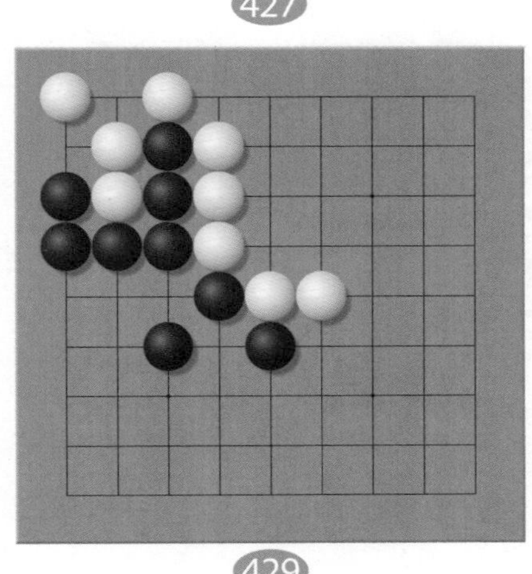
429

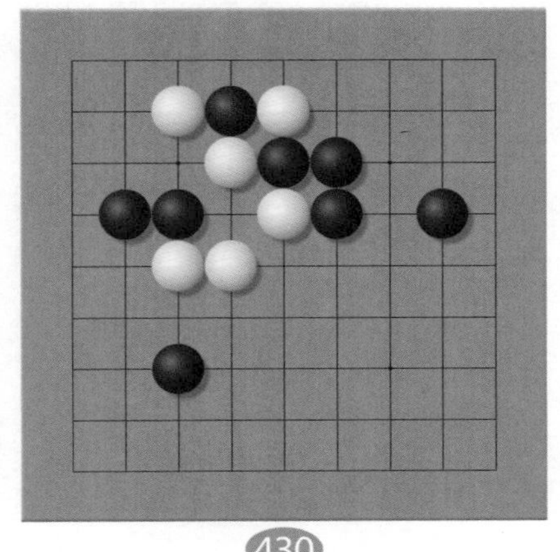
430

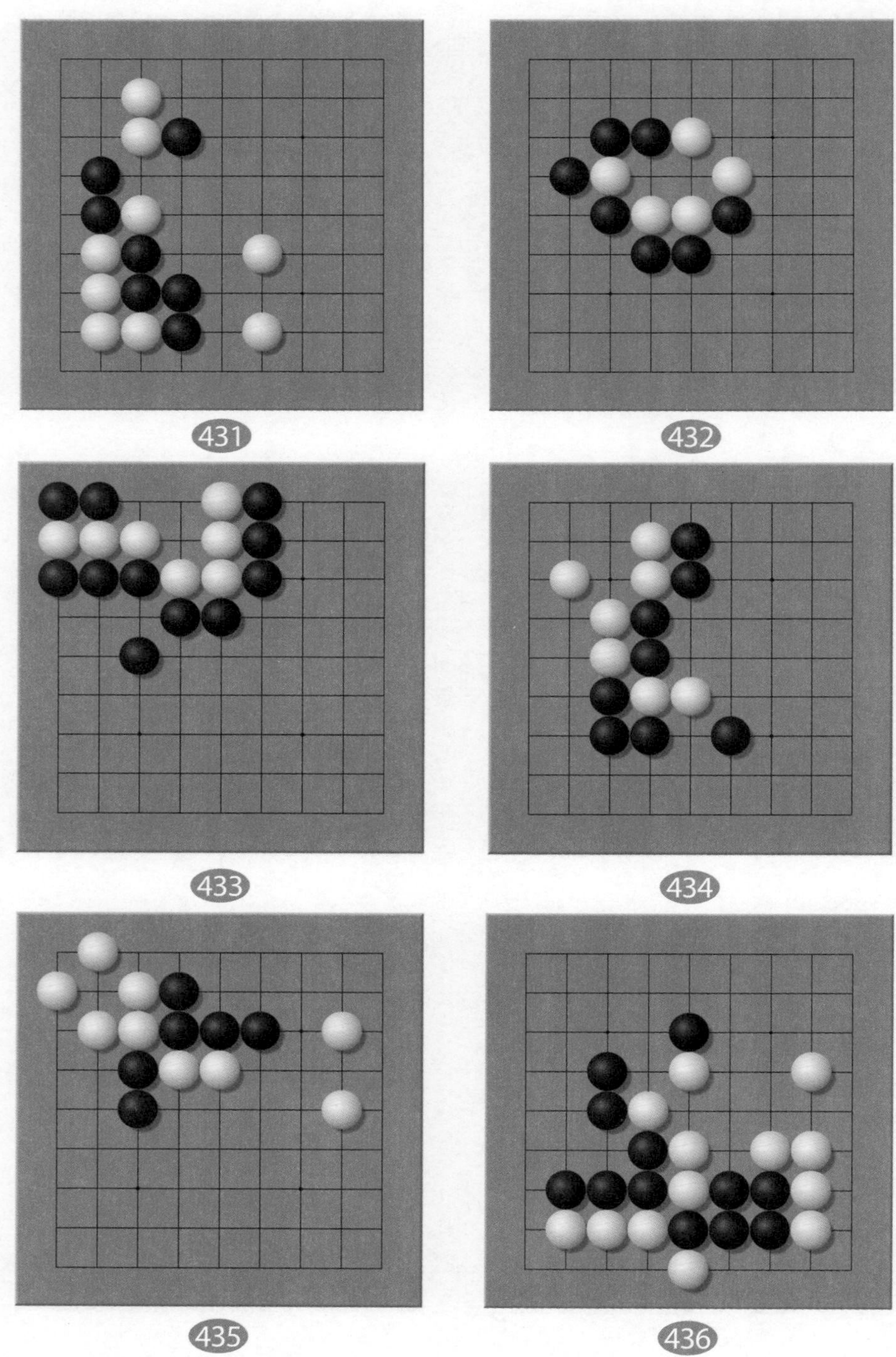
431
432
433
434
435
436